近現代中華文化思想叢刊

中國學術之近代命運

上冊

劉　魏　著

目次

下冊

自序

這是我的第一本書。

此《自序》並不願過多重複書中的內容，只是想就其與書名之相關性上略作題解，以為讀此書者理解之一助。

何謂「中國」？

中國是我們生於斯長於斯最終還會死於斯的所在。

「中國」是一個歷久不廢的現實存在，也是一個意味豐富深長、類如滾雪球般愈演愈闊大而底色未始或變的歷史概念。

其政治、文化的內涵的重要性遠遠超出於地理、種族意義之上，這種特色，在該概念初現時就奠定了。該詞「見在」較早於西周青銅器何尊銘文「余其宅茲中或（國），自之民」一句話中就已有之。其實際地域指涉或與「維〔周成〕王初遷宅」之「成周」有不可分割的關係，但出自「既克大邑商，則廷告於天」的「武王」之口，其「宅茲中國」之「中國」實為一種「理想型」的政治設計與文化理念，乃是對高高在上的「天」的保證與允諾，表達的是與「天下」之「中」——「土中」[1]意識密切相關的理想政治文化訴求；周公秉承武王之遺志「作新大邑」[2]，也正是對此等理想追求的發揚光大：「周公敬念於後，曰：『予畏周室不延，俾中天下。』」及將致政，乃作大

1　《尚書・召誥》：「王來紹上帝，自服於土中。」
2　語出《尚書・康誥》，或以為《洛誥》之脫簡。

邑成周於土中。……以為天下之大湊。」[3]至於從地理學上來說，洛邑是否真為「天下或世界的中心」，則是另一回事了。[4]

此種意義，在孟子述聖舜之事中，表達得更為明確：「堯崩，三年之喪畢，舜避堯之子於南河之南。天下諸侯朝覲者，不之堯之子而之舜；訟獄者，不之堯之子而之舜；謳歌者，不謳歌堯之子而謳歌舜。故曰天也。夫然後之中國，踐天子位焉。」孫奭疏：「所謂中國，劉熙云：『帝王所都為中，故曰中國。』」是也。[5]舜之所都之「中國」，是否真為「天下或世界的中心」，至少從孟子議論中也是看不出來的，或曰本非其措意之所在。這裡所謂「中」，顯然是指「天下諸侯朝覲者」人心所向之「中」，則是無疑的。[6]

春秋戰國以降，「中國」更多與「四夷」、「蠻夷」、「夷狄」、「戎」等對舉，而頗指涉齊、魯、晉、宋等諸國，不繁屢舉。僅以《春秋》之《傳》為例，或如《左傳・昭公十二年》孔穎達疏所說「《左傳》無貶中國從夷狄之法。」而於《公羊傳》、《穀梁傳》中不數數見之的「夷狄之」或「狄之」之判例所指向的，則頗不乏向來自命為「中國」之諸侯國。《春秋》家立論之家「法」容有不同，而裁

3　見《逸周書・作雒》。

4　有學者說：「至於成王遷都洛邑，洛邑接近陽城，故稱之為土中，引而伸之，這也是後世稱河南地區為中州或中原的由來。但測景台的效能，當然有它的局限性，如果以陽城為天下或世界的中心，顯然是不能成立的。」于省吾：《釋中國》，見《中華學術論文集》，4頁，北京，中華書局，1981。于氏對「中國」之名義有很好的考釋，但此段議論，似過於計較「土中」、「中州」、「中原」諸概念之地理意義，而於政治文化內涵之發掘上似尚未達一間。

5　見《孟子注疏・卷九下・萬章章句上》。

6　《孟子注疏・卷八上・離婁章句下》：「孟子曰：『舜生於諸馮，遷于負夏，卒於鳴條，東夷之人也。文王生於岐周，卒于畢郢，西夷之人也。地之相去也千有餘里，世之相後也千有餘歲，得志行乎中國，若合符節。先聖後聖，其揆一也。』」（趙岐注：得志行政於中國，蓋謂王也。）孟子關於「東夷」、「西夷」與「中國」之辨，說明的是同一個道理：王道為中。

判的標準均之為「尊尊」、「親親」等政治、倫理原則，而非僅處「中心」或「邊緣」的地域之界劃則可知也。凡此等文獻中實際指涉為一個一個的「中國」，一一相加綜計之則可謂複數之「中國」，而該概念所涵蓋為一個具有內在統一性的整體，亦可知也。

正如《舜典》「蠻夷猾夏」孔疏所總結的：「『夏』訓大也，中國有文章光華，禮義之大。定十年《左傳》云『裔不謀夏，夷不亂華』，是中國為華夏也。」《左氏·閔公元年傳》「管敬仲言於齊侯曰：『戎狄豺狼，不可厭也；諸夏親昵，不可棄也；（杜預注：諸夏，中國也。昵，近也。）孔疏也說：「此言諸夏，襄四年傳：『魏絳云「諸華必叛」。』華、夏，皆謂中國也。中國而謂之華夏者，夏，大也，言有禮儀之大，有文章之華也。『昵，近』，《釋詁》文。舍人曰：『昵，戚之近也。』言中國諸侯情親而路近。」管仲視「戎狄」為「豺狼」，這一極端的例子，說明，在不斷擴大的「中國」共同體的演成中，與不斷豐富的「中國」意識的建構過程中，「非我族類，其心必異」的「族類」觀念之積澱也是一個不可忽視的側面，有時還表現得相當激烈，但大體而言，通過「中國」與「華夏」彼此界定，不斷超越族類與地域的「文明」之訴求（以「文章」與「禮義」或「禮儀」之「光華」博「大」為祈向），為「中華民族」的摶成之定海神針，這絕不僅僅是經典所規訓之價值，也是無法抹殺的歷史事實。

這種趨勢，因後世有像「蒙元」、「滿清」這樣非「漢」之「族類」入主中原的王朝之加入，而顯得更為複雜，但更具包容性的歷史發展並沒有改變這一大趨勢，這也是毋庸置疑的。

到了晚近，面對更具強勢的「異族」與「東鄰」的挑戰，更有來自「異域」的「民族主義」、「種族主義」等新知的輸入與融化，「中華民族」還是能凝成一體，「中國」之綿延依然如故。國人早已知道「若把地球來參詳，中國並不在中央，地球本是渾圓物，誰是中央誰

四旁？」[7]但是國人終於還是把自己的國家稱為「中國」，這是為什麼呢？既然地球是圓的，則每一個國家都可自認為地球的中心，地球上任何一國都可以自稱「中國」，但是為什麼只有「中國人」有這樣一種獨一無二的自我認同呢？這毋庸置疑地指向一個不容改變的事實：「中國」主要不是一個地理的存在，而是一個政治的尤其是文化的存在。即使在今天，海峽兩岸的國人無論在「兩制」或「兩區」的框架下，還是要在「一個」之「中國」的觀念裡，謀劃「中華民族」的未來。

有學者指出「每一種文明都有一種種族中心主義的世界幻象，在其中外來者被約減為易於把握的空間單位。」[8]以自我為中心，大概是「每一種文明」都不可避免的歷史現象和現實存在，但是我還是要指出：「中國」意識的特質，她不僅是一種從自我出發的觀念，還是一種以王道關切為中心的、追求自我完善與人類和諧的持久理想。正是在這一意義上，我想強調指出：與「中國」意識不可分割的「天下」觀念的頑強。我不想羅列當代學者對於「天下」意識進行重新詮釋的諸種新論，就「近代」而言，很多學者所亟亟鋪張的，所謂中國傳統「天下」觀的崩潰，那是過度詮釋了「西方的衝擊」而割裂了「中國」意識的內在結構，事實上，調整是免不了的，但只要「中國」存在，「天下」觀念，雖有時而不彰，終歷久而不廢。

這裡不能詳細討論上述看法，但有必要點出個人心目中的「中國」為何。至於本書所用的「近代」，則是一個相對的概念。《漢語大詞典》錄該詞第一義，即舊義，說：「指過去不遠之時代。」作者不

7　皮嘉佑：《醒世歌》，轉引自王爾敏：《「中國」名稱溯源及其近代詮釋》，見《中國近代思想史論》，375頁，北京，社會科學文獻出版社，2003。

8　〔英〕馮客：《近代中國之種族觀念》，楊立華譯，7頁，南京，江蘇人民出版社，1999。

想與史學界的通常用法刻意保持一致、更不想刻意立異。本書所討論的時段範圍不出於晚清、民國之外，正在「近代」範疇之內。本人修習之科目為「專門史」，並不劃分「代」際，但供職之科研機構為「近代史所」，所以書名標識「近代」是很自然的。書中也出現了「現代」一詞，更是從俗，適用範圍上與「近代」有所不同，是不言而喻的。出於「歷史的變異性」與「歷史的連續性」交互為用的視野，「近代」一詞的相對性尤為個人所特別偏好。晚清的有識之士常有「值此三千年（或『四千年』）未有之變局」的憂患意識，時人的認知所據的時代轉捩點，最可以作為「近代」之上限。

至於何謂「中國學術」？梁任公在《清代學術概論》中記其「久抱著《中國學術史》之志」，擬「分為五部：其一，先秦學術；其二，兩漢六朝經學及魏晉玄學；其三，隋唐佛學；其四，宋明理學；其五，則清學也。」又從「時代思潮」的角度立說云：「凡『時代』非皆有『思潮』；有思潮之時代，必文化昂進之時代也。其在我國，自秦以後，確能成為時代思潮者，則漢之經學，隋唐之佛學，宋及明之理學，清之考證學，四者而已。」章太炎《國故論衡》分「國故」為「小學」、「文學」、「諸子學」；而其《國學概論》論「國學的派別」則從「經學」、「哲學」、「文學」三部去梳理。兩位先賢所述，可以說從「歷史」與「邏輯」的角度非常扼要地闡明了「中國學術」的內涵和範圍。惟余嘗歎古人若《莊子・天下》所述頗能究心於「道術為天下裂」，意欲通達「道術」於神聖之「一」，而近人則每不免為不能保全傳承「中國」之「學術」而憂心，豈「中國學術」日益淪為「地方性知識」而不能有轉運之機乎？

筆者不才，既不能通先賢所擅之「學術」，故不能撰寫稍微整全之「學術史」；平日所論撰，又擠不進坊間常見的通論性思想史著作之林或觀念性的學術人物譜中去；只能退而求其次，攫取若干側面，

尤其著眼於學術大格局之變和學術傳統的內在活力，一探「中國學術之近代命運」而已。

學術的命運永遠繫乎國運，而國運深深關聯到時勢。當有識之士紛紛發出面臨「三（四）千年未有之變局」的感歎的時候，很快意識到，中國進入到前所未有的「列國並爭」時代。在因應外部世界衝擊的過程中，朝野上下相繼出現過「師夷之長技以制夷」、「西學中源」、「中體西用」、「全盤西化」等方略，保守的心態夾雜著開放的意願，為證明自我的「尋求富強」的努力伴隨著自我迷失的深沉困惑，「向西方尋找真理」的熱誠交織著抵禦外侮的志氣，從物質到精神，從制度到心理，近代中國的更生之變，是異常複雜的。這一切反映到學術中來，更是眾象紜生，肌理難剖。中國學術處在「古今中外」糾結混雜、鬥爭融合的十字街頭，就像一位丁香一樣的女郎彳亍在望不到邊際的雨巷。「古今中外」之間的緊張與匯合，是中國近代學術的最為鮮明的特色。在我看來，人所豔稱的中國近代偉大學者王國維那「學無新舊、無中西、無有用無用」之說的為學主張，所彰顯的不過是中國近代學術在「古今中外」之局中進退維谷的困境罷了。

本書首先關注的是晚清以降，中國學術傳統內部結構的一大裂變，那就是：經學的沒落，史學的提升。學有「經」「儒」之分，《漢書・藝文志》錄劉歆說法：儒家「於道為最高」，但也不過「道」中之一「術」，與「帝王之道」之「道術」薈萃的「經」之「學」（見《移書讓太常博士》）相比，只能處於「子」學的地位。從《漢志》「七略」六分法到《四庫總目》之完全遵用由《隋書・經籍志》定型的經、史、子、集四部分類法，在中國圖書類別中，經書為一大宗，經典在士大夫乃至帝王心目中的位置雖有時不及道籍與佛書，經學在中國古代具有不容挑戰的尊上地位是毋庸置疑的。就清朝而言，程朱《四書》之學為官方意識形態的欽定教義，為士子進身之階，但以對

《五經》至《十三經》乃至不限於《十三經》的經典研究為核心的清代經學之盛、地位之尊也是有目共睹的。不意進入「近代」，經學竟陷入到越來越不能宗主學術體統的格局中。不能不承認中國人自居於「夷狄」心態之徹底，儘管這一取向也多少憑藉了固有的思維習慣（諸如有悠久的「中國」——「夷狄」相對化的開放視野為底裡），但發展至由以研究經學、小學為志業的專家學者如錢玄同公然呼籲將經典「扔下毛廁去」的地步，則不能不說是，在一定意義上反映了中國學人在一定程度上的精神分裂。顧炎武曾鄭重地提出過「亡國」與「亡天下」之辨，而尚能據以建立自處之道；近代中國學人的心靈則被「保國」、「保種」與「保教」等問題撕扯著，常常是保「國」壓倒了保「天下」，中國文化成為負擔，「中國」成為「歷史」，凡此種種深刻地反映了「中國意識的危機」。

　　作者從章學誠的「六經皆史」說在學界的沉浮這個特定的角度，探討經學、史學位置更替的趨勢及其意義。章學誠也，生活於清之乾、嘉，學者所豔稱之「盛世」，固尚未接觸到晚清有識之士所大聲疾呼的「三（四）千年未有之變局」，其感受深切的只是以戴震為代表的昌言經由訓詁考據以求聖人之道的經學或標「漢學」的壓力，他以「文史校讎」之學與之抗衡，雖顯示了他的魄力，但其議論只流傳於一二知己，其學術經世之效，「充實齋論學之所至，亦適至於遊幕教讀而止」[9]，他一生清寒，落落寡合，不僅是位邊緣人物，近乎是一個無名之輩。他的「六經皆史」之說則在身後引起積極的反響，掀起了軒然大波，持續發酵，實屬異數。龔自珍、魏源、康有為等得其「經世」之趣，章太炎得其「尊史」之旨、劉師培得其「校讎」之法，民國學人如胡適、周予同等則借助於其「經」源於「史」的觀念

9　見錢穆：《中國近三百年學術史》，自序2頁，上海，商務印書館，1937。

架構，發揮經典「史料」化、甚至「消滅」經學的主張。此說之備受
關注與不斷演繹、彌失本真，深刻地反映了中國近代經學的衰敗及其
主導地位被史學所取代、而經典自身不能不以「史料」的身份寄身於
「史學」的歷史命運。其一人之說，繫乎中國學術命運的轉移之大有
如此者，故本書開編第一章歸屬之。

　　細心的讀者可以發現：作者似乎是略帶著一種憂傷的情調，卻是
冷峻地譜寫了一曲關於經典日益喪失其規訓價值和教化功能的輓歌。
近來幼兒讀經等活動的泛起，《論語》之成為「心靈雞湯」的熱鬧，
孔子是否為「喪家狗」的爭議等壯觀景象，凸顯了這個問題的現實
性。而在作者心目中，則一直有南宋朱子的典範在遙遙地指示著方
向。眾所周知，主要是由於他對《尚書孔傳》等的懷疑，引發閻若璩
等學者對偽《古文尚書》經傳一案的判定，這一英明的斷案恐怕是很
難再翻案的。但是，另一方面，他很嚴肅地指出，過於武斷滅裂的經
學研究「恐倒了六經」。朱子這一偉大榜樣給後人的啟示在於：對經
典文本之歷史性的考辨與探討，和對經典義理之普遍性的揭示與發
揮，是缺一不可的。關於這個問題，頗有討論的餘地，不過，我很願
意在此斷言：對於在西力東侵、西學東漸的壓力下已經生活了很久的
當代中國人來說，不是憤青般的抵拒，也不是犬儒式的膜拜，還是那
《論語》中所述從從容容「游於藝」[10]的態度，才是適當的選擇。

　　經史更替是較長時段所呈現的宿命，但在中國學術的近代行程的
若干階段，經學內部還充滿了活力，盡到了學術經世的責任，這主要
表現在「經今古文之爭」的議題上。本書接著考察了晚清經學對時局
的回應及其延伸於後世的「知識轉型」。由於作者對「學術」的內涵

---

10 《論語》本文「游於藝」中的「藝」，未必指漢人心目中的「六藝」，但這三個字妙
　　於形容對經典的優遊涵泳的態度，為我所鍾愛。

完全不局限於書本文字之學的界定，所以還是以學術界已做過很多討論的康有為、章太炎為代表。

康有為自號「長素」（意露「凌駕孔子」之狂）。有不可一世之慨，勇於自任之氣。他悍然將當時學者士大夫出主入奴的所謂「漢學」、「宋學」歸謬於「古文經學」——即劉歆輔佐王莽所立的「新」朝之學（即偽朝偽學之「偽經」「新學」）——亡國之學。貌似出於清代經學考證之正軌——「辨偽」，實本於徹頭徹尾的政治實用主義。他判斷學術「真偽」的標準說穿了只有一個：足不足於應付時局，即能不能「經世」。他由公羊學推演出來的今文經學，有豐富的內涵：他提倡孔教，把孔子視作教主，是對來自西方的學戰教爭的模仿式（或可說是比附式）回應，雖有其苦心孤詣，在當時就不得人心，進入民國甚至與帝制復辟勢力合流，未得善終；但是「素王改制」等主張與「強學會」等社團活動，得到有識之士普遍回應，實實在在復活了中國固有的舊思想，為當時一輩地位低下的士人開始關心時務、參與國事、銳意革新，張揚政治、文化的主體性，提供了組織動力與學術資源，功不可沒[11]；「三世」進化的理論與「大同」世界等學說，與

---

11 錢穆認為南海康氏「一切務以變法改制為救亡，而託附之於保王（皇）。是復欲以天下治亂為己任，而又不能使其君深居高處而不過問，則徒為兩敗之道也。」見錢穆：《中國近三百年學術史》之《自序》第3頁，初版本。文中「保王」，中華書局據臺灣「商務印書館」1980年所出第7版加以影印的1986年版同，商務印書館1997年新1版作「保皇」。錢氏民族意識特強，又於士林領袖人物望之深故責之切，故有此嚴苛之論。其實康氏「託附之於保王（皇）」之「變法」主張，終於被歷史證明確為「敗道」，但是在鼓動國人「復欲以天下治亂為己任」的責任感和參與意識、鼓吹「救亡」啟蒙意識這一方面，可以說掀開了中國近代學術思想史的新篇章。有學者竟將康氏的今文經學與「保皇」的政治主張直接掛鉤，恐怕既昧於「康學」的「內在理路」，亦不是由史料可以檢驗的真實的歷史連繫。而作者對涉及康氏經學抄襲案的諸種誇張看法，也頗有保留。康有為試圖將「孔教」改造成類似基督教一樣的組織化的宗教則沒有成功，在這種地方看出章太炎等論敵的力量，也可見違背文化傳統的後果。這是關於中國舊思想的「復活」的一個頗有啟示性的例子。

西學新知冥會，系統而有力，影響深遠，是有助於中國人融入到新世界的有中國特色的普世主義價值觀與方法論。他那滲透「經世」精神的《新學偽經考》、《孔子改制考》到民國，一轉而變為「疑古」史學的先驅。

　　章太炎也是具有強烈「斯文」擔當意識的人物，不過他的政治啟蒙導師不是別人正是康有為，這正是他早年習染《公羊》學不能自拔的因緣。與康有為為了提升和重建孔子的權威形象而加以浪漫化甚至神秘主義化的傾向不同，章太炎開啟了近代儒學理性化方向，復活了獨立批評的「論衡」精神。他牢牢抓住章學誠「六經皆史」的觀念，將經典徹底「歷史文獻化」，視孔子為民族史的開山、平民教育的導師，把古文經學改鑄為史學，強調「國史」、「國粹」、「國故」、「國學」的「國性」，是中國近代「民族主義」的奠基者。對於經典，他主張因其為「國史」素材而不可廢，更如他的弟子錢玄同所說「先師尊重歷史，志切攘夷，早年排滿，晚年抗日，有功於中華民族甚大。此思想得力於《春秋》」，[12]不過他的學生們更受其影響的還有他早年平日裡對經典以及孔子的調侃態度，這大大地出乎由章氏所張揚起來的「子學」精神、對「佛學」的傾心和對「魏晉文章」的偏好。從這個意義上說，他是新文化運動的導師，他為之培養了人才，塑造了他們的群體精神氣質。他晚年固執「尊信國史，保全中國語言文字」之志，堅持反對「空談之哲學、疑古之史學」，[13]則又為「後五四」的文化民族主義提供了思想資源。

---

12 見錢玄同1936年7月17日致潘景鄭的信。見《錢玄同文集》，第6卷，305頁，北京，中國人民大學出版社，2001。

13 語出諸祖耿：《記本師章公自述治學之功夫及志向》，及章太炎之講演《歷史之重要》。參見姚奠中、董國炎：《章太炎學術年譜》，439、444頁，太原，山西古籍出版社，1996。

　　在中國傳統學術向現代學術轉型的過程中，康有為、章太炎是承前啟後的人物。從經學傳流的角度來看，康、章之間抬槓式的「纏鬥」，空前猛烈地撐開了經學內部的裂痕，深刻的門戶之見，導致後學者如出入「古」「今」的錢玄同等將經學的門戶一併撤掉、將門戶之見一併撕毀。可以說是自掘墳墓。

　　不必從胡適、顧頡剛那新一代的知識分子開始，「黃金古代」的典範與理想已經在中國讀書人的心中崩潰了。康有為那「孔子改制」的系統「辨偽」，就已經宣稱古來「帝王之道」所寄的「三代」或「四代」之文明圖景均為孔子一手所炮製，「美國人所著《百年一覺》書，是大同影子。」[14]的私語，則顯示那樣的「理想國」正在西方。章太炎將經典徹底「歷史文獻化」的努力，對「中國」有別樣的期許，但經典所從出的「王官學」，恐怕也只有「歷史」根源的意義而沒有普遍的價值了。

　　於是子學亦要凌經學而駕之。本書緊接著就在「哲學」的話語之下「諸子學」代替「王官學」而成為中國學術思想源頭的議題，作了分析。我希望讀者注意胡適等一般被稱為「西化派知識分子」的典型性。由於出身於留學生的身份，而特別關注中國之缺乏「科學」，這種「補課」的心態，可以說支配了其一生的思想和行為方式，而不僅僅只是構成「諸子不出於王官論」的問題意識；我也希望讀者留心到，在胡適身上「古今中外」的學識，如何配合而孕育出此創說，而不必以「老學究」視「新學小生」之眼光看輕了前輩的努力；最後，必須指出，這一輩喝過了洋墨水的新人物，所思所想、所作所為頗有得自「反求諸己」的中國精神者。

---

14 吳熙釗、鄧中好校點：《南海康先生口說》，31頁，廣州，中山大學出版社，1985；又見樓宇烈整理：《長興學記‧桂學答問‧萬木草堂口說》，133頁，北京，中華書局，1988。

　　至於胡適所獲致的「諸子不出於王官」這一具體論斷，不過是對中國舊有的某一側面觀點的一種極端化理解，不必過於認真。其中表現出來的牽強附會的習氣，更是應當警惕的。

　　一個人的精力有限，失志易奤。也許由於他們本身根底所限，或因過於專注於改進或輸入中國文化中所缺失者，胡適等對固有學術之認知有時確不真切。有一個例子可以很好說明其功過。胡適是近代提倡表彰章學誠的一個重要角色，他為之作了年譜，可以說是章氏的功臣，他的年譜學也有示範的作用。但是，正如錢穆指出，他沒有意識到自己的「諸子不出於王官論」與章氏本人的核心觀念「六經皆史」說是正相反對不能並存的；他也不知道自己將章氏「六經皆史」說成「六經皆史料」猶如錢玄同所揭示的，頗有「增字解釋」之失。我們不能不以他在批評別人時所持的一個標準：有沒有「條理系統」[15]來衡量他，至少是不符其所自期的。他那不時表現出來的強古人以就我的做派，正反映了自我定位為啟蒙思想家的人物「但開風氣」卻難為「師」的尷尬，不過他文風清新，明白曉暢，全不像近日之聞人名流好鑄「大詞」、故弄玄虛，欲引領讀者於不知所云之邦——幫，是深可尊敬的。

　　本書就梁啟超、胡適、錢穆關於「戴震」公案的比較研究，我認為是可以在「漢宋之爭」的延續與流變的框架下討論的議題。這一章是較早完成與刊布的部分，緣起於個人在研究生階段對梁、錢兩部同名的《中國近三百年學術史》加以對讀的閱讀體驗。「戴震」也許是

15　例如他在1922年8月28日的日記中寫道：「現今的中國學術界真凋散零落極了。舊式學者只剩王國維、羅振玉、葉德輝、章炳麟四人；其次則半新半舊的過渡學者，也只有梁啟超和我們幾個人。內中章炳麟在學術上已半僵了，羅與葉沒有條理系統，只有王國維最有希望。」中國社會科學院近代史研究所中華民國史研究室編：《胡適的日記》，440頁，香港，中華書局香港分局，1985。此處胡適就以有「沒有條理系統」，作為品評學人水準的重要尺度。

二十世紀二三十年代中學界普遍認為的學術思想史上最有「現代性」的標杆人物了。他的哲學觀念中所追求的「解放」被「天理」所宰制的「情感」或「欲望」的思想、他的學術示範所體現的「科學精神」、「科學方法」，或者是他所建設的「理智主義」的哲學，這些似乎很難真正統一在一個人身上的精神特質，被梁、胡瞭解為中國謀求「科學」或走向「現代」的偉大導師。錢穆雖不否認這位「漢學」的代表人物在清代學術史上的「大師」地位，但是就戴震對朱子的詆毀，錢氏寧取章學誠對戴氏的批評，謂為飲水忘源，他的人品也是可議的，反襯出宋明心性之學在道德踐履方面的可貴。在崇尚「宋學」的錢穆的視野中，戴震就好像是走錯了路的胡適之類的聞人名流，批評戴震就是批評胡適。有意思的是，錢穆不僅區分了廟堂教義與民間私學兩種不同的理學形態，更將「宋學」瞭解為涵蓋了經、史、文學在內的包羅萬象的學術類型。表明「漢宋之爭」仍然活躍在現代學者的爭議之中，[16]儘管在內涵與外延上與過往的「漢宋之爭」已頗為不同了。

　　將清代的經史考證之學，說成是「科學精神」、「科學方法」，或者說是中國的「文藝復興」，是那個時代的流行的意見，梁、胡二位不過是其中的代表人物而已。後來的學人認為這樣比附頗有不妥，以

---

16 有學者談到「科玄論戰」說：「新儒家與實證派的論爭，令人想起清代漢學與宋學的長期之爭……實則，這兩次論爭之間並沒有什麼承續關係可言。五四後的論爭是發生於當代思想危機的脈絡裡，而漢宋之爭則是傳統中內在發展的結果。外國的影響並沒有參與到漢宋之爭，可是卻在最基本的方面影響了新儒家及其對方。」張灝：《新儒家與當代中國的思想危機》，見《張灝自選集》，91頁，上海，上海教育出版社，2002。就論戰雙方「不能免於西方的影響」這一點來說，張氏的論斷自然是有根據的，但是卻似乎不如當事人丁文江指控玄學派所謂「中外合璧式的玄學及其流毒」來得全面，即雙方都是「中外合璧式的」；再從「戴震」公案的例子來看，似更不能將「傳統」與「當代」作過於絕對的劃分，「漢宋之爭」並不只是門面語。

為中國自宋代就進入近世了，硬要比附，宋代學術更像是中國的「文藝復興」。如果我們取較為寬容的態度，則不必把目光放在此種論調能否成立，而更多著眼於他們的主觀訴求上。最直觀地來看，它表達了中國文化缺少「科學」（這是導致近代西方強盛的根源之一）的憂患。從他們將「科學精神」、「科學方法」，與科學研究的對象嚴格區分開來的做法來看，又表達了從固有學術資源中「開出」「科學」的「合理期望」。但是，是從清代「漢學」的「為學術而學術」的「精神」中，還是從「宋學」朱子一脈「理智主義」的「哲學」中，來開拓出現代科學呢？最終似乎均流於一種意願。倒不如像梁漱溟、錢穆等承認中國可以「全盤承受」西方科學那般乾脆。梁啟超等還由此明確表達了「學術獨立」的訴求，這似是學術現代化的應有之義，不過梁氏等所看到的、余英時表述為以宗教般的虔誠態度投身到學術事業中去的精神，在清代學術中所表現的其實只是在尊崇「聖經」的意識之下的辛勤作業，與西方「為知識而知識」的傳統可謂風馬牛不相及。而在動盪的時局下，很難有充分的社會條件來培養這種風氣。進而言之，這首先不是一個學術傳統的問題，而是一個現代社會建設尤其是現代政治制度建設的問題。而在體制不完備的情況下，只能去品評「學」者所擇「術」之高下，別的似乎很難奢望了。梁漱溟只用《論語》中「匹夫不可奪志也」一句話，來表達他的獨立人格，陳寅恪用儒家的道義觀念批評俗學之「曲學阿世」，而稱頌者更願意說之以「獨立之精神、自由之思想」，這到底是幸還是不幸呢？

　　二十世紀三〇年代，在日寇威逼的時局之下，錢穆感受更深切的似乎是在現代之人心「解放」（流泆）後將無力應對危機的態勢，由此而回眸中國之學術傳統，「漢學」乎？「宋學」乎？何去何從。錢氏決絕地說：「治近代學術者，當何自始？曰：必始於宋。何以當始於宋？曰：近世揭櫫漢學之名以與宋學敵，不知宋學，則無以平漢宋

之是非。」這不僅從學術之淵源流變來看是如此，在學術之規模局度以及由體發用之學術經世的精神上，皆是「宋學」遠駕於「漢學」。這是那些「應當用『求真即致用』的標準來衡量、處理漢學（道問學）與宋學（尊德性）的關係」的學者很難瞭解的，在這一點上，陳寅恪對「天水一朝」學術文化的推崇與之最相契合。趙宋一代，國弱而憂思深，文人受尊重；印刷術發達，書籍易流通；「士」氣高昂，大家輩出，創局如雲；尤其如陳氏所說：「其真能於思想上自成系統，有所創獲者，必須一方面吸收輸入外來之學說，一方面不忘本來民族之地位。此二種相反而適相成之態度，乃道教之真精神，新儒家之舊途徑，而二千年吾民族與他民族思想接觸史之所昭示者也。」這種來自歷史的教訓似乎永遠不會過時。惟晚近之學人，既囿於對「西方的衝擊」的短視，又無心力體察自家學術文化傳統的大體，恐怕很難真正賞會其中的奧妙了。

　　從中國學術格局裂變的角度來看，比經子爭原、漢宋競勝更為重要的是「經學的史學化」的趨勢。錢穆早在《國學概論》中就援引柳詒徵《中國文化史》有關論述，而認為「清儒之訓詁考覈」「最其所至，實亦不過為考史之學之一部」。[17]即是說，清代經學實近於史學。其弟子余英時就認為：「清代經學專尚考證，所謂從古訓以明義理，以孔、孟還之孔、孟，其實即是經學的史學化。所以錢先生的最後歸宿在史學。」[18]作者以錢穆的《劉向歆父子年譜》來探討「經學的史學化」問題，直接受到余氏的上述觀點的啟發，儘管最終還是要歸到錢氏本人的影響。引申而論之，乾嘉時代的經學，不管如何接近於現代所謂「史學」，但其在學術格局中的地位總是崇高而不可替代的，

17 錢穆：《國學概論》（下），132-134頁，上海，商務印書館，1931。
18 余英時：《錢穆與新儒家》，見《錢穆與中國文化》，34頁，上海，上海遠東出版社，1994。

尊經崇聖的意識更是天經地義的。經學沒落、史學提升，經典日益喪失其規訓的價值，經學轉而融化為史學之一部分，不期然而然蔚為「史學獨大」的結局，這實乃中國學術之近代歷程中一個最耀眼的或者說是最刺目的現象，也可以說是最基本與最有深意的大趨勢。這可從章學誠「六經皆史」說之沉浮中見之，可從康有為、章太炎經學今古文之爭的「知識轉型」中見之，亦可從錢穆「全據歷史記載，就於史學立場，而為經學顯真是」的努力見之。如此者，不煩枚舉，若冠以一定之名目，確可以「經學的史學化」述之。梁啟超在《新史學》中說：「於今日泰西通行諸學科中，為中國所固有者，惟史學。」代表了國人較早運用異域知識分類的概念為「中國所固有」的「史學」正名的努力，到周予同說：「五四運動以後，『經學』退出了歷史舞臺，但經學史的研究卻急待開展。」「經學」已經徹底喪失了正統性，只有蛻化為「經學史的研究」成為「史學」之一部，才獲得其身份。我還要再強調一下，這在一個側面，也深刻地反映了「中國意識的危機。」

　　作者對經典、經學的命運投入了特別多的關注。因為這不僅關乎中國歷史的根蒂，也繫乎中國人的價值之源。從個人出身於史學的角度來說，她們即流入於我們耕耘的田地，則與我們並不遙遠，可以說是一種幸運。但是看到她們常常與「毛廁」、「糞便」、「僵屍」等與下半身的某一器官或與陰間有關的詞彙連繫在一起時，不免困惑；而當瞭解了出處之後，則相閱而解：周予同的話出於錢玄同；錢玄同的態度或本於章太炎的「前聲已放，駟不及舌，後雖刊落，反為淺人所取」的不羈言論，其措辭或採之頗好插科打諢的吳稚暉。也許有話粗理不粗的時候，但我認為，這一現象的確是在一定意義上反映了中國學人在一定程度上的精神分裂。錢玄同是一個很好的例子。在經學的「今古文」之爭及「經學的史學化」等問題上，錢玄同與錢穆一樣是

筆者最為看重的學者之一，本書採用了不少他的精闢見解。他的確是
「學有本源，語多『行話』」，但是在他的專業研究與在公共空間所發
的言論之間，似乎讓人看到了兩幅面孔。而在嘮嘮叨叨的自言自語
裡，可以看到更為豐滿的錢玄同。為了深入瞭解他對章學誠「六經皆
史」說的看法，在一個揮汗如雨的夏季，我從頭至尾逐字披閱了《錢
玄同日記影印本》全十二冊，當看到他晚年一遍又一遍地施展其小學
家的長技，將自己的變幻的名號不斷地與故鄉的名字連繫在一起時，
內心為之震動，久久低回不已。聯想到錢穆《師友雜憶》有云：「其時
尚在對日抗戰中，滯留北平學人，讀此書（按指：《國史大綱》），倍
增國家民族之感。聞錢玄同臨亡，在病床亦有治學迷途之歎云。」[19]
我原頗為存疑，以為錢穆難免將錢玄同的晚年定論詮釋至與自己相近
的為學方向上去，回憶錄又豈可深信，今則釋然矣。

　　毫無疑問，中國學術之近代命運，繫乎中國的國運。作為自我認
知、自我理解、自我認同的重要一環，「國史」的創制，可以說是中
國近代學術的點睛之筆。本書所選述錢穆的《國史大綱》，是其中較
為成功的一個例子，從其討論的問題目前尚引發激烈爭論、持續發酵
來看，這確是一部有持久魅力的中國通史。有一位臺灣的朋友曾當面
告訴我說：錢先生的這部大書，猶如先知的預言。我想，他的見解之
所以能深得後人的關切，那是因為他深深走進「中國」歷史的緣故。
他的目光所貫注，為中國歷史的長程的進展，所以避免了流行的短視
的「文化自遣」。他對民族文化具有毫不掩飾的情感強度，而更值得
注意的是他對於「國史」不僅具有求知的熱忱而且保持此種熱忱直至
自己的生命「融入歷史」。他所揭櫫的中國歷史文化綿延不絕的生命

---

19 錢穆：《八十憶雙親・師友雜憶》，229頁，北京，生活・讀書・新知三聯書店，
　　1998。

體的意識，越來越得到後學的共鳴，不過我也願意指出，他的「中國」意識也自然而然延伸到了或者說本身就包含了「天下」的關懷。他說：「我們《國歌》『以建民國，以進大同』兩語，這是說我們建立民國，便走進了世界大同的路上去。……這是中國古代人的理想。」他又說：「環顧今天的世界，還遠不能和我們古代的戰國相比，整個世界大家鬧到如此，那有人會問『天下惡乎定』呢？美國季辛吉（按指：基辛格博士）風塵僕僕到處跑，他想聯絡中國大陸，他也只想中、美團結可有種種便利。但用近代人的話來講，他心中似乎只可說存有『國際』問題，卻決不會存有『天下』問題。……中國古代的大統一思想，就是要從『國』而至於『天下』，這即是『大同』理想。這也是西方人所沒有的。」[20]無獨有偶，在大陸的政治設計中也顯豁標明有建設「小康社會」的理想，內在深沉地遙遙指向更高階段的「大同」，也是無疑的。這一系列冥冥中的巧合，一而再再而三地證明，這決不是錢氏一己的私見，確代表了中國人根深蒂固的潛意識與大共識、大理想。

回到本書的題名。「中國學術之近代命運」，很容易讓人聯想起美國學者列文森（Joseph R. Levenson）的《儒教中國及其現代命運》（Confucian China and its Modern Fate）。我必須鄭重地指出，本書並沒有特別針對列氏這本書的任何具體觀點展開討論，儘管當我看到：許多當代新儒家或與之傾向近似的中國知識分子在見到此書之後，紛紛表態自己對中國的歷史文化與價值的認同既有「情感的強度」又有「知性的理據」，說明該書多少觸動了「現代」乃至當代中國知識分子的神經。作者更無意模擬一個與外人名著貌似相近的書名，以吸引讀者的眼球。我想指出的是，本書所謂「命運」，乃取義於錢穆先生

---

20 錢穆：《經學大要》，見《講堂遺錄》（一），251、347、353頁，北京，九州出版社，2011。

的下述說法：中國人講法，世運不同了，世界變了轉了。中國古人用一個「運」字，比今天人用「變」字好得多。中國人不說「世變」而說「世運」，為什麼？因為你再變變不出這個老花樣。……中國人用這個「運」字有極深的意義，在變的中間有一個不變所以就叫「運」，或叫「轉」。……中國人這種「運」「轉」的觀念，影響很大，大在哪裡？譬如我們講歷史盛衰興亡，盛了一定要衰的，世界上沒有一個國家盛了不衰的。可是換過來說，衰了還會再盛的；興了沒有不亡的，但亡了還會再興的；這叫「復興」。

今天我們講國家要復興，文化要復興，這就是我們從前幾千年一路傳下來的舊觀念。[21]

以這樣的觀點看來，「現代」很快會過去，又成為「近代」，這個經得起「大風浪」的「中國」正處在轉「運」之機上，這是本書毫不含糊的寓意之所指向。

本書的主體內容在四年前就已經完成，前後越十年矣。

本書雖然有許多原先設計的某些環節尚未完成，但是始終有一貫的主題，有一定的角度，並圍繞著經史之學這一中心，以關鍵議題、關鍵人物、關鍵著作為取徑，自有特色。所謂「關鍵」云者，意味著多有遺漏，但也粗成規模，別具一格。本書遲遲未能面世，雖有種種事辭，說到底，那只是個人修習本國經典文史之學的階段性作業而已，卑之無甚高論，故置諸待定之閣，伏而未發。若不是友人的推動、前輩的關懷，真不知何日與讀者見面了！

值此書稿結集成編，即將出版之際，謹略述撰著大意於書首，以就教於讀者諸君。

是為序。

---

21 錢穆：《經學大要》，見《講堂遺錄》（二），529頁。

第一章

經降史升：章學誠「六經皆史」說的來龍去脈

　　大體可以鴉片戰爭為界，隨著西力東侵來勢洶洶，西學東漸也日益亟迫，有識之士不約而同地認識到，中國面臨著「三千年未有之變局」（李鴻章語）或「值四千年之變局」（康有為語），無論是從中國通史或中國學術思想史的角度來看，晚清民國都是中國歷史上的大變革時代，「中國學術」的「近代」，無論從任何角度來說，都要跨入清王朝了。

　　王國維曾總結有清一代學術，其中論及晚清者有云：

> 「我朝三百年間，學術三變：國初一變也，乾嘉一變也，道咸以降一變也……道咸以降，途轍稍變，言經者及今文，考史者兼遼、金、元，治地理者逮四裔，務為前人所不為，雖承乾嘉專門之學，然亦逆睹世變，有國初諸老經世之志。故國初之學大，乾嘉之學精，道咸以降之學新……道咸以降，學者尚承乾嘉之風，然其時政治風俗已漸變於昔，國勢亦稍稍不振，士大夫有憂之而不知所出，乃或託於先秦西漢之學，以圖變革一切，然頗不循國初及乾嘉諸老為學之成法。其所陳夫古者，不必盡如古人之真；而其所以切今者，亦未必適中當世之弊。其言可以情感，而不能盡以理究。如龔璱人、魏默深之儔，其學在道咸後雖不逮國初乾嘉二派之盛，然為此二派之所不能攝其

　　逸而出此者，亦時勢使之然也。」[1]

　　雖然如魯迅所說，王國維為人老實質樸得就像只火腿，這不妨礙他是有很強的經學經世取向的人，論及學術之「變」，王氏一再以「時勢」為解，則顯示其更具有史家的卓識。他很少有經學今古文門戶之見，所以能揭示龔自珍、魏源等「言經者及今文」的學者的學術貢獻，頗為持平。又說他們的「經世之志」乃「時勢使之然也」，尤為深透之見。此等看法堪當討論此類問題的方法論根據。

　　當我們將眼光從晚清延伸到民國以降，重審近代中國學術的轉折與演變，從中國學術傳統內部結構轉換與裂變的角度，可以發現一個明顯的事實或者說是基本的趨向，那就是：經學的沒落，史學的提升。這是一個最重要的「大事因緣」，當無可置疑地寫入「中國學術之近代命運」的第一章。

　　不過，本書不是要描述這一趨勢之具體知識史進程，也不涉及諸如科舉制度的崩壞等相關背景。而是選取一個特定的切入點，從章學誠「六經皆史」說的沉浮，來考察這一趨勢之內在脈絡與深層意蘊。章學誠生活在清乾嘉時期，他的生平與思想溢出了本書所限定的晚清民國，且他在世時落寞無聞的，但他的「六經皆史」說實際發生影響而且影響越來越大正是在晚清民國，把它作為「中國學術之近代命運」的引子，那是再恰當不過了。

　　本章旨在對章學誠的「六經皆史」說及其流傳，作原始要終的考察，以論定其在近代學術思想史中的獨特地位。筆者不取漫無節制地追溯觀念淵源的做法，而特從章氏「文史校讎」之學的取徑與成學過

1　王國維：《沈乙庵先生七十壽序》，見王國維著、彭林整理：《觀堂集林》（外二種），下冊，720-721頁，石家莊，河北教育出版社，2001。

程來探究該觀念的發生軌跡，認為其發軔於「六藝皆官禮之遺」諸說，從而訂正了學術界承襲已久的所謂此說初發於一七八八年章氏（51歲時）寫給孫星衍的信《報孫淵如書》等看法。我們又大體按該觀念發展的歷史脈絡分四個層次梳理了它的基本內涵。筆者還連繫晚清今古文經學之爭與民國新史學家提出的「六經皆史料」的口號，扼要勾勒了此說之影響與折變；並指出，此說之備受關注，深刻地反映了中國近代經學的衰敗及其主導地位被史學所取代、而經典自身不能不以「史料」的身份寄身於「史學」的歷史命運。

第一節　章學誠「六經皆史」說的本源與意蘊

一　引言

「六經皆史」的思想雖非章學誠首倡，但經他奮力闡發以來，於後世影響深遠。在乾嘉時代，「六經皆史」涉及史學是否與經學分庭抗禮之爭議，又關乎「漢學」與「宋學」之交攻；到了晚清，則與愈演愈烈之今古文經學爭議產生了不解之緣；而民國新史學家提出的「六經皆史料」，亦不能與之完全擺脫干係。時至今日，學者對章學誠提出「六經皆史」的本意為何以及對該命題該做出如何評判等問題上的分歧，不是減少了，而是更多了，甚至表現得更難解了。其中，在兩個關節點上分歧尤為嚴重。

其一，究竟是從「史料」擴展的角度，還是從「經世」或「史意」的角度入手探討，才更能得章氏之本義？

胡適曾說，章學誠所謂「六經皆史」的「本意只是說『一切著作，都是史料』……其實只是說經部中有許多史料。」[2]此說開了從

2　胡適：《章實齋先生年譜》，105-106頁，上海，商務印書館，1923。

「史料」擴展的角度加以詮釋的先河。錢穆則批評此類看法為「誤會」，認為章氏「六經皆史」之說，「蓋所以救當時經學家以訓詁考覈求道之流弊」而提出來的，「本主通今致用，施之政事」，是有著強烈經世精神的大理論。[3]周予同也主張「章學誠所指的『史』，主要是指具有『史意』，能夠『經世』的史。」[4]倉修良雖不否認其「經世」之意蘊，而堅執「六經皆史」的「史」具有「史料」之「史」的含義。[5]汪榮祖則指出：「期盼章氏將道排除於經史之外，使經史等同一般史料的歷史條件，在乾嘉時代根本尚未成熟。」[6]近來學者多從「經世」的角度審視此說，比如周啟榮、劉廣京就認為「『六經皆史』說可說是『學術經世』論的歷史證據。」甚至「只是『學術經世』論的歷史注腳而已」。[7]而汪榮祖對「六經皆史」經世意味之獨創價值提出質疑：「無論通經致用、經史致用，或所謂經世史學，在中國傳統學術思想中，原是主流……實齋之經世思想，在當時並不特殊，在清代學術思想上，也甚一般。」[8]諸種詮釋向度之分歧，迫使研究者必須仔細辨別章氏之「本意」與章說之衍生義。

3　由此出發，錢氏又論及此說「影響」之「深宏」及實齋「學術經世」之效用，均頗詳審。參見錢穆：《中國近三百年學術史》，390、392頁，上海，商務印書館，1937。

4　周予同、湯志鈞：《章學誠「六經皆史說」初探》，載《中華文史論叢》，第1輯，1962，收入朱維錚編：《周予同經學史論著選集》（增訂本），714頁，上海，上海人民出版社，1996。

5　倉修良：《章學誠和〈文史通義〉》，114-116頁，北京，中華書局，1984；倉修良、葉建華：《章學誠評傳》，174-177頁，南京，南京大學出版社，1996。

6　汪榮祖：《章實齋六經皆史說再議》，見《史學九章》，322頁，臺北，麥田出版社，2002。

7　周啟榮、劉廣京：《學術經世：章學誠之文史論與經世思想》，見「中央研究院」近代史研究所編：《近世中國經世思想研討會論文集》，123-124頁，臺北，臺灣「商務印書館」、學生書局、三民書局，1984。

8　汪榮祖：《章實齋六經皆史說再議》，見《史學九章》，328-330頁。

　　其二，章學誠的「六經皆史」說是否蘊含了尊史抑經的意味，是否提出了以史代經或以史抗經之說？從而在清代學術史上是否具有創闢的價值，對後世來說是否具有破除對儒家經典迷信的思想啟蒙意義？

　　孫德謙、張爾田均欣賞章氏「六經皆史」說經世之旨，並對章氏「六經皆史」說與當時「漢」學——「訓詁音韻名物度數」之學相頡頏之意味已略有揭示。[9]錢穆不但系統深入地闡發了章說所針對的語境，指出戴震與章學誠「蓋一主稽古，一主通今，此實兩氏議論之分歧點也」，[10]並稱言「實齋唱為六經皆史之論，欲以史學易經學」。[11]余英時發揮乃師之說，認為章學誠「通過方志和《史籍考》的編纂，他逐漸建立了『以史概經』、『以今代古』的理論根據。這個理論最後則凝聚在『六經皆史』這一中心命題之中。」[12]他尤著墨於從「心理」角度闡發章氏以文史校讎之學與戴震經學抗爭之意。

　　與錢、余頗有相通之處，侯外廬高度評價章學誠的「六經皆史」論，稱其「不但是清初反理學的發展，而且更有其進步的意義。他大膽地把中國封建社會所崇拜的六經教條，從神聖的寶座拉下來，依據歷史觀點，作為古代的典章制度的源流演進來處理，並把它們規定為『時會使然』的趨向。他反對人們崇拜那樣『離事而言理』的經，更

9　見吳興劉氏嘉業堂刊：《章氏遺書·序》，收入《章學誠遺書》，北京，文物出版社，1985。張序作於1921年孟夏，孫序作於1922年秋，劉刻《遺書》告成於1922年秋。參見孫次舟編：《章實齋著述流傳譜》，見存萃學社編集、周康燮主編：《章實齋先生年譜彙編》，237頁，香港，崇文書店，1975。

10　錢穆：《中國近三百年學術史》，384頁。

11　錢穆：《中國近三百年學術史》，424頁。

12　余英時：《論戴震與章學誠——清代中期學術思想史研究》，61頁，北京，生活·讀書·新知三聯書店，2000。余氏關於此說的系統看法，又見收入韋政通主編：《中國哲學辭典大全》，余英時所撰之「六經皆史」條，166-176頁，北京，世界圖書出版公司，1989。

反對離開歷史觀點而『通』經。」[13]此說影響頗廣。[14]

　　與上述觀點相反，柴德賡則認為：「可惜，他的意圖不是抑經以尊史，實際還是為了尊經。」柴氏指出：「學誠心目中不止以為六經是古代史書，而且是最高標準的史書，為後世所不能及，其精意在此。名為尊史，實則尊經，他只是闡明經史的關係而已，並不觸動當時理學家和考據家的情緒。」[15]此說亦頗不乏同道，像周啟榮、劉廣京、林安梧等都能注意到章氏並無以史學代經學之意、更無貶經之企圖。[16]汪榮祖甚至斷言：「儒家經典在明清時代既未動搖，章學誠的六經皆史說也不是要動搖儒家經典。實齋仍受其時代的制約倒是難以動搖的事實。」[17]

13　侯外廬：《中國思想通史》第5卷《中國早期啟蒙思想史》，509-510頁，北京，人民出版社，1956。

14　如學者所說：「傅振倫、陳光崇、倉修良等皆基本認同侯外廬的見解，主張章氏『六經皆史』打破尊經抑史的傳統觀念，將六經從神聖的寶座上拉了下來，作為歷史記錄看待。」參見喬治忠：《章學誠學術的百年來研究及其啟示》，見瞿林東主編：《史學理論與史學史學刊》（2003年卷），174-175頁，北京，社會科學文獻出版社，2004。

15　柴德賡：《試論章學誠的學術思想》，載《光明日報》，1963.05.08。

16　周啟榮、劉廣京認為：「不過他並沒有把六經與後世史籍的地位平列。」他們還認為：「由是化經入史，六經獨尊的觀念可破，而史學、立言、著述的地位可以確立，且該經學於其中。」此論則又可與錢、侯、余氏諸說相通，參見《學術經世：章學誠之文史論與經世思想》，見「中央研究院」近代史研究所編：《近世中國經世思想研討會論文集》，130、140頁；林安梧認為：「我們雖可說他亦瓦解了以經典文獻之考據為『道』之根本這樣的理解方式，但我們實不宜說他是要瓦解整個經學傳統，而以為他是要以史學來替代經學。」林安梧：《章學誠「六經皆史」及其相關問題的哲學反省》，見氏著：《中國近現代思想觀念史論》，152頁，臺北，學生書局，1995。

17　汪榮祖：《章實齋六經皆史說再議》，見《史學九章》，343頁。梁繼紅也認為：「近代以來，由於在特殊的時代背景之下，章學誠的『六經皆史』論被賦予了太多的思想內容，從而始（『始』疑為『使』字之訛，引者按）之成為近代啟蒙思想的代表」。梁繼紅：《章學誠學術研究》，129頁，北京大學博士研究生學位論文，2003。

當然，分歧絕不止於此，圍繞「六經皆史」說的思想來源及其在章氏思想體系中的地位，對「六經皆史」說「維持宋學」或是「反理學」之意旨判定，及其與晚清今古文經學之爭的關係，章氏與戴震之爭的評價等方面，幾乎都是歧見叢生的。

弔詭的是，多少年來學者用心發掘出來的「六經皆史」說之「時代」的或超越「時代」的意義，事實上卻越來越遠離那個讓章學誠本人深感寂寞的「時代」！雖然沒有人否認「六經皆史」說蘊含著「太多的思想內容」，但是，其中到底有多少是其本身所固有的而後人領略到了，又有多少是硬生生的「被賦予」的，此絕非可以一言而決的。

有鑑於此，在總結既有豐富研究的基礎上，從研究方法的層面進行反省尤其必要。有學者敏銳地指出：「現有論著中，以邏輯分類方式研究章學誠各種學術見解者多，而以歷史的方法考察章氏學術成長軌跡者少，也是需要改進的一個方面。」[18] 還有論者認為：「歷史式（演進式）研究，則正可彌補觀念式研究模式之不足。」[19] 其實，如果論及方法，章學誠本人的教言似乎最為精闢，其「校讎之學」（略相當於近人所謂「學術史」或「學術思想史」）之「辨章學術，考鏡源流」的旨趣，[20] 不正是一種近乎「邏輯與歷史相統一」的研究方法嗎？筆者旨在對「六經皆史」說的緣起與本旨這個老生常談的命題，沿著辨章考鏡的路徑，連繫一些爭論未決的問題，略抒管見，成一得之見，以求教於方家。

---

18 喬治忠：《章學誠學術的百年來研究及其啟示》，見瞿林東主編：《史學理論與史學史學刊》（2003年卷），184頁。

19 黃兆強：《近現代章學誠研究評議》，見陳仕華主編、林惠珍編輯：《章學誠研究論叢：第四屆中國文獻學學術研討會論文集》，28頁，臺北，學生書局，2005。

20 語出《章學誠〈校讎通義〉自序》，1頁，見〔清〕章學誠著、王重民通解：《校讎通義通解》，上海，上海古籍出版社，1987。

二 「文史校讎」之學的開拓與「六經皆史」說的發軔

　　學術界對章氏「六經皆史」說的思想淵源的討論，頗為紛擾。最有代表性的爭議是，錢鍾書等博洽的溯源工作遭到了倉修良等的尖銳的辯駁。[21]類似的探源考察，確有助於觀念源流的澄清，但從方法論的角度，卻很有值得反省之處。因為這樣的考索，大多是事後諸葛亮似的追查，總不免是後人非常主觀地串聯起來的觀念史，對瞭解章學誠所承受的思想資源來說，並沒有多少切己的意義。所以，較為謹慎的做法，一般是將其追溯至王陽明的「五經亦史」之論就了事了。[22]其實，章太炎於一九三五年六月在蘇州演說時就明確講「陽明有六經皆史之說」，[23]此類，不過讀書多了，覺得王說先發於學誠，故舉其名，偶而追溯及王說而已，並不能否認太炎之得聞「六經皆史」說實本於將此說發揮得深切著明的章學誠也。[24]進而論之，陽明前後討論經史關係有先獲章氏之心者固頗不乏人，[25]而晚近之討論此問題，實如章太炎者多承接章學誠之緒論，即今人之追溯探源實亦拜章學誠大

21 參見錢鍾書：《談藝錄》（補訂本），263-266頁，北京，中華書局，1984；倉修良：《章學誠和〈文史通義〉》，101-112頁，北京，中華書局，1984；倉修良、葉建華：《章學誠評傳》，155-171頁。

22 參見韋政通主編：《中國哲學辭典大全》，余英時所撰之「六經皆史」條，174-176頁。

23 章太炎：《論經史儒之分合》，見馬勇編：《章太炎講演集》，241-242頁，石家莊，河北人民出版社，2004。

24 誠如諸祖耿：《記本師章公自述治學之功夫及志向》，記章氏云：「余幼專治《左氏春秋》，謂章實齋『六經皆史』之語為有見。」原載《制言》，第25期，1936，收入陳平原、杜玲玲編：《追憶章太炎》，86頁，北京，中國廣播電視出版社，1997。這類說法舉不勝舉，此略。

25 參見向燕南：《從『榮經陋史』到『六經皆史』——宋明經史關係說的演化及意義之探討》，載《史學理論研究》，2001（4）；吳海蘭：《經世訴求與明後期的尊經重史觀念》，見劉釗等主編：《廈大史學》，第2輯，廈門，廈門大學出版社，2006。

力張揚的提醒之賜，要為不可掩之史實，故不必強辯也。

更為重要的是，對章學誠來說，他以什麼樣的方式獲致這一觀念，從而能夠或者接受或者批判或者改造某些資源來建構自己的學說。所以我們特從章氏的為學取徑入手來探討「六經皆史」說的緣起，以避漫無歸宿。我們認為：「六經皆史」說乃是章學誠奮力開拓出來的「文史校讎」之學的成果，此說之發軔尤其要從其成學過程去探尋。

乾隆二十九年（1764），二十七歲的章學誠已經有了自己明確的志向：「丈夫生不為史臣，亦當從名公巨卿，執筆充書記，而因得論列當世，以文章見用於時，如纂修志乘，亦其中之一事也。」[26]重「史」重「文」，重視「纂修志乘」，注重經「世」致「用」，似乎很早就是他的志趣所在。同年，他與甄松年論「《文選》義例」時，也許是第一次談到他對六經的看法：

> 經史子集，久列四庫，其原始亦非遠。試論六藝之初，則經目本無有也。大《易》非以聖人之書而尊之，一子書耳；《書》與《春秋》，兩史籍耳；《詩》三百篇，文集耳；《儀禮》、《周官》，律令會典耳。自《易》藏太卜而外，其餘四者，均隸柱下之籍，而後人取以考證古今得失之林，未聞沾沾取其若綱目紀傳者，而專為史類，其它體近繁博，遽不得與於是選也。《詩》亡而後《春秋》作。《詩》類今之文選耳，而亦得與史相終始，何哉？[27]

26　章學誠：《答甄秀才論修志第一書》，見章學誠著、倉修良編注：《文史通義新編新注》，842頁，杭州，浙江古籍出版社，2005。

27　章學誠：《駁〈文選〉義例書再答》，見《文史通義新編新注》，854-855頁。

　　他把《易》看作子書，與日後《易教》所闡發的「六經皆先王之
政典」等成熟觀點比起來相差甚遠，但是說「試論六藝之初，則經目
本無有也」、「自《易》藏太卜而外，其餘四者，均隸柱下之籍」等，
其運思的理路實啟「六經皆史」說之端。誠如王重民所說：「由於甄
秀才要『劃文於史外』，『不必列文於史中』的辯論，引起了章學誠經
與史、子、集三部相通的論辯，成為他以後『六經皆史』說的根
源。」[28]值得注意的是，「六經皆史」說的發端，初非緣於經史關係的
討論，更不是由史學與經學的抗爭激發而起，實起於對四部分類法的
反思，這種反省又肇端於文史關係的思考。經之所以要被牽扯進來，
乃因其為章氏討論問題所要取法的「理想型」，用《言公》中的話來
說就是「六藝為文字之權輿」。[29]由「文章史事，固相終始者」[30]的見
解而推論到四部「相通」的觀點，這是「六經皆史」說的發源地。而
這正反映了他當時「既志藝文，當仿《三通》、《七略》之意」[31]乃至
「一仿班《志》、劉《略》」[32]的文史校讎思想。

　　乾隆三十一年春夏之交，章學誠初晤戴震。[33]這次會晤使章學誠
備受震動。在與戴震會見後不久，章氏給族孫汝楠的信中坦露心跡：

　　　　學問之途，有流有別，尚考證者薄詞章，索義理者略徵實，隨
　　　　其性之所近，而各標獨得，則服鄭訓詁，韓、歐文章，程、朱
　　　　語錄，固已角犄鼎峙，而不能相下。必欲各分門戶，交相譏
　　　　議，則義理入於虛無，考證徒為糟粕，文章只為玩物，漢、唐

28　〔清〕章學誠著、王重民通解：《校讎通義通解》，183頁。
29　語出章學誠：《言公上》，見《文史通義新編新注》，201頁。
30　章學誠：《駁〈文選〉義例書再答》，見《文史通義新編新注》，855頁。
31　章學誠：《答甄秀才論修志第一書》，見《文史通義新編新注》，840頁。
32　章學誠：《修志十議呈天門胡明府》，見《文史通義新編新注》，857頁。
33　參見余英時：《論戴震與章學誠──清代中期學術思想史研究》，7-17頁。

以來，楚失齊得，至今囂囂，有未易臨決者。惟自通人論之則不然，考證即以實此義理，而文章乃所以達之之具。[34]

學者認為，書中所舉「通人」之論，疑即指戴震而言。因為在乾隆之世，戴震最早提出義理、考證、詞章三分之說，並且對這三者之間的關係不斷地有所討論。[35]重要的是，此後該議題成為章學誠造次顛沛必於是的主題，在文章以及給友人的信中反覆討論這個問題，他自己最看重的《原道》篇就是為此義理、考證、詞章「三家之分畛域」而寫的，乾隆五十四年章學誠在給陳鑑亭的信中說：

道無不該，治方術者各以所見為至。古人著《原道》者三家：淮南託於空蒙，劉勰專言文指，韓昌黎氏特為佛老塞源，皆足以發明立言之本。鄙著宗旨，則與三家又殊。《文史通義》，專為著作之林校讎得失；著作本乎學問，而近人所謂學問，則以《爾雅》名物，六書訓故，謂足盡經世之大業，雖以周、程義理，韓、歐文辭，不難一唉置之。其稍通方者，則分考訂、義理、文辭為三家，而謂各有其所長。不知此皆道中之一事耳，著述紛紛，出奴入主，正坐此也。鄙著《原道》之作，蓋為三家之分畛域設也，篇名為前人迭見之餘，其所發明，實從古未鑿之寶，諸君似見題襲前人，遂覺文如常習耳。[36]

不言而喻，此處所謂「其稍通方者」即上封信中所提到的「通人」，均指戴震。過了二十三年後，章學誠已經自認有了比這位「通

34　章學誠：《與族孫汝楠論學書》，見《文史通義新編新注》，799-800頁。

35　參見余英時：《論戴震與章學誠──清代中期學術思想史研究》，15-16頁。

36　章學誠：《與陳鑑亭論學》，見《文史通義新編新注》，717頁。

人」更高明的見解，但是他久蓄於胸中的意欲解決「考訂、義理、文辭」、「三家之分畛域」的問題意識卻是不折不扣地承襲自這位「通人」。

另外，戴震的教誨使章學誠的學風更趨踏實。這位經學巨擘之學術示範作用還在於從反面提示他自己根本不可能亦步亦趨地走戴震那樣的學術道路。在給族孫汝楠的信中，章氏說：

> 獨怪休寧戴東原振臂而呼曰：「今之學者，毋論學問文章，先坐不曾識字。」僕駭其說，就而問之。則曰：「予弗能究先天後天，河、洛精蘊，即不敢讀元亨利貞；弗能知星躔歲差，天象地表，即不敢讀欽若敬授；弗能辨聲音律呂，古今韻法，即不敢讀關關雎鳩；弗能考三統正朔，《周官》典禮，即不敢讀春王正月。」僕重愧其言！因憶向日曾語足下所謂「學者只患讀書太易，作文太工，義理太貫」之說，指雖有異，理實無殊。充類至盡，我輩於四書一經，正乃未嘗開卷卒業，可為慚惕，可為寒心！

戴震的當頭棒喝以及業師朱筠的諄諄教導使章學誠懂得了什麼叫做「先求徵實，後議擴充」，從而一改以往「好立議論，高而不切」的毛病。[37]雖然在他學問成熟之後也曾激烈抨擊戴震此類早年曾讓他「慚惕」、「寒心」的見解。[38]但是他又說自己如何「自少性與史近」，並「嘗以二十一家義例不純，體要多舛，故欲遍察其中得失利病，約為科律，作書數篇，討論筆削大旨。」[39]而讓人覺得「撰述《文史通

---

37 章學誠：《與族孫汝楠論學書》，見《文史通義新編新注》，800頁。
38 參見章學誠：《又與正甫論文》，見《文史通義新編新注》，807-808頁。
39 章學誠：《與族孫汝楠論學書》，見《文史通義新編新注》，801頁。

義》的設想，早在章學誠三十歲以前已經形成」。[40]看來戴震從反面讓他警醒的比正面告誡他的還要多。章氏後來自稱「粗通大義，不能研究文字，自以意之所至，而侈談班、劉述業，欲以疏別著述淵源」，[41]所謂「不能研究文字」就是戴震所不齒的「不曾識字」，章氏之「善自度」[42]，正離不開有戴震那樣的典型在那裡樹著，從而知所趨避。是「不能」也，非不屑也！此後章氏對「研究文字」再無少年時代那「攻排訓詁，馳騖空虛」的輕狂，[43]即使日後對戴震這類觀點的抨擊也只是著眼於不能如此霸權凜然地「以此概人」而已。[44]

　　乾隆三十七年，章學誠終於躊躇滿志地吐露了「斟酌藝林，作為《文史通義》」的著述近況。[45]這年八月，他已「裒集所著《文史通義》，其已定者，得內篇五，外篇二十有二」。[46]次年春天，章氏又抒發其撰著之志云：「思斂精神，為校讎之學，上探班、劉，溯源官禮；下該《雕龍》、《史通》，甄別名實，品藻流別，為《文史通義》一書。」[47]眾所周知，章氏所謂「校讎之學」乃是非常鄭重的用語，與當時學者所稱的「目錄之學」是界限森嚴的。[48]從乾隆三十七年八月二十日章學誠寫給錢大昕的信——《上曉徵學士書》，我們可以窺見其草創《文史通義》的撰述「大旨」。[49]——也就是幾年來他「思

---

40 章學誠著、倉修良編：《文史通義新編》，前言1頁，上海，上海古籍出版社，1993。

41 章學誠：《與錢獻之書》，見《文史通義新編新注》，793頁。

42 參見章學誠：《家書二》，見《文史通義新編新注》，817頁。

43 語出章學誠：《與族孫汝楠論學書》，見《文史通義新編新注》，800頁。

44 參見章學誠：《又與正甫論文》，見《文史通義新編新注》，807頁。

45 章學誠：《侯國子司業朱春浦先生書》，見《文史通義新編新注》，753頁。

46 章學誠：《上慕堂光祿書》，見《文史通義新編新注》，660頁。

47 章學誠：《與嚴冬友侍讀》，見《文史通義新編新注》，706頁。

48 章學誠在《信摭》中對「校讎之學」與時人所謂「目錄之學」的分別觀，詳見《章學誠遺書》，367頁。

49 近來余英時與陳祖武等學者的研究成果大大推進了我們對章氏學術思想發展脈絡的認識。余英時的《章學誠文史校讎考論》一文，至少有兩個論斷是發人深省的。誠

斂精神，為校讎之學」的核心思想。此書第一次扼要闡述了上承鄭
樵[50]而又大加發展了的校讎學觀點：「古人之學，各有師法，法具於
官，官守其書，因以世傳其業。」也可見其別出心裁的取徑與見解：
「故今之學士，有志究三代之盛，而溯源官禮，綱維古今大學術者，
獨漢《藝文志》一篇而已。」即所謂「上探班、劉，溯源官禮」，「故

如他自己所說，此文第一糾正了自胡適以來，認為《文史通義・內篇》作於《校讎
通義》之前的觀點，證明《校讎通義》不但成書在前，而且《文史通義》正是建於
其上的七寶樓臺。第二，此文還論證了「文史通義」一詞有廣狹二義。在早期是籠
統地包括章氏的所有著作，到後來才狹義地指本《文史通義》。為此他還大致以
1783年（乾隆四十八年）為界劃分章氏學術發展階段的前後兩期，並且認為「他的
治學重點早期偏於『校讎』，後期偏於『文史』」。參見余英時：《論戴震與章學
誠——清代中期學術思想史研究》，160-180頁。余氏看法大體頗為精當，非常有助
於深化對章學誠學術發展過程的歷史理解。其可商之處主要有兩點，一是關於『校
讎』、『文史』前後期之分界過於規整，事實上，正如筆者所展現的，這兩方面在章
氏那裡乃是齊頭並進而聯成一體的。二是因對《上辛楣宮詹書》沒有做出更精準的
繫年，與之密切相關的是，沒有利用收在《章學誠遺書》之外的《上曉徵學士
書》，從而將《侯國子司業朱春浦先生書》中提到的「辛楣先生候牘」，其實應是
《上曉徵學士書》，而誤為《上辛楣宮詹書》。關鍵文獻的誤置，遺憾地減損了該文
的論證力度。而陳祖武《章實齋集外佚札二通考證》一文恰恰彌補了這一缺陷。陳
氏不惟考證出《上辛楣宮詹書》確切繫年應為嘉慶三年戊午（1798年），時章氏61
歲。而且確證了下述重要事實：章實齋乾隆三十七年所致錢竹汀書（此年即1772，
時章氏35歲；此書即「辛楣先生候牘」——引者），應為《大公報》1946年11月6日
刊佈之《上曉徵學士書》，而非今本《章氏遺書》所錄《上辛楣宮詹書》。見陳祖
武：《章實齋集外佚札二通考證》，收入中國社會科學院歷史研究所學刊編委會編
輯：《中國社會科學院歷史研究所學刊》，第3集，北京，商務印書館，2004。關於
學術界對《上曉徵學士書》與《上辛楣宮詹書》這兩封重要書信的研究史略，並請
參見梁繼紅應倉修良之命所作的報導，梁繼紅：《章學誠〈文史通義〉自刻本的發
現及其研究價值》，見中國歷史文獻研究會編：《章學誠國際學術研討會論文集》，
211頁，北京，北京圖書館出版社，2004。《上曉徵學士書》繫年之確定的重大意
義，在於為我們瞭解章學誠早期學術思想提供了可靠的文獻根據。

50 章學誠：《文集》有云：「古人有專家之學而後有專門之書，有專門之書而後有專門
之授受，（鄭樵蓋嘗云爾）。」乃自道其學所本之一端也，見《文史通義新編新
注》，319頁。

比者校讎其書，申明微旨，又取古今載籍，自六藝以降訖於近代作者之林，為之商榷利病，討論得失，擬為《文史通義》一書。分內外雜篇，成一家言。」這裡第一次說明了《文史通義》的撰著旨趣與體例。章氏還認為：「學術之歧，始於晉人文集，著錄之舛，始於梁代《七錄》，而唐人四庫因之」，他對圖書分類由《七略》六分法而流為「四庫」四部分類法的尖銳批評，在此也引出端緒。他對「向、歆之業不傳」、「校讎之失傳」更是反覆致其感慨。[51]

　　上述基本見解的獲致，使得章學誠不勝其「頗用自賞」之情，[52]所以選了最得意的三篇「內篇三首」，請「慕堂光祿（曹學閔）」、「辛楣先生（錢大昕）」、「嚴冬友侍讀（嚴長明）」求教，但結果卻並不理想：「《通義》示人，而人猶疑信參之。」[53]

　　值得注意的是，章學誠的見解既不為師友所許可，亦與朝廷之功令格格不入。就在章氏學術初長成之際，朝廷開張了一項盛世大舉，那就是四庫館的開設。乾隆三十七年十一月二十五日，章學誠的業師朱筠，奏請訪求遺書，建議開館校書。[54]這個摺子為四庫館創意之始，胡適推測「此奏似實齋與邵晉涵都曾與聞。」[55]此無確據，理或然也。值得注意的是，此摺所擬辦法四條之一的「著錄校讎，當並重也」與章氏之見意雖相通，而細目頗有距離。此折提出的群書分類原則是：「或依《七略》，或準四部」[56]也許是既為下臣擬議，當俟大臣

51　參見章學誠：《上曉徵學士書》，見《文史通義新編新注》，648-651頁。

52　語出章學誠：《與嚴冬友侍讀》，見《文史通義新編新注》，706頁。

53　語出章學誠：《〈和州志・志隅〉自敘》，見《文史通義新編新注》，887頁。

54　《安徽學政朱筠奏陳購訪遺書及校核〈永樂大典〉意見摺》，見中國第一歷史檔案館編：《纂修四庫全書檔案》（上），20-21頁，上海，上海古籍出版社，1997。

55　胡適著、姚名達訂補：《章實齋先生年譜》，16頁，見周康燮主編：《章實齋先生年譜彙編》，198頁。胡適將此事繫於乾隆三十六年，而姚名達繫於乾隆三十八年，均誤。

56　中國第一歷史檔案館編：《纂修四庫全書檔案》（上），21頁。

討論聖上欽定，不便過於決絕，但此處顯為兩可之說、未定之見，與
章氏致錢大昕的信中力主《七略》、《漢志》之說大相逕庭。[57]乾隆三
十八年二月十二日，清廷開館校核《永樂大典》，高宗確定他日採錄
成編，題名《四庫全書》。諭中有曰：「朕意從來四庫書目，以經、
史、子、集為綱領，裒輯分儲，實古今不易之法。」[58]一主《七略》，
一主四庫（部），其不合也必矣！此諭可以說注定了章學誠難逃日後
寂寞的命運。

在無人喝彩的情況下，第二年，執著而自信的章學誠就將上述想
法又「推行」到《和州志》上去了。真是愈挫而愈奮，在乾隆三十九
年季夏之月所寫的《〈和州志・志隅〉自敘》中，章氏直抒胸臆：

> 獲麟而後，遷、固極著作之能，向、歆盡條別之理，史家所謂
> 規矩方圓之至也……然鄭樵有史識而未有史學；曾鞏具史學而
> 不具史法；劉知幾得史法而不得史意，此予《文史通義》所為
> 作也……嗚呼！遷、固、向、歆不可作矣。誠得如劉知幾、曾
> 鞏、鄭樵其人而與之，由識以進之學，由學而通乎法，庶幾神
> 明於古人之意焉。則《春秋》經世之學，可以昌明。[59]

章學誠是一位格調古雅的、自然在某種意義上也是好唱高調的學

---

57 上文已提到章氏在27歲時已有「夫既志藝文，當仿三通、《七略》之意」的想法，
　同年略後或次年《修志十議呈天門胡明府》「議徵文」一條，進一步主張「今擬更
　定凡例，一仿班《志》、劉《略》，標分部匯，刪蕪擷秀，跂其端委，自勒一考，可
　為他日館閣校讎取材，斯則有裨文獻耳。」見《文史通義新編新注》，840、857
　頁。章氏一以《七略》為歸之志愈益堅定，而其「為他日館閣校讎取材」的準備也
　是由來已久。
58 參見陳祖武、朱彤窗：《乾嘉學術編年》，225頁，石家莊，河北人民出版社，2005。
59 章學誠：《〈和州志・志隅〉自敘》，見《文史通義新編新注》，887頁。

者，他所師法的古人，決不僅限於劉向、劉歆父子、劉勰、劉知幾，而必欲由「劉知幾、曾鞏、鄭樵其人」上攀遷、固、向、歆而追本孔夫子。所謂「《春秋》經世之學」也就是將上文提到的「校讎之學」進一步明確其旨趣，「著作之能」與「條理之別」，雖各有側重，而實相濟為功，而義之所歸就在於「校讎師法，不可不傳；而著錄專家，不可不立也。」[60]這也就是日後學誠自稱所「從事」的「文史校讎」之學。[61]至此，章學誠非常清楚要開拓什麼樣的學問了，其學術的基本精神也已經確立，如影隨形，他關於六經的見解也進入了新境界。

　　章學誠在給錢大昕的信中說：「蓋向、歆所為《七略》、《別錄》者，其敘六藝百家，悉惟本於古人官守，不盡為藝林述文墨也。」[62]可見在草創之處，他下意識地將自己的新解與向、歆父子的原有看法混在一起了，因為從《漢書・藝文志》來看，他們是將「九流」（即此函所謂「百家」）「本於古人官守」，即有所謂「諸子出於王官說」或稱為「九流出於王官說」，並沒有將「六藝」「悉惟本於古人官守」。不過他當時也許認為自己的見解不過本於向、歆父子而向前推原而來，故不必視為己出。

　　章學誠在《和州志》中則大大發揮《上曉徵學士書》已經引出端緒的推源「三代」學術的看法：「三代之盛，法具於書，書守之官。

---

60 語出《章氏遺書外編卷第十七：和州志二》，見《章學誠遺書》，557頁。

61 比如章學誠：《上辛楣宮詹書》所謂「學誠從事於文史校讎，蓋將有所發明。」《文史通義新編新注》，657頁；章學誠：《與孫淵如觀察論學十規》所謂「惟文史校讎二事，鄙人頗涉藩籬，以謂向、歆以後，校讎絕學失傳，區區略有窺測」以及「鄙人所業，文史校讎，文史之爭義例，校讎之辨源流，與執事所為考覈疏證之文，途轍雖異，作用頗同」云云，見《文史通義新編新注》，393、398頁。《與陳鑑亭論學》寫在《原道》等成熟的重要論著完成之後，其中提到：「《文史通義》，專為著作之林校讎得失」，《文史通義新編新注》，717頁。可見，也不必將「文史」與「校讎」劃分得過執了。

62 章學誠：《上曉徵學士書》，見《文史通義新編新注》，648頁。

天下之術業，皆出於官師之掌故。」[63]而六經為掌故之典型，從而明確提出了「六經皆周官掌故」的見解：

> 六經皆周官掌故。《易》藏太卜，《書》、《春秋》掌於外史（掌三皇五帝之書、四方之志），《詩》在太師，《禮》歸宗伯，《樂》屬司成。孔子刪定，存先王之舊典，所謂述而不作。故六藝為經，群書為傳。[64]
>
> 不為官師職業所存，是為非法，雖孔子言禮，必訪柱下之藏是也……六經皆屬掌故，如《易》藏太卜，《詩》在太師之類。[65]

此說明確界定六經的性質為政府官書，淵源於官司職掌，並以孔子「述而不作」之論證明之。

誠如學者指出的，章學誠在《和州志・藝文書》中貫徹了當時的學術主張而採用了《七略》的分類體系，不過，此後他所編其它的地方藝文志和《史籍考》卻都放棄了這樣的做法，把「復古」改為「宗劉」，把「宗劉」解釋為宗師劉氏父子目錄學的理論和方法，重新建立新的分類體系，而不是回到《七略》六分的分類形式，即「就四部之成法，而能討論流別，以使之恍然於古人官師合一之故。」[66]而循此方法校讎出來的基本看法，愈出而愈進，關於六經之見解，是其一也。

上述主張在《校讎通義》的《原道第一》以及《漢志六藝第十三》等處作了我們所熟知的系統的闡發。[67]有學者將《校讎通義》與

---

63 《章氏遺書外編卷第十七：和州志二》，見《章學誠遺書》，556頁。

64 《章氏遺書外編卷第十七：和州志二》，見《章學誠遺書》，558頁。

65 《章氏遺書外編卷第十七：和州志二》，見《章學誠遺書》，556頁。

66 章學誠著、王重民通解：《校讎通義通解》，6、190頁。

67 章學誠著、王重民通解：《校讎通義通解》，2-3、75頁。

其最早稿本的抄本——北圖所藏朱氏抄本《續通志校讎略擬稿》進行校勘可知，今三卷本《校讎通義》即是章學誠在乾隆五十三年校正後的定本，與乾隆四十四年寫成的原稿僅有文字上的不同，但並無文義上多大的差別。這並非以前人們所說經過了多麼嚴重的修改。今本《校讎通義》與《續通志校讎略擬稿》朱氏抄本在文字上的出入，略如抄本「著錄先明大道論三篇」今本《校讎通義》題為「原道」，「四部當宗七略論八篇」今本題為「宗劉」之類。[68]是故上述見解自乾隆四十九年至乾隆五十三年間均未有更張。

　　撰著於乾隆四十八年的《詩教》[69]，本上述關於六經的見解，發揮「古無私門之著述」之說，論證「至戰國而著述之事專」的觀點時，其文有小注曰：「詳見外篇《較讎略》『著錄先明大道論』。」[70]又曰：「六藝為官禮之遺，其說亦詳外篇《較讎略》中《著錄先明大道論》。」[71]是知章學誠自己認為早已得關於六經的新見解，並明確規定為「六藝為官禮之遺」之「說」。[72]此說是章氏是立志開拓「（文史）校讎之學」草創「文史通義」之始就欲努力發揮的觀點，故於致錢大昕的信中已隱約見之，復申之於《和州志》之《藝文書》等諸序例，又條理化於《續通志校讎略擬稿》，即「外篇《較讎略》中《著錄先明

68　章學誠著、王重民通解：《校讎通義通解》，192-196頁；以及梁繼紅對前賢之說的修正，梁繼紅：《論章學誠校讎理論的發展脈絡》，見北京大學中國古文獻研究中心編：《北京大學中國古文獻研究中心集刊》，第4輯，北京，北京大學出版社，2004。

69　《詩教》繫年，見《章實齋先生年譜彙編》，101頁。

70　章學誠：《詩教上》，見《文史通義新編新注》，47頁。倉修良標點為：「詳見外篇《較讎略》、《著錄先明大道論》。」是將《較讎略》與《著錄先明大道論》視為可並列的兩篇，其實後者為前者之一部分，故改正。

71　章學誠：《詩教下》，見《文史通義新編新注》，59頁。

72　但是，有的研究成果將1788年章學誠51歲時給孫星衍的信《報孫淵如書》中提到的「愚之所見，以為盈天地間，凡涉著作之林，皆是史學，六經特聖人取此六種之史以垂訓者耳。」云云，視為章氏初次發表他的「六經皆史」的新穎見解。此說不確，辨亦詳見後文。

大道論》」，乃至《校讎通義》定稿亦承其緒餘。而像《詩教》等《文史通義》之重要篇什無不以此說為立論根據，並不斷有新的發揮。

但要真正瞭解「六經皆史」說之如何由章氏「文史校讎」之學所探得，僅僅清查其文獻出處是不夠的，還必須考察其如何被推拓出來之理路。

章學誠在乾隆三十七年給錢大昕的信中就吐露過他的工作綱領：「故今之學士，有志究三代之盛，而溯源官禮，綱維古今大學術者，獨漢《藝文志》一篇而已。」他對「三代」「官師合一」（即「治」「學」合一）的典型「官禮遺意」的嚮往，很顯然的是受了《漢書·藝文志》本於《七略》將「九流」十家諸子之學分別溯源於古者某官的做法的啟發：「劉歆《七略》，班固刪其《輯略》而存其六……即此數語窺之，劉歆蓋深明乎古人官師合一之道，而有以知乎私門初無著述之故也。」[73]雖然他對《漢志》將陰陽家溯源到羲和之官等具體論斷是不滿的。[74]他甚至批評說：「諸子推本古人官守，當矣；六藝各有專官而不與發明，豈為博士之業所誤耶？」[75]可見，章氏自己的六經探源工作是在《漢志》的基礎上再往前推得的。《周禮》當然是他悟得「六卿聯事之意」、是他所追本的「專官」的文獻出處，[76]在推論思路上則更得益於《莊子·天下篇》，對此，如《校讎通義》所說：「觀其首章列敘舊法世傳之史與《詩》、《書》六藝之文，則後世經史之大原也。」[77]這一句話就把「六藝皆古史之遺」[78]說的立論之根據和盤

---

73 章學誠著、王重民通解：《校讎通義通解》，4頁。

74 章學誠著、王重民通解：《校讎通義通解》，98-99頁。

75 章學誠著、王重民通解：《校讎通義通解》，46頁。

76 章學誠著、王重民通解：《校讎通義通解》，3-4頁。

77 章學誠著、王重民通解：《校讎通義通解》，108-109頁。

78 「六藝皆古史之遺」為「六經皆史」說的諸種表述中之一種，《丙辰札記》，見《章學誠遺書》，388頁。

托出了。此外，章氏不時言及將不幸不見「古人之大體」之類的話，議論之中又充滿了「道術將為天下裂」的感慨，在「經史之大原」問題上，深受《莊子》之啟發，這點似無疑問。

　　總之，「六藝為官禮之遺」說，實為章學誠秉承劉氏「向、歆所為《七略》、《別錄》」以及班固《漢書·藝文志》推源子學的「校讎」方法，百尺竿頭推源六藝，而將《周禮》、《莊子》等有關文獻條理化的心得。就「六經皆史」觀念的緣起來說，從章氏自己文字的指示獲得認識，也許要比漫無節制的推說要切實一些。[79]

三　「六經皆史」說的基本內涵

　　學界對章氏「六經皆史」說旨趣之探討似乎到了愛極而厭的地步，以至於有學者言之鑿鑿地將「六經皆先王之政典也」與「六經皆史」說強行分拆開來，並斷言：「『六經皆史』並非是章學誠晚年深思

---

[79] 近人討論章說緣起，多汗漫，亦有入木三分者，如余嘉錫認為：「《隋志》言『史官既立，經籍於是興焉』，已開章氏之先聲矣。」但無章學誠自己的文字相印證，只能算作推測之辭而聊備一說，參見余嘉錫：《目錄學發微》，見李學勤、劉國忠、王志平編校：《中國現代學術經典·余嘉錫楊樹達卷》，69頁，石家莊，河北教育出版社，1996；如侯外廬則認識到：「學誠的古代文化史論，大都依據『天下篇』的道理。『天下篇』說道之『明而在數度者，舊法世傳之史尚多有之』。學誠從而發揮古者無私門著述之學……」參見侯外廬：《中國思想通史》第5卷《中國早期啟蒙思想史》，510頁；如錢穆則認為，章氏以「六經皆史」說為代表的學問特長在於「從學術史觀點來講學術」，那一套東西並不像他自認為的那樣來自浙東學派、陽明之學，「我想他特別是從《漢書·藝文志》來，又兼之以鄭樵《通志》，而創出了章實齋討論古代學術一項重大的創見。」參見錢穆：《中國史學名著》，253-254頁，北京，生活·讀書·新知三聯書店，2000，此說尤為中肯。從我們的立場來看，余、侯、錢等學者的上述見解與章氏「文史校讎」之學的取徑頗為符合，比起別種推論來，更值得重視，但也都不如章氏本人的指點更親切而順理成章。

熟慮的結論。」[80]也有學者力圖將關於此說的「現代」詮釋與其本意劃清界限:「所謂章氏的六經皆史說具有許多現代含義,大都是現代人的詮釋,現代人認為章之六經皆史說應該如此,而未必能真實反映乾嘉時代章氏的學術思想。」[81]筆者不想別樹一義以更增一層糾葛。但是,在對「六經皆史」說的本源進行探討之後,對其基本內涵略作表白似乎也是必需的。為了準確掌握章氏本人的立論脈絡,這裡將其大體分為四個層次或者說四個段落加以展開,我們的關注點不僅放在義理上的相關性上,也兼顧到其表述的是否緊扣主題,以及對後世的影響力等方面。

1 作為王官學的六藝:「六經皆周官掌故」與「古無私門著述」

要瞭解「六經皆史」說的基本內涵,就必須從章學誠的「六經皆周官掌故」的見解起步。《和州志・藝文書》序列開宗明義第一段話,對「六經」何以為「周官掌故」有明確的交代:

> 《易》曰:「上古結繩而治,後世聖人,易之以書契,百官以治,萬民以察。」夫文字之原,古人所以為治法也。三代之盛,法具於書,書守之官。天下之術業,皆出於官師之掌故,道藝於此焉齊,德行於此焉通,天下所以以同文為治。而《周官》六篇,皆古人所以即官守而存師法者也。不為官師職業所存,是為非法,雖孔子言禮,必訪柱下之藏是也。三代而後,文字不隸於職司,於是官府章程,師儒習業,分而為二,以致人自為書,家自為說,蓋汜濫而出於百司掌故之外者,遂紛然

---

80 梁繼紅:《章學誠學術研究》,119頁。
81 汪榮祖:《章實齋六經皆史說再議》,見《史學九章》,313-314頁。

矣。(六經皆屬掌故，如《易》藏太卜，《詩》在太師之類。)
書既散在天下，無所統宗，於是著錄部次之法，出而治之，亦
勢之所不容已。[82]

　　章學誠以非常凝練的筆調，勾勒了從黃金古代到後世之文明演變
史。他先是提出了「文字」的根源與功能在於務為「治法」的觀念，
他引《易》為說，不過是將早就有的「古人文字，其初繁然雜出，惟
用所適」[83]的想法理論化了而已，鮮明地透露了他那一貫的經世致用
氣質。從這一原則出發，他又充分表達了對以周官掌故為典型的政與
教、治與學合一(「官師合一」)的「三代」鼎「盛」的「同文為治」
的高度禮贊。這當然是從他所領悟的「六卿聯事之義」[84]發揮而來
的。他又看到了「三代盛時」(他不斷用這個詞彙，與「衰周」之世
相對照)到「三代而後」「學術」大轉折的歷史趨向，即由「官師合
一」走向「官」、「師」「分」，百「家」私學興，「書既散在天下，無
所統宗，於是著錄部次之法」起的過程。章氏以某種歷史學家的敏感
意識到此乃「勢」也，而非私意所可改變。「六經」的意義正是要從
這種類似於某種大裂變或大災變的背景下去理解。他在注文中特意指
出的「六經皆屬掌故」，顯然是說，「六經」是與衰世「人自為書，家
自為說」「氾濫」無歸的百「家」私學性質完全不同的東西，是「三
代」「盛治」的結晶，也就是周代的王官學的遺產。(他後來用的概念
「官禮之遺」正是此意，注意，他用「遺」字是與「變」字相對比為
文的[85])更是後世學術要溯源的「統宗」。錢穆曾指出：「章學誠《文

82　《章氏遺書外編卷第十七：和州志二》，見《章學誠遺書》，556頁。
83　章學誠：《駁〈文選〉義例書再答》，見《文史通義新編新注》，854頁。
84　章學誠：《上曉徵學士書》，見《文史通義新編新注》，648頁。
85　參見章學誠：《詩教下》，見《文史通義新編新注》，59頁。

史通義》所謂『六經皆史』之『史』字，並不指歷史言，而實指的官學言。古代政府掌管各衙門檔檔案者皆稱『史』，此所謂『史』者，實略當於後世之所謂『吏』。」[86]此論可謂深得其旨。

與這一基本見解相輔相成的是「古無私門著述」之說。前述《續通志校讎略》、《校讎通義》已經明確論述道：「由秦人『以吏為師』之言，想見三代盛時，《禮》以宗伯為師，《樂》以司樂為師，《詩》以太師為師，《書》以外史為師，《三易》、《春秋》亦若是則已矣，又安有私門之著述哉？」[87]《詩教》復申之曰：

> 三代盛時，各守人官物曲之世氏，是以相傳以口耳，而孔、孟以前，未嘗得見其書也。至戰國而官守師傳之道廢，通其學者述舊聞而著於竹帛焉……古初無著述，而戰國始以竹帛代口耳。（外史掌三皇五帝之書及四方之志，與孔子所述六藝舊典，皆非著述一類，其說已見於前）[88]

可見，一方面是因為六經各有官守，「皆為憲章」，聖如孔子不能以「私意」興作。「六藝存周公之舊典，夫子未嘗著述也」。另一方面，至戰國才「始」有「以竹帛代口耳」的歷史條件，著之竹帛為著述。是以「至戰國而著述之事專」，正言若反，則「古無私門之著述」是也。這裡的「著述」，一方面是作為「私」學而與作為「官」典的六藝不同；另一方面是以著之「竹帛」的形式出現，而與「相傳

---

86 錢穆：《孔子與〈春秋〉》，見《兩漢經學今古文平議》，278頁，北京，商務印書館，2001。

87 章學誠著、王重民通解：《校讎通義通解》，2頁。章學誠：《婦學》有小注云：「古無私門著述，說詳《校讎通義》。」見《文史通義新編新注》，308頁。

88 章學誠：《詩教上》，見《文史通義新編新注》，47頁。

以口耳」的「官守師傳之道」不同。有學者據《詩教》小注「孔子所述六藝舊典，皆非著述一類」說，六藝既「非著述」，則必具「史料」之義，這樣的解釋不能不說是大大偏離了章學誠立論的主導方向。而小注所謂「其說已見於前」，從上下文來看，正是前面提到的詳見外篇《較讎略》「著錄先明大道論」的「六藝為官禮之遺」說，義均相通。但是，也許還會有愛摳字眼的學者提出質疑：何以必知此亦屬「六經皆史」之說呢？《方志立三書議》以不容置疑的口吻寫道：「古無私門之著述，六經皆史也。」[89]

　　總之，「六經皆周官掌故」以及「古無私門之著述」為章學誠「六經皆史」說的最基本的也是很重要的見解，他不單本於此說批駁汪中的申張墨學之論，[90]而且還根據此說糾彈孫星衍對古籍年代的考證。[91]這也就是周永清曾「當面作書指駁」而章氏不屑置答的「仆《詩教》篇言三代之盛未有著述文字」之說。[92]

2 以史明道的「六經皆史」說申義

　　「六經皆史」說表達了「以史明道」的觀念，有關這一點，在價值評判上觀點相左的余英時與汪榮祖均無異辭。筆者則更多在該觀念之由來以及章學誠如何表述方面稍費筆墨，主要從道器合一的六藝觀以及史家「述作」之道以及史學與經學之爭等相互關聯的諸方面，看看他本人的所思所想。

　　欲知章氏「以史明道」的見解，必須先明「道寓於器」的六藝觀。值得注意的是，前引《和州志・藝文書》序列之第一部分豁然標

89　章學誠：《方志立三書議》，見《文史通義新編新注》，827頁。
90　章學誠：《〈述學〉駁文》，見《文史通義新編新注》，365-366頁。
91　章學誠：《與孫淵如觀察論學十規》，見《文史通義新編新注》，393-399頁。
92　章學誠：《與周永清論文》，見《文史通義新編新注》，725頁。

目為「《原道》」，言下之意很明白，他雖然認為「六典亡而為《七略》，是官失其守也；《七略》亡而為四部，是師失其傳也。」均為「勢之所不容已」者，但是通過「校讎師法」、「著錄專家」之「立」，「深明官師之掌，而後悉流別之故，竟末流之失」，「學者苟能循流而溯源，雖由藝小數，詖辭邪說，皆可返而通乎大道。」面對「三代」理想國的一去不可復返，章學誠不能自抑其濃濃的「復古」情懷，他自信通過自己的「文史校讎」之學可以「循流而溯源」「通乎大道」，而他要追本的正是出於官師掌故之「六經」，因為那正是「三代盛時」古人「由器明道」的典範。乾隆四十年，章氏又於《〈藉書園書目〉敘》中對此意再加闡明：

> 夫古者官府守書，道寓於器；《詩》、《書》六藝，學者肄於掌故而已……擴四部而通之，更為部次條別，申明家學，使求其書者可即類以明學，由流而溯源，庶幾通於大道之要，而有以刊落夫無實之文詞，氾濫之記誦，則學術當而風俗成矣。[93]

　　章學誠真是孤獨的求道者，至少來說，他那以《七略》為宗的學術主張與當時蔚為壯觀的以四部分類為編輯原則的四庫館治書工程不能合轍。因此在這些地方透露出深刻的批評之意與桀驁的堅執之志。而不必如學者所說「當時」「沒有（大概是不敢）發言指責」，而到晚年才暢所欲言。[94]信心十足的章學誠顯然是掌握了「道」樞，才能如此居高臨下地針對「無實之文詞」與「氾濫之記誦」而「持風氣」了。他的獨門秘訣就是醞釀已久的道器合一的「六經皆周官掌故」的

---

93 章學誠：《〈藉書園書目〉敘》，見《文史通義新編新注》，513-514頁。
94 此說見章學誠著、王重民通解：《校讎通義通解》，191頁。

觀念：「夫古者官府守書，道寓於器；《詩》、《書》六藝，學者肄於掌
故而已。」[95]。

而正是秉持著這一觀念，使他有底氣批評他所久仰的經學大師戴
震「不解史學」[96]：

> 嗟乎！道之不明也久矣。《六經》皆史也。「形而上者謂之道，
> 形而下者謂之器。」孔子之作《春秋》也，蓋曰：「我欲托之
> 空言，不如見諸行事之深切著明。」然則典章事實，作者之所
> 不敢忽，蓋將即器而明道耳。其書足以明道矣，籩豆之事，則
> 存有司，君子不以是為瑣瑣也。道不明而爭於器，實不足而競
> 於文，其弊與空言制勝華辯傷理者，相去不能以寸焉，而世之
> 溺者不察也。太史公曰：「好學深思，心知其意。」當今之
> 世，安得知意之人與論作述之旨哉！[97]

這段話出於《答客問》，章氏又有意旨密切相關的《釋通》、《申
鄭》，都是緣於「癸巳（乾隆三十八年，章氏36歲——引者）在杭
州，聞戴徵君震（即戴震——引者）與吳處士穎芳談次，痛詆鄭君
《通志》」而作的。[98]近有學者重新考證這三篇文字的撰著年代，認為
大體寫成於乾隆四十八年或以前，而非乾隆五十五年至五十六年間的
作品。[99]如作者所考證，則此處「六經皆史也」這一論斷，為已知章

---

95 這一觀念成為日後諸種成熟見解的立論根據，像《經解中》所謂「事有實據而理無
　定形，故夫子之述六經，皆取先王典章，未嘗離事而著理」等見解以及《原道中》
　中赫赫有名的「六經皆器也」之說都是由此發展來的。

96 語出章學誠：《記與戴東原論修志》，見《文史通義新編新注》，884頁。

97 章學誠：《答客問上》，見《文史通義新編新注》，253頁。

98 章學誠：《答客問上》，見《文史通義新編新注》，252頁。

99 梁繼紅：《章學誠學術研究》，81-82、119、156-157頁。但是作者由此大張所謂「六

氏文獻中關於此說之最早的明確文字表述，的確值得重視。也誠如作者所說，此論斷在此說明的是「理事合一的關係」。更準確地說，是「道器合一」的關係。但是只要不以辭害意，章學誠關於六經為「道器合一」之典範的看法，實本於「六經皆周官掌故」的見解。「然則典章事實，作者之所不敢忽，蓋將即器而明道耳。」，所謂「典章事實」就是來自「周官掌故」，「六經皆史也」之「史」字就是對它的概括。

　　而章氏之所以旗幟鮮明地如此主張並如此表述，很可能與他與戴震之間的史學與經學之爭有關。而要瞭解這一點，我們必須先弄明白章氏意味深長地提到的「作述之旨」。《和州志‧前志列傳》序列上開篇就說：

> 記曰：「疏通知遠，《書》教也；比事屬辭，《春秋》教也。」言述作殊方，而風教有異也。孟子曰：「頌其詩，讀其書，不知其人可乎？」言墳籍具存，而作者之旨，不可不辨也。古者史官，各有成法，辭文旨遠，存乎其人，孟子所謂其文則史，孔子以謂義則竊取。明乎史官法度不可易，而義意為聖人所獨裁。然則良史善書，亦必有道矣。[100]

經皆史」與「六經皆政典」為各自獨立的命題、「六經皆史」之「史」字不可等同於政典等諸新說，參見梁繼紅：《章學誠學術研究》，第7章「章學誠的道學」之第一節「六經皆史與六經皆政典」。諸說對此命題的疏解疊床架屋，反而徒增糾葛。與胡楚生「推本於章氏『官師合一』的說法，也更要溯源於章氏『道器合一』的觀點」對「六經皆史說」所作的闡義相比，大為倒退。參見胡楚生：《清代學術史研究》，第12節「章實齋『六經皆史說』闡義」，臺北，學生書店，1988。

100 《章氏遺書外編卷第十八‧和州志三》，見《章學誠遺書》，572-573頁；又見章學誠：《〈和州志‧前志列傳〉序列上》，收入《文史通義新編新注》，931頁。

　　需要特別注意的是，章學誠引經據典地在討論的是史家「述作」之「道」，「述」、「作」之方是缺一不可的，當然也是不一樣的。所謂「述作殊方」，一言以蔽之，「史官法度不可易，而義意為聖人所獨裁」。而「史官法度」之所以「不可易」，正由於「古者史官，各有成法」。此「法」又為何「法」乎？正是前文已經引及之「周官掌故」之法：「《周官》六篇，皆古人所以即官守而存師法者也。不為官師職業所存，是為非法，雖孔子言禮，必訪柱下之藏是也。」所以孔子之「存先王之舊典，所謂述而不作」，就是面對「不可易」之「古者史官，各有成法」的「周官掌故」而說的。[101]我們可以論斷，所謂「六經皆史」說首先是就章氏所要揭櫫的史家尤其是其鼻祖孔夫子的「述」道的理論概括。在《校讎通義》中則作了這樣的經典表述：「六經之文，皆周公之舊典，以其出於官守，而皆為憲章，故述之而無所用作。」[102]將此處所謂「文」字實不容輕忽過去，所謂「六經之文」中的「文」，正是章氏取用孟子所引的「其文則史，其義則（丘）竊取之」[103]中之「文」，是出於「古者史官」而本於王官學的。而「六經」之「義」則顯然與孔子有關，在此，如果區分了孔子「未刪」之「六經」與孔子所「定」的「六經」，意義就更顯豁了：「夫子未刪之《詩》、《書》，未定之《易》、《禮》、《春秋》，皆先王之舊典也。然非夫子之論定，則不可以傳之學者矣。」[104]所以切不可以為章學誠心目中的孔夫子是只「述」不「作」的，而他要彰顯的史家「作」道，即所謂「辭文旨趣，存乎其人」而「義意為聖人所獨裁」之學，則主要存在於反覆申明的「《春秋》家學」中。

101　參見《禮教》對此類見解的發揮，《文史通義新編新注》，71-72頁。

102　章學誠著、王重民通解：《校讎通義通解》，75頁。

103　參見章學誠：《言公上》有關文字，《文史通義新編新注》，202頁。

104　章學誠：《答客問下》，見《文史通義新編新注》，259頁。

在《答客問》中，史家「述」道又被發揮為史家「整齊故事之業」與夫「比次之書」：「若夫君臣事蹟，官司典章，王者易姓受命，綜覈前代，纂輯比類，以存一代之舊物，是則所謂整齊故事之業也。」[105]又言：「若夫比次之書，則掌故令史之孔目，簿書記注之成格，其原雖本柱下之所藏，其用止於備稽檢而供採擇，初無他奇也。」[106]然而他們為「獨斷之學」所「取裁」，為「考索之功」所「按據」。因此「不可輕議也」。但是，「不名家學，不立識解，以之整齊故事，而待後人之裁定，是則比次欲其愚之效也。舉而登諸著作之堂，亦自標名為家學，談何容易邪！」[107]

我們看到其「原」為「柱下之所藏」的周官掌故，其流別只是不登「著作之堂」的「整齊故事之業」與夫「比次之書」，難怪有的學者不是將「六經皆史」之「史」理解為官府所掌之「檔案」就是「史料」。其用意之輕重所在容有不同；然而，或知其「原」意，或疏其流別，均只是從章氏所闡述的史家的「述」道方面作的引申發揮。

章氏欲彰明的更在史家「作」道。《申鄭》說：

> 孔子作《春秋》，蓋曰其事則齊桓、晉文，其文則史，其義則孔子自謂有取乎爾。夫事即後世考據家之所尚也，文既後世詞章家之所重也，然夫子所取，不在彼而在此，則史家著述之道，豈可不求義意所歸乎？[108]

我們已然知道章學誠早就與戴震討論過面對「義理」、「考據」、

105　章學誠：《答客問上》，見《文史通義新編新注》，253頁。
106　章學誠：《答客問中》，見《文史通義新編新注》，257頁。
107　章學誠：《答客問中》，見《文史通義新編新注》，257頁。
108　章學誠：《申鄭》，見《文史通義新編新注》，250頁。

「詞章」嚴重分裂分化的情勢如何自處的問題，章氏此時正是在與戴震的抗爭中找到了以史明道的道路，在學理上的表現就是從孔夫子那裡找到了以後應對一切偏弊風氣的理論根據。

在《答客問》中章氏尤其精練地發揮了《春秋》家學：

> 章子曰：史之大原本乎《春秋》，《春秋》之義昭乎筆削。筆削之義，不僅事具始末、文成規矩已也。以夫子義則竊取之旨觀之，固將綱紀天人，推明大道，所以通古今之變而成一家之言者，必有詳人之所略，異人之所同，重人之所輕，而忽人之所謹，繩墨之所不可得而拘，類例之所不可得而泥，而後微茫秒忽之際有以獨斷於一心。及其書之成也，自然可以參天地而質鬼神，契前修而俟後聖，此家學之所以可貴也。[109]

「史之大原本乎《春秋》」之「史」，其實是指「史學」或「史家」，是《春秋》「家學」，用後來《史考釋例》的話說：「古無史學，其以史見長者，大抵深於《春秋》者也。」[110]與「六經」所本的王官掌故即「六經皆史」之「史」義不同科。但是，由孔夫子所垂範的「史學」，稟賦了「綱紀天人，推明大道，所以通古今之變而成一家之言」崇高使命，因而與「六經」相流通，因為其意旨所歸，都指向明「道」。《釋通》與《答客問》的主旨，用《說林》的概括來說，是在發明「整齊故事與專門家學之義」。[111]而章氏的論證方法，是以《春秋》為「專門家學」的典範；又以孔子未定前的六藝為「整齊故事」的典範。兩者雖均不可忽，但意義輕重所在，則皎然也。

109　章學誠：《答客問上》，見《文史通義新編新注》，252頁。
110　章學誠：《史考釋例》，見《文史通義新編新注》，439頁。
111　章學誠：《說林》，見《文史通義新編新注》，222頁。

所以一句「六經皆史也」在這具體語境中大概有三層含義：第一，「整齊故事」為史學明道之資，「整齊故事」應以明道為歸。第二，「專門家學」肩負史學明道之重任，義例與「整齊故事」有嚴格的區別，不可混為一談。第三，批評學以明道自期的經學大師戴震完全不懂這一套，而猖猖置辯於錐刀之末。

關於此處所涉及的史學與經學之爭，還需略作交代。章氏認為「史學」與「經學」明道之途徑不同，在地位上卻不可任意軒輊。他在《〈永清縣志・前志列傳〉序例》中已發以史明道之旨曰：

> 紀述之重史官，猶《儒林》之重經師，《文苑》之重作者也。《儒林列傳》當明大道散著，師授淵源；《文苑列傳》當明風會變遷，文人流別。此則所謂史家之書，非徒紀事，亦以明道也……況史學之重，遠紹《春秋》，而後史不立專篇，乃令專門著述之業，湮而莫考，豈非史家弗思之甚邪？[112]

以史官傳「申明家學」上儕經師《儒林》列傳之意亦早見乎類此的見解：「夫馬、班著史，等於伏、孔傳經，大義微言，心傳口授……後代史官之傳，苟能熟究古人師法，略仿經師傳例，標史為綱，因以作述流別，互相經緯。」[113]誠如日後的夫子自道，此等乃其久蓄之意：「列傳於《儒林》、《文苑》之外更當史官傳，此皆當日之

---

112 章學誠：《〈永清縣志・前志列傳〉序例》，見《文史通義新編新注》，985頁。乾隆四十二年，章氏應永清縣知事周震榮之邀請主修《永清縣志》，四十四年七月書成。參見《文史通義新編新注》，946-947頁。

113 章學誠：《〈和州志・前志列傳〉序例上》，見《文史通義新編新注》，932頁。乾隆三十八年，章氏經朱筠介紹，應知州劉長卿之聘，編修《和州志》，次年書成，因故未能刊刻。參見《文史通義新編新注》，887頁。

舊論也」、「廿三四時所筆記者」。[114]

《答客問》則說之以「高明者」的「獨斷之學」與夫「沉潛者」的「考索之功」之別：

> 高明者多獨斷之學，沉潛者尚考索之功，天下之學術不能不具
> 此二途。譬猶日畫而月夜，暑夏而寒冬，以之推代而成歲功，
> 則有相需之益；以之自封而立畛域，則有兩傷之弊。故馬、班
> 史祖而伏鄭經師，遷乎其地而弗能為良，亦並行其道而不相為
> 背者也。[115]

在當時經學佔據了話語霸權的情勢下，所謂「有相需之益」，那是章氏在為史學爭地位；所謂「以之自封而立畛域，則有兩傷之弊」，是在批評經學家如戴震者之盛氣凌人若有傷我者，是為受經學壓抑的史學抒憤懣焉；而「高明者」的「獨斷之學」與夫「沉潛者」的「考索之功」的界劃，則駸駸乎大有視「史學」凌駕於「經學」之勢矣！

3 由《史籍考》的編撰所激發的「尊史」的專業意識及其經史相通的觀念

「六經皆史」表達了章學誠獨特的「尊史」[116]的觀念。而這一專業自尊的意識，顯然由於《史籍考》的編撰而愈發張揚了。

乾隆五十三年三月，章氏開始為畢沅纂修《史籍考》，以此事為

---

114 章學誠：《家書六》，見《文史通義新編新注》，823頁。

115 章學誠：《答客問中》，見《文史通義新編新注》，256-257頁。

116 章太炎《訄書》重訂本有《尊史》篇，其意容有本於章學誠者，今借此兩字以形容章學誠的思想傾向。

起點，章學誠學問進入新境界。最可注意者，是他在「經史之大原」
問題上別出「新解」。是年五月二十三日，他在給孫星衍的信中說：

> 承詢《史籍考》事，取多用宏，包經而兼采子集，不特如所問
> 地理之類已也⋯⋯愚之所見，以為盈天地間，凡涉著作之林，
> 皆是史學，六經特聖人取此六種之史以垂訓者耳。子集諸家，
> 其源皆出於史，末流忘所自出，自生分別，故於天地之間，別
> 為一種不可收拾、不可部次之物，不得不分四種門戶矣。此種
> 議論，知駭俗下耳目，故不敢多言；然朱少白所鈔鄙著中，已
> 有道及此等處者，特未暢耳。俟為尚書公（指畢沅——引者）
> 成書之後，亦當以涉歷所及，自勒一家之言，所為聊此自娛，
> 不敢問世也。[117]

這段話引起學者高度的重視，有學者認為在此章學誠首度提出了
他的「六經皆史」的新見解，而更多分歧集中於能否從「史料」擴展
的角度去理解章氏的論點。[118]首發之說恐應加以修正。首先，因為章

---

117 章學誠：《報孫淵如書》，見《文史通義新編新注》，721頁。
118 自胡適在《章實齋先生年譜》（見該書104-106頁）中節引《報孫淵如書》，與「《史
　　考釋例》論六經的流別皆為史部所不得不收」等見解疏通證明，從「史料」擴展
　　的角度發揮《易教》首句「六經皆史也」以來，此段文字引起學者熱烈的討論。
　　錢穆的看法與胡適頗為不同：「按是書，實齋初發六經皆史之論，其時《文史通
　　義》中重要諸篇均未作也。（《史釋》篇亦後成，近人皆以本篇義說六經皆史，實
　　未得實齋淵旨。）」見錢穆：《中國近三百年學術史》，392、421頁。錢氏側重從
　　《史釋》等篇瞭解「六經皆史」之「淵旨」，故認為此處不過「初發」論端。余英
　　時又發揮師說道：「這是實齋第一次發表他的『六經皆史』的新穎見解；而這個見
　　解則顯然是從《史籍考》的編纂過程中悟得。」見余英時：《論戴震與章學誠——
　　清代中期學術思想史研究》46-47頁；他還指出：「近人誤會章氏原文，以『一切文
　　字遺存都是史料』之意解之，失之遠矣。」見收入韋政通主編：《中國哲學辭典大
　　全》中余英時所撰之「六經皆史」條，該辭典第167頁。當然，也有劉節、倉修良

氏的「六藝為官禮之遺」諸說早已發之於前，「《六經》皆史也」的吶喊在《答客問》中也呼而出之了，更何況他自己也說「朱少白所鈔鄙著中，已有道及此等處者，特未暢耳。」故此處不能視為破天荒之見。其次，這段論述引起了學者超乎尋常的重視，但是我們認為這段表述其實十分含混，這一點正是最值得重視的。當明瞭了章學誠所闡發的史家「作述」之道後，我們更不能接受所謂以「六經」為代表的「著作之林」──「史學」，會是從「史料」角度立論的。這裡所謂「六經」顯然是指經過「聖人」孔子所「定」的六經，其目的或功能為「垂訓」，取材為「六種之史」。這裡確實容易引起後人的誤解，因為正是這「六種之史」很容易讓人有「史料」的聯想。但是只要明確分辨章氏「史學」與「史」之別，聖人所定與未定的六經之別，則章氏的看法或為一切「著作」皆是「史學」。[119]無論如何，這的確是一種相當違背常識的看法，也可能是一種衝動的頗為誇張的感想，甚至是一種相當羅曼蒂克的抒情，未必能夠真正代表章學誠「史學」理論的成熟的理性表述。這段表述分明流露出常常苦於謀不到「官書舊生

等學者從「史料」的角度解釋信中所云「盈天地間，凡涉著作之林，皆是史學」。倉氏則堅定不移地主張：「那種認為只具『史意』而不具『史料』的說法，是絕對錯誤的，持此說者是丟掉了『盈天地間，凡涉著作之林皆是史學』這句話的精神，而只顧按自己的意圖在做文章，自然不可能符合章學誠論『六經皆史』的本意。」劉說詳參劉節：《章學誠的史學》，見《中國史學史稿》，421頁，臺北，弘文館出版社，1986；倉說見《文史通義新編新注》，4頁。

119 事實上，直到好幾年後，他才將真正想表達的意思說清楚：「六經以還，著述之才，不盡於經解、諸子、詩賦、文集，而盡於史學。凡百家之學，攻取而才見優者，入於史學而無不紬也。」章學誠：《與陳觀民工部論史學》，見《文史通義新編新注》，406頁。而章學誠：《報黃大俞先生》所謂「才識之士，必以史學為歸」云云意亦近之。《文史通義新編新注》，634頁。此兩文均作於乾隆五十九年，參見《文史通義新編新注》409、634頁。另外，《雜說》有「蓋諸子風衰，苟有志於著述，未有不究心於史學者也。」《上朱大司馬論文》亦有「似古人著述，必以史學為歸。」云云。分別見《文史通義新編新注》，355、767頁。

業」[120]的章學誠一時志得意滿的心理狀態，當然，他更是以一種不可思議的方式表達了他自尊所業的專業思想。關於這一點，只要連繫同年稍早他在給洪亮吉的信以及《論史籍考要略》等文獻來看就更清楚了。他在信中說：「三月朔日為始，排日編輯《史考》，檢閱《明史》，及四庫子部目錄，中間頗有感會，增長新解。」[121]

　　看來他的「新解」，與他對形式化的「四部」分類所造成的不可會通的「末流」之弊的一貫反思息息相關，所以他會如此激烈地攻擊這「四種門戶」。[122]而很可能對經尊史卑之格局尤其不能釋懷，他在《論史籍考要略》中更明確地表達了他的「尊史」與經史會通的見解：

　　一曰古逸宜存。史之部次後於經，而史之原起，實先於經。《周官》外史掌三皇五帝之書，倉頡嘗為黃帝之史，則經名未立，而先有史矣。後世著錄惟以《史》、《漢》為首，則《尚書》、《春秋》尊為經訓故也。

又說：

　　六曰經部宜通。古無經史之別，六藝皆掌之史官，不特《尚書》與《春秋》也。今六藝以聖訓而尊，初非以其體用不入史也。而經部之所以浩繁，則因訓詁解義音訓而多，若六藝本書，即是諸史根源，豈可離哉！[123]

---

120 語出章學誠：《與嚴冬友侍讀》，見《文史通義新編新注》，706頁。

121 《與洪稚存博士書》，見《章學誠遺書》，222頁。

122 我們對此種帶有「復古」精神的「文史校讎」之學的見解並不陌生，而如此這般的思考方向，已經見前述章氏早年《與甄秀才論〈文選〉義例書》以及《〈籍書園書目〉敘》等文字。

123 章學誠：《論修史籍考要略》，見《文史通義新編新注》，432、433頁。

　　章學誠認為「史之原起，實先於經」、「經名未立，而先有史矣」，並追溯到「黃帝之史」「倉頡」。這既是「史學」的推源方法獲得的見解，也反映了他自尊所學，「史學」意識的高漲，可與「盈天地間，凡涉著作之林，皆是史學」之說相參，其中頗有與當時如火如荼的經學考證之風相頡頏的意味。

　　「古無經史之別，六藝皆掌之史官」的說法，很顯然是從原有的「六藝為官禮之遺」的見解發展來的，而明確歸於「史官」，則同樣透露了「尊史」的消息。

　　不過必須強調的是，與煩瑣經學考證相對抗，章氏他所採取的是張大「門戶」溝通經史的取徑，而不是用畫地為牢的辦法。他從經書史書的「體用」的角度發揮經史相通「六藝本書，即是諸史根源」的新見解，與前述從「源」的角度揭示經之根柢於古史方向有所不同而相得益彰，這是從「流」別的角度立論。[124]

　　這種看法當然是針對一般人心目中經尊史卑、經史不能相入的傳統偏見而發的。比如朱子論《春秋》三傳異同時就說過：「《左氏》是

---

124 章學誠從流別的角度討論「經之流變必入於史」的一個典型例子可從章氏為「方志立三書議」所尋找的理論根據見之：「古無私門之著述，六經皆史也。後世襲用而莫之或廢者，惟《春秋》、《詩》、《禮》三家之流別耳。紀傳正史，《春秋》之流別也；掌故典要，官禮之流別也；文徵諸選，風《詩》之流別也。」章學誠：《方志立三書議》，見《文史通義新編新注》，827頁；又可參見章學誠：《為畢制府撰〈湖北通志〉序》，見《文史通義新編新注》，1009頁。羅炳綿已能從六經流別為史部所不得不收以及史之流入於子、集等「流別」方面闡發此說，並注意到章氏有關見解的重要：「實齋自己所說的『六藝本書，即是諸史根源』十個字，其實就是六經皆史的最好注腳。後人都從《文史通義》、《易教》、《經解》、《史釋》等篇中求解析六經皆史，乃至有六經皆『史料』等說法，大起爭論，言人之殊，卻都忽略了這十個字。」參見羅炳綿：《〈史籍考〉修纂的探討》（上），載《新亞學報》，第6卷，第1期；《〈史籍考〉修纂的探討》（下），載《新亞學報》，第7卷，第1期。引文見該學報423頁。此說確有所見，但是也反映了學術界普遍存在的抓住一點不及其餘的偏頗風氣，賢者不免，是故系統全面之把握尤為必要也。

史學，《公》、《穀》是經學。史學者記得事卻詳，於道理上便差；經
學者於義理上有功，然記事多誤。」[125]這是經學、史學「道理」、「記
事」截然兩分的看法。蘇洵更早在其著名的《史論》中提出與之相近
而更為經典的論說：「大凡文之用四：事以實之，詞以章之，道以通
之，法以檢之。此經、史所兼而有之者也。雖然，經以道、法勝，史
以事、詞勝。經不得史，無以證其褒貶；史不得經，無以酌其輕重。
經非一代之實錄，史非萬世之常法，體不相沿，而用實相資焉。」[126]

但是即使是蘇氏那種相當能承認「用實相資」的看法，也不免遭
到了章學誠的批評：

> ……如首篇言經非（據《史論》「經非一代之實錄，史非萬世
> 之常法」之說，此處「非」之疑為「為」字之訛，或者是章氏
> 的理解不確——引者）萬世常法，亦非一代實錄，為聖人道、
> 法所寓。不知古無經史之分，聖人亦無私自作經以寓道、法之
> 理。六藝皆古史之遺，後人不盡得其淵源，故覺經異於史耳。
> 其云經文簡約，以道、法勝，史文詳盡，以事、辭勝，尤為冒
> 昧。古今時異，故文字繁簡不同。六經不以事、辭為主，聖人
> 豈以空言欺世者耶？後史不能盡聖人之道、法，自是作者學力

---

125 〔宋〕黎靖德編、王星賢點校：《朱子語類》（全8冊），第6冊，2152頁，北京，中
華書局，1994。

126 蘇洵：《史論上》，見《蘇洵集》，76頁，北京，中國書店，2000。此論引起後學高
度的重視和討論的興趣，如明儒薛應旂說：「蘇洵氏謂：經以道法勝，史以事詞
勝。而世儒相沿，動謂經以載道，史以載事。不知道見於事，事寓乎道，經亦載
事，史亦載道，要之不可以殊觀也。」薛應旂：《宋元通鑒・序》，見《四庫全書
存目叢書》，史部，第9冊，686頁。（轉引自吳海蘭：《經世訴求與明後期的尊經重
史觀念》，引文經校正。又見向燕南：《從「榮經陋史」到「六經皆史」——宋明
經史關係說的演化及意義之探討》一文亦已引述討論及之矣。）未知章學誠之說
是否得聞此類見解而發揮者乎？

　　未至，豈有截分道法與事辭為二事哉？孟子言《春秋》之作，
　　則云「其事齊桓、晉文，其文則史，孔子曰：其義則某竊取
　　之。」然則事辭猶骸體也，道法猶精神也，苟不以骸體為生人
　　之質，則精神於何附乎？此亦止就《春秋》而言，為蘇氏之所
　　論及者耳。六經皆史，則非蘇氏所可喻矣。[127]

　　章氏大體從兩個層次闡述「六經皆史」的道理。先就「淵源」
說，「六藝皆古史之遺」，這是對「六藝為官禮之遺」說的發揮，這是
他持之終身不變的看法；他用「骸體」「精神」之喻分析「事辭」「道
法」的關係，發揮因「事」與「文」而見「義」的也即由「事辭」而
明「道法」的見解，是他的「六經皆史」的又一個重要見解。六經
「初非以其體用不入史」「六藝本書，即是諸史根源」等見解不由此
道就費解了。這種觀念既是對蘇洵「截分道法與事辭為二事」見解的
反撥，更是從孔子所示範的《春秋》中體會出來而加以推演的。關於
這一點，顯然是接著上述《答客問》中的有關看法的系統化，我們就
不在這裡辭費了。值得注意的倒是，面對蘇氏「經非一代之實錄，史
非萬世之常法」的見解，他是用什麼樣的看法取而代之的呢？章氏主
張的是：「經」非「萬世之常法」而是「一代之實錄」；還是「經」既
是「萬世之常法」又是「一代之實錄」呢？

4　《原道》、《經解》、《史釋》、《易教》等篇所彰顯的經史觀念

　　如果上述三個段落的分析有助於我們看清「六經皆史」說這一觀
念的幾個重要的面向和建立的軌跡話，那麼《原道》、《經解》、《史
釋》、《易教》等《文史通義》的核心篇章所彰顯的經史觀念，是其水

127　《丙辰札記》，見《章學誠遺書》，387-388頁。

到渠成的結晶，也是對後世產生影響的關鍵，有幾個要點是必須闡明的。

第一，探討經之實質與名義的來由。

章學誠關於六經之實質的認識，起步於「《六經》皆周官掌故」的見解，而凝結為「《六經》為先王之政典」的理論。《易教》開篇曰：「六經皆史也。古人不著書；古人未嘗離事而言理，《六經》皆先王之政典也。」所謂「古人不著書」，意為：「古無私門之著述」；所謂「古人未嘗離事而言理」，意為：六經為「道器」或「理事」合一的王官學。總之，「《六經》皆先王之政典也。」聖如孔子不能得而據，只能「述而不作」，因為他「有德無位」。此「非力有所不能，理勢固有所不可也。」因為「政典」為「一代之法憲」為「先王」之「創制立法」，比如《易》經，章氏說：

> 韓宣子之聘魯也，觀書於太史氏，得見《易》象、《春秋》，以為周禮在魯。夫《春秋》乃周公之舊典，謂周禮之在魯可也。《易》象亦稱周禮，其為政教典章，切於民用而非一己空言，自垂昭代而非相沿舊制，則又明矣。

《易》為王者改制之巨典，事與治歷明時相表裡，其義昭然若揭矣。

與「《春秋》乃周公之舊典」一樣，「周武既定天下，遂名《周易》而立一代之典教」，這不是在發揮「經」為「一代之實錄」的見解嗎？此固不獨《春秋》與《周易》為然：

> 若夫六經，皆先王得位行道，經緯世宙之跡，而非託於空言，故以夫子之聖，猶且述而不作。如其不知妄作，不特有擬聖之

嫌，抑且蹈於僭竊王章之罪也，可不慎歟！[128]

然則今之所謂經，其強半皆古人之所謂傳也；古之所謂經，乃三代盛時，典章法度見於政教行事之實，而非聖人有意作為文字以傳後世也。[129]

大抵為典為經，皆是有德有位綱紀人倫之所製作，今之六藝是也。[130]

　　志向古雅的章學誠決不會執「今之所謂經」見為滿足，必復「古之所謂經」見而後可。說到底，章氏對經的見解是：《六經》皆史也。《六經》的流別可以及於後世所謂之「史學」，但其淵源與本質實為特殊身份之「史」，是「先王得位行道，經緯世宙之跡」是「三代盛時，典章法度見於政教行事之實」，是高於後世所謂「私門著述」又是較之更為平易近人[131]的「先王之政典」──「王章」。

　　經之實既如是，經之名又是從何而來的呢？「《易》曰：『雲雷屯，君子以經綸。』經綸之言，綱紀世宙之謂也。鄭氏注謂：『論撰書禮樂，施政事』，經之命名所由昉乎？」[132]《白虎通》曰：「經，常也。」[133]劉勰說：「經也者，恒久之至道，不刊之鴻教也。」[134]世皆

---

128 以上引文均見《易教》，見《文史通義新編新注》，1-19頁。

129 章學誠：《經解上》，見《文史通義新編新注》，77頁。

130 章學誠：《傳記》，見《文史通義新編新注》，280頁。

131 如章學誠：《為謝司馬撰〈楚辭章句〉序》說：「六藝先王舊典，以言建事，其道簡易平直，人皆可知」，見《文史通義新編新注》，515頁。此即章學誠：《〈四書釋理〉序》所謂「六經簡明易直，古人因事寓理之旨」，見《文史通義新編新注》，535頁。

132 章學誠：《經解上》，見《文史通義新編新注》，76頁。

133 語出《白虎通》論「五經」之「五經象五常」章，見〔清〕陳立撰、吳則虞點校：《白虎通疏證》（全二冊），下冊，447頁，北京，中華書局，1994。

134 語出《文心雕龍》之「宗經」篇，見劉勰著、范文瀾注：《文心雕龍注》，上冊，21頁，北京，人民文學出版社，1958。

以為至理名言，而章氏乃推原其得名原於「綱紀世宙」之經世義，可謂別出心裁：「六經初不為尊稱，義取經綸為世法耳。六藝皆周公之政典，故立為經。夫子之聖非遜周公，而《論語》諸篇不稱經者，以其非政典也。」然則「六經初不為尊稱」，卻如後人引申說意在推原而貶經乎？此又不盡然。章氏曰：「異學稱經以抗六藝，愚也；儒者僭經以擬六藝，妄也。」[135]又曰：「經固尊稱，其義亦取綜要，非如後世之嚴也。」[136]然則尊經之意，義別有在焉？「制度之經，時王之法，一道同風，不必皆以經名，而禮時為大，既為當代臣民，固當率由而不越；既服膺六藝，亦出遵王制之一端也。」[137]

此義非推至時王之制度當尊於六經而不能止息。經之內在意義經如此規定，則其功能固可發揮淋漓盡致，其「通今」之義旨得到貫徹，而其向來超越性的地位不期然而然地極易倒轉。章氏有言曰：「然而以意尊之，則可以意僭之矣。」[138]不料章氏竟自食之，章氏於經，固極「以意尊之」矣，而結果卻「以意僭之」，尊經而適足以貶經，在他當然不是自覺之事，然不能不說是勢有必至。

第二，詮之以道器並落實於「府史之史」。

章學誠關於六經的觀念確有將經視為「一代」之「政典」或「王章」，即前文所謂「一代之實錄」的新見，但是現代學者，對於此說之「歷史」面向似乎又存在過渡詮釋的傾向。[139]章氏是否要對傳統所

---

135 以上均見章學誠：《經解下》，見《文史通義新編新注》，87頁。

136 章學誠：《經解上》，見《文史通義新編新注》，77頁。

137 章學誠：《經解中》，見《文史通義新編新注》，81頁。

138 章學誠：《經解中》，見《文史通義新編新注》，80頁。

139 如余英時說：「六經皆史而史不盡於六經。必須如此下轉語，『六經皆史』的全幅含義始能顯現。可見在這個命題中，實齋所未言者遠比他所已言者為重要……實齋以『道』在歷史進程中不斷展現。六經既只是古史，則最多只能透露一些『道』在古代發展的消息。至於『事變之出於後者，六經不能言』；三代以下之道便只有求之

謂經為常道的觀念實施根本的反動呢？我們可以從他如何以「道」「器」範疇界定六經來獲知。

　　章學誠有著名的「六經皆器」之說：

> 《易》曰：「形而上者謂之道，形而下者謂之器。」道不離器，猶影不離形。後世服夫子之教者自六經，以謂六經載道之書也，而不知六經皆器也。《易》之為書，所以開物成物，掌於《春官》太卜，則固有官守而列於掌故矣。《書》在外史，《詩》領太師，《禮》自宗伯，《樂》有司成，《春秋》各有國史。三代以前，《詩》、《書》六藝，未嘗不以教人，非如後世尊奉六經，別為儒學一門而專稱為載道之書者。

　　從上下文可知，「六經皆器」之說，實本於「六經為周官掌故」的見解。「三代以前」的政教典型實具有特殊的重要性，學誠所欲為者乃將其絕對化而非相對化，他所注重的是「《詩》、《書》六藝」所涵蓋的先王的歷史經驗所昭示的切近人事的經世性質，他所反對的是後世「私」將六經「別為儒學一門」所造成的對經典的教條化的狹隘處置方式。所以他說：「治教無二，官師合一，豈有空言以存其私說哉！儒家者流尊奉孔子，若將私為儒者之宗師，則亦不知孔子矣。孔子立人道之極，未可以謂立儒道之極也。」又說：「然則學夫子者，豈曰屏棄事功，預期道不行而垂其教邪？」章氏最在意者為「事功」

於三代以後之史了。」參見余英時：《論戴震與章學誠——清代中期學術思想史研究》，60頁。余氏與侯外廬等一樣均能於章氏「反對離開歷史觀點而『通』經」的思想，有深切的瞭解，但是誠如柴德賡、周啟榮、劉廣京與汪榮祖等看到的，它還有不能為「歷史觀點」所化約的意蘊，無論如何，就探究章氏本人的觀念來說，似不必將「實齋所未言者」來代實齋立言。

與「行道」，是故又說：「則政教典章人倫日用之外，更無別出著述之道，亦已明矣。」「夫天下豈有離器言道，離形存影者哉！彼舍天下事物人倫日用，而守六籍以言道，則固不可與言夫道矣。」[140]我們知道，章氏一生最用心於探討的正是「著述之道」，但他的高見卻是，六經啟示人們不能離開「政教典章人倫日用」而空言「道」。後世所謂「載道之書」所謂「六籍」，乃是已然偏離道體的「言」「說」，是所謂「空言著述」。[141]與之不可並論的是，「三代以前」的六經乃是「器」，其可貴之處，正在可以「由器明道」，其所謂「器」，正是指的「政教典章人倫日用」。從章氏一再強調「道」「器」為形影不離之關係，可知「六經皆器」之說意不在貶經，而是反覆申言必須找到明「道」的正確道路而已，也就是必須準確領會六經的啟示意義，即確立對六經的正確態度而已。所以他既批評「儒家者流」私據六經「彼舍天下事物人倫日用，而守六籍以言道」，也批評「而諸子紛紛則已言道矣」，均為「舍器而言道」。因為「夫道因器而顯，不因人而名也。」還批評宋儒對「記誦之學，文辭之才」之因噎廢食的態度：「宋儒起而爭之，以謂是皆溺於器而不知道也。夫溺於器而不知道者，亦即器而示之以道斯可矣。而其弊也，則欲使人舍器而言道。」[142]

　　章氏不單從六經的啟示中找到了明道行道的原則，而且試圖由此闡明「原道」的具體途徑。他說：

> 訓詁章句，疏解義理，考求名物，皆不足以言道也。取三者而兼用之，則以萃聚之力補遙溯之功，或可庶幾耳。

---

140 以上均見章學誠：《原道中》，見《文史通義新編新注》，100-101頁。

141 章學誠：《浙東學術》有：「或問：事功氣節，果可與著述相提並論乎？曰：史學所以經世，固非空言著述也。」可以參見《文史通義新編新注》，122頁。

142 以上見章學誠：《原道中》、《原道下》，見《文史通義新編新注》，100-105頁。

義理不可空言也，博學以實之，文章以達之，三者合於一，庶
幾哉周、孔之道雖遠，不啻累譯而通矣。顧經師互詆，文人相
輕，而性理諸儒，又有朱、陸之同異，從朱從陸者之交攻，而
言學問與文章者又逐風氣而不悟，莊生所謂「百家往而不返，
必不合矣」，悲夫！[143]

　　「己所不欲，勿施於人」，備受經學壓抑的章學誠固然充滿了
「以史明道」的自尊與自信，卻並不挾持惟史明道的獨斷，他的《原
道》就旨在分別為義理、考據、詞章保留地盤，論證他們均為通向大
道的學術門徑，尤其強調相濟為用的必要性。誠如學者指出的：「這
使中國知識分子未踏入『現代』的階段前，即已具備一種觀念，可以
從容接受專業知識及學術分工的觀念。」[144]

　　只是，「原道」的觀念畢竟是指向以「三代」為黃金時代的「周、
孔之道」，所謂「不啻累譯而通矣」，正是經由「遙溯之功」，即章氏
早已經確立的通過「校讎師法」、「著錄專家」而「通乎大道」的必然
趨向。而「周、孔之道」顯然也就是《校讎通義》所謂「故經之有
六，著於《禮記》，標於《莊子》，損為五而不可，增為七而不能，所
以為常道也」之道，以及《博約下》所謂「守先待後之道」[145]。章氏
又有經之流通入史、子，「可使六藝不為虛器」之說；[146]「經史之不
可判也，如道器之必不可分也」之說；[147]「經之流變必入於史」[148]以

<hr>

143　以上均見章學誠：《原道下》，見《文史通義新編新注》，103、105頁。
144　周啟榮、劉廣京：《學術經世：章學誠之文史論與經世思想》，見「中央研究院」
　　近代史研究所編：《近世中國經世思想研討會論文集》，153-154頁。
145　章學誠：《博約下》，見《文史通義新編新注》，120頁。
146　章學誠著、王重民通解：《校讎通義通解》，8頁。
147　章學誠：《書坊刻詩話後》，見《文史通義新編新注》，300頁。
148　章學誠：《與汪龍莊書》，見《文史通義新編新注》，693頁。

及「貴約《六經》之旨而隨時撰述以究大道也」[149]諸說。在在表明由源導流由流溯源以究大道之意，非謂後史拋開「三代」六經獨可明大道也。故反覆三致意曰：「六經之道，如日中天」[150]曰：「道備於六經」[151]曰：「六經大義，昭如日星，三代損益，可推百世。」[152]曰：「先王製作，存乎六藝，明其條貫，天下示諸掌乎。」[153]

所以，章學誠對六經的見解，完整地說，六經既是「一代之實錄」又是「萬世之常法」。

問題是，從貫通古今的觀點來看，誰真正掌握了由「器」明「道」的法門呢？是那些掌握了經典解釋權的經學家嗎？不是，而是地位卑微卻關係重大的「府史」之史。正如錢穆所指出的，章氏唱「六經皆史」之說，蓋所以救當時經學家以訓詁考覈求道之流弊，「其所謂史者，詳見於《通義》內篇卷五之《史釋篇》。」[154]

《史釋》的中心思想，是在闡明「府史之史通於五史」的道理：「學者昧今而博古，荒掌故而通經術，是能勝《周官》卿士之所難而不知求府史之所易也。故舍器而求道，舍今而求古，舍人倫日用而求學問精微，皆不知府史之史通於五史之義者也。」

所謂「五史」，是指《周官》所載內史、外史、太史、小史、御史，是政府中地位較高的職官，「五史則卿、大夫、士為之，所掌圖書、紀載、命令、法式之事，今之所謂內閣六科、翰林中書之屬是也。」所謂「府史之史」，是指《周官》所載政府中地位低下的底層服務人員，「府史之史，庶人在官供書役者，今之所謂書吏是也。」

---

149 章學誠：《原道下》，見《文史通義新編新注》，104頁。
150 章學誠：《經解中》，見《文史通義新編新注》，81頁。
151 章學誠：《原道下》，見《文史通義新編新注》，104頁。
152 章學誠：《博約下》，見《文史通義新編新注》，119頁。
153 章學誠：《〈亳州志・掌故〉例議上》，見《文史通義新編新注》，1001頁。
154 錢穆：《中國近三百年學術史》，390頁。

章學誠認為兩者各有所職，而「府史之史」更有特殊的重要性：「然而卿、士、大夫討論國計，得其遠大，若問庫藏之纖悉，必曰府也。」「五史以卿、士大夫之選，推論精微；史則守其文誥、圖籍、章程、故事而不敢自專。然而問掌故之委折，必曰史也。」雖則然職掌與地位判若天壤，「然而無異義者，則皆守掌故而以法存先王之道也。」「先王道法，非有二也；卿、大夫能論其道，而府史僅守其法，人之知識有可使能與不可使能爾，非府史所守之外，別有先王之道也。」

　　章學誠通過闡發「府史之史通於五史之義」，旨在示範「掌故」之重要、「貴時王之制度」之重要、「以吏為師」之重要，學問「知時」「通」「今」經世致用之重要：

> 故道隱而難知，士大夫之學問文章，未必足備國家之用也；法顯而易守，書吏所存之掌故，實國家之制度所存，亦即堯、舜以來因革損益之實跡也。
> 要其一朝典制，可以垂奕世而致一時之治平者，未有不於古先聖王之道得其彷彿者也。故當代典章，官司掌故，未有不可通於《詩》、《書》六藝之所垂。[155]

　　說到底，從何才能真正探得「《詩》、《書》六藝」之精微？必由「書吏所存之掌故」，反之亦然，從何發用「古先聖王之道」？必施之於「當代典章，官司掌故」。章學誠對六經本原與功能的透徹理解緊緊綰合著「當代」之「治平」，而其主體則寄望並落實於地位卑下之「書吏」。

---

155 以上引文均見章學誠：《史釋》，見《文史通義新編新注》，270-272頁。

　　如果我們再進一步追究一下章氏「府史之史通於五史」見解的來源，就更能理解章氏之隱衷了。在《〈永清縣志·六書〉例議》中，章氏就這樣主張了：

> 州縣修志，古者侯封，一國之書也。吏戶兵刑之事，具體而微焉。今無其官而有吏，是亦職守之所在，掌故莫備於是，治法莫備於是矣。且府史之屬，《周官》具書其數，會典亦存其制。而所職一縣之典章，實兼該而可以為綱領，惟其人數，而縉紳所不道，故志家不以取裁焉。然有入境而問故，舍是莫由知其要，是以書吏為令史，首領之官曰典史；知令史典史之史，即綱紀掌故之史也，可以得修志之要義矣。[156]

　　所謂「府史之史通於五史之義」，實從「令史典史之史，即綱紀掌故之史也」的見解發展而來，可知，此種見解實本於其修志的實踐。我們更不會忘記章氏曾自抒懷抱：「丈夫生不為史臣，亦當從名公巨卿，執筆充書記」[157]其一生際遇不是任書院之講席，就是替基層官員編纂書志，也正約在「史臣」與「書記」之間，而實近於「書吏」。這充分反映了他本人的政治參與意識及其由此參透經義大道的自任與自信。所以，章學誠之解經原道雖然遙遙地根源於三代，但其通經致用的經世趨向卻踏實地指向當代，且深深寄寓了其一生的志願抱負與身世感懷。是故「六經皆史」之說，與其說是史家的卓見，不如說是「書吏」之危言。[158]

---

156 章學誠：《〈永清縣志·六書〉例議》，見《文史通義新編新注》，968頁。

157 章學誠：《答甄秀才論修志第一書》，見《文史通義新編新注》，842頁。

158 張爾田認為「章氏只知六藝之為史，而不知六藝之由史而為經」是將孔子大聖人視為「抄胥」了：「以抄胥為聖人，宜其推大成於周公而不知孔子為萬世之教祖

四　章氏「六經皆史」說的時代意義

我們對章學誠「六經皆史」說的瞭解已經觸及了頗具個性的感傷情節，但是我們若不深入考察他對身處的時代與時代潮流的整體見解，則仍不能充分把握其時代意義。

章學誠對其時代的刻畫比他的纏綿自顧要明朗得多也浪漫得多了，也許他的鬱鬱不得志正是他那樣看好的黃金時代映照的吧。後人也許不易理解，章氏的「六經皆史」說不僅毋庸置辯地預設了「唐虞三代」為理想的黃金時代的絕對認知前提，更重要的是他赤誠熱烈地相信「本朝」距離這種郅治之世近在咫尺。乾隆五十六年，章學誠有信給朱錫庚品評比較朱筠之文與歐陽修之文說：

> ……而先生之集，不如歐陽之壯，則時不同也。歐陽諫疏，輝光簡冊，先生不為言官，且亦時無失政，故無所用也。歐陽碑版，彪炳丹青，先生生逢堯、舜在上，將相公卿，奔走率職，不似叔季之世，遇變而顯瑰奇之行，有以崢嶸其文字也。[159]

這段書函最能夠與《丙辰札記》中「自唐虞三代以還，得天下之正者，未有如我大清」云云那一段著名的為「本朝」爭正統的話[160]相發明，一為給友人的私函，一為寫給自己看的札記，最能反映他對所處「時」「世」的真實看法。章氏認為歐陽修所處的北宋不過「叔季之

也。」故頗表不滿之意。參見張爾田著、黃曙輝點校：《史微》，228頁，上海，上海書店出版社，2006。其實，章氏的見解正是要從「抄胥」入手，通經致用得道經世也。

159 章學誠：《又與朱少白論文》，見《文史通義新編新注》，771頁。

160 參見《丙辰札記》，見《章學誠遺書》，390頁。

世」，而自處於「堯、舜在上」「時無失政」之盛世。看來，在章氏眼裡，「本朝」與「唐虞三代」的距離，比之好高唱「迴向『三代』」[161]的宋代士大夫之視本朝與「三代」的距離，要近得多。這不能不說是學者所豔稱的「乾隆盛世」在士人心理上的自然投影。可知「今茲幸值右文盛治」[162]以及「伏惟皇上稽古右文，闡經裁史，以明政學。蓋堯、舜之執中，而為尼山之筆削，千古所僅覯矣」[163]云云，絕非面諛之辭。有學者認為章學誠關於經典古代的觀念分享了根植於宋代儒學復興中更為廣泛的烏托邦思想、尤其得益於王陽明的「知行合一」的觀念，[164]其實章氏對「我大清」「本朝」的時代經驗與切身感受更為重要得多。正是那種「唐虞三代」之治唾手可及的自我感覺的良好，才使得他有底氣反覆批評「後儒」說：

> 人道所當為者，廣矣大矣，豈當身皆無所遇，而必出於守先待後，不復涉於人世哉！……然則學夫子者，豈曰屏棄事功，預期道不行而垂其教邪？[165]
> 後儒非處衰周不可為之世，輒謂師法孔子必當著述以垂後，豈有不得已者乎？何其蔑視同時之人而惓惓於後世邪！[166]

---

161 參見余英時：《朱熹的歷史世界：宋代士大夫政治文化的研究》，184-198頁，北京，生活・讀書・新知三聯書店，2004。

162 語出章學誠：《為畢制軍與錢辛楣宮詹論續鑒書》，見《文史通義新編新注》，653頁。

163 語出章學誠：《為畢制府撰〈湖北通志〉序》，見《文史通義新編新注》，1008頁。

164 參見倪德衛（David S.Nivision）：《章學誠的生平與思想》，楊立華譯，86-91頁，臺北，唐山出版社，2003。

165 章學誠：《原道中》，見《文史通義新編新注》，100頁。

166 章學誠：《與陳鑑亭論學》，見《文史通義新編新注》，717頁。

　　是故，章氏那「謂集大成者周公而非孔子，學者不可妄分周、孔。學孔子者不當先以垂教萬世為心」[167]的見解，實有其「本朝」絕「非處衰周不可為之世」的時代根據。章氏將孔子之道推本於周公，實寓其盛世「明道」並「行道」經世之志，假途於「書吏」等「府史之史」是找到了切合自己身份的道路。我們看他如何煞有介事地將「周官遺意」「推行」到方志的纂修，可知這絕不是一句空話。與其說是他的文史校讎學思想找不到適合表達的地方而不得已在這些角落小題大做，不如說是他的高漲的經世意識不可抑制地找到了適當的噴火口。他對「官禮之遺」的「六藝」典型採取的是「師」其「意」[168]、溯其源的態度，所以他的見解的調子雖高而入手處卻頗為切實。他的目標當然是希望他的「本朝」——大清——達到「天下以同文為治」的。「三通館」、「四庫館」漸次以開，士大夫躬逢其盛，怎能不有所作為呢？我們再看他的《校讎通義》原名《續通志校讎略擬稿》，而《校讎通義》卷一「敘」頭兩個字「敘曰：……」《續通志校讎略擬稿》（卷一）「續通志校讎略第一」「（敘）」為：「臣等謹按：……」[169]可知此稿原擬進獻給朝廷的，就像宋代的鄭樵苦心經營《通志》一書以備天顏眷顧一樣。更何況從康熙時李光地等人已經鼓吹本朝可「復啟堯舜之運」的高調了：「臣又觀道統之與治統，古者

167　這一段話，是伍崇曜對章學誠核心思想的概括，頗為扼要恰當。語出《伍崇曜〈文史通義〉跋》，見《文史通義新編新注》，1081頁。

168　猶如章學誠：《書教下》中所云：「經不可學而能，意固可師而仿也。」見《文史通義新編新注》，38頁；如《州縣請立志科議》中所云：「夫文章視諸政事而已矣。三代以後之文章，可無三代之遺制；三代以後之政事，不能不師三代之遺意也。」見《文史通義新編新注》，835頁；又如《同居》中所云：「夫師古而得其意，固勝乎泥古而被其毒也。」見《文史通義新編新注》，342頁，等等。

169　參見梁繼紅：《論章學誠校讎理論的發展脈絡》，見北京大學中國古文獻研究中心編：《北京大學中國古文獻研究中心集刊》，第4輯，489頁。

出於一，後世出於二……至我皇上……應王者之期，躬聖賢之學，天其殆將復啟堯舜之運，而道與治之統復合乎！」[170]此種輿論到章學誠的時代更成氣候。章氏對「周官遺意」的「推行」，對「六經皆史」說的闡發，及其中所蘊含的以「官師合一」、「治教合一」為貴的價值觀念，正是上述思想的順理成章的發展，他的古色古香的理論正是激蕩於鮮活的現實世界，從這個意義上說，不管他的取徑是如何的別出心裁，他的見解仍然典型地反映了那個時代的思潮。

章學誠必欲將「今之所謂六藝」以及孔子之道推本於周公，立意於糾「儒者流誤欲法六經而師孔子」之偏，其所謂「儒者」雖泛指「孟子以後命為通儒者」，[171]而實多針對宋儒而發：「宋人推尊孔、孟，多不近情；蓋不知聖賢之實，務以空言相高，往往入於飄渺玄虛，翻覺不近情也。動謂夫子賢過堯、舜，百王曾不足當孔、孟之一映，六經亦不敵《語》、《孟》之片言。」甚至認為宋儒為學取向的虛妄之過重於秦始皇的「咸陽之焚」。[172]章氏曾自道：「至於『兩廡牲牢』等語，本無足為戴輕重，僕偶舉為《原道》諸篇非有私意之旁證耳。」[173]而從「大樑本」與「《遺書》本」《文史通義》兩種版本的文字出入，尤其是《原道上》之末段的異文以及「大樑本」對《說林》的部分內容的刪節來看（參見章學誠著、倉修良編：《文史通義新編》之編者所作的校勘記，限於篇幅，文繁不錄），公然批評程朱「理學」，在章氏生前乃至於死後相當一段時間還是頗有顧忌的事，但確為章氏意欲表達的重要見解。此地無銀三百兩，章氏雖不似戴震

170　李光地：《榕村全集》，卷10《進讀書筆錄及論說序記雜文序》，轉引自侯外廬：《中國思想通史》，第5卷《中國早期啟蒙思想史》，412頁。
171　章學誠：《與陳鑑亭論學》，見《文史通義新編新注》，717-718頁。
172　章學誠：《〈淮南子洪保〉辨》，見《文史通義新編新注》，376-377頁。
173　章學誠：《答邵二雲書》，見《文史通義新編新注》，683頁。

之對於朱子施詆罵，然確乎有意於甘當宋儒之諍友也。章氏亦本此意批評當時經學之「博雜」：「夫學無所主，而恥一物之不知，是欲智過孔子也。孔子之大，如天之不可極，然而其學可以一言盡也。孔子所欲學者，周公也。」[174]並直言規諫孫星衍等的學問之「少歸宿」：「天地之大可一言盡，學故貴博，守必欲約，人如孔子，不過學《周禮》一言，足以盡其生平。」[175]

　　然則章氏尊經乎，貶經乎？「維持宋學」乎，「反理學」乎？與當時「經學」有爭意乎，欲以「史學」代「經學」乎？

　　章氏當然是尊經的，他最不願看到的是一干人等「一向高閣六經，置之『尊而不親』之列，不知六經固如日月，雖高不可逾，而無日不與人相切近。」[176]是故他對六經的意義的新解釋，正是要人既「尊」且「親」之的。章學誠顯然無意動搖六經的權威地位，相反，他的新詮釋的衝動，與對六經的不可替代的示範功能的絕對認知，是須臾不可離的。用《言公》中的話來說就是「六藝為文字之權輿」[177]用《答客問中》的話來說就是「六經之於典籍也，猶天之有日月也。」[178]但是也正因為他對六經採用的是「師」其「意」的態度和必將當前的文事治道溯源聯結於「唐虞三代」的做法，竟出人意料地起到了模糊或打破六經神聖性的媒介作用，比如以「周官掌故」為史家述道之典範而幾於將經典等於「檔案」與「史料」，此外如以經擬「時王之制度」、以經擬「時文」，[179]都微妙地存在「以意尊之」之意圖而適足以收穫「以意僭之」之後果。這大概也是侯外廬等看到的

---

174 章學誠：《博雜》，見《文史通義新編新注》，339頁。
175 章學誠：《與孫淵如觀察論學十規》，見《文史通義新編新注》，398頁。
176 章學誠：《清漳書院留別條訓三十三篇》，見《文史通義新編新注》，609頁。
177 章學誠：《言公上》，見《文史通義新編新注》，201頁。
178 章學誠：《答客問中》，見《文史通義新編新注》，256頁。
179 參見章學誠：《與邵二雲論文》，見《文史通義新編新注》，668-669頁。

「依據歷史觀點」而「通經」的必然邏輯吧。

　　章學誠確實是不滿於空談性天「以『道』名學」[180]的「宋學」流弊的，他以孔子為學本周公、以《六經》統《四書》[181]，就是用經世的精神對宋學加以規正，他也看到了「漢學」的「墨守」[182]與破碎之弊，他還看到無論「宋學」「漢學」均失之於不「文」，但是站在《原道》的立場，他是不可能用「史學」代替「經學」或「理學」的，所以他承認如阮元《車考》之類「考索之家，亦不易易」[183]更極詆袁枚以所謂「著述家」的名義菲薄「考據」。[184]也能承認「宋儒之學，自是三代以後講求誠正治平正路」，[185]「其析理之精，踐履之篤，漢、唐之儒未之聞也。」[186]章學誠對「經」與「經學」自有明確的分際，如前所述，他當然是崇經的，所以要明其大義以致用，並將「史」與「六藝本書」相繫連亦以自尊所學，從這一角度看，說「六經皆史」蘊含了「以史概經」的意義，實可以理解；而對「經學」尤其是當代之流於「襞績補苴」[187]的經史之學也確不吝惜以齒冷，不僅因為受其壓迫，更鄙其既不得大道又不足以適用也，所以他沉痛地說：「德者，行道而有得於心之謂，不必一定聖人道德之極至也；凡立言者，

---

180 語出章學誠：《家書五》，見《文史通義新編新注》，822頁。此類說法很多，不贅。

181 比如《〈四書釋理〉序》曰：「古無專門說理之書，說理有專書，理斯晦矣。六藝，先王舊典，聖人即是明理，而教亦寓焉……然而四子之書，無非發明六藝之旨，故劉、班《七略》，皆敘六藝之書，列為九種，則以《孝經》、《論語》、《爾雅》三書，故為傳而非經，不得混其目也。」《文史通義新編新注》，535頁。

182 參見章學誠：《〈鄭學齋記〉書後》，見《文史通義新編新注》，581頁；章學誠：《說林》亦曰：「尊漢學，尚鄭、許，今之風尚如此，此乃學古，非即古學也，居然唾棄一切，若隱有所恃。」《文史通義新編新注》，226頁。

183 章學誠：《答沈楓墀論學》，見《文史通義新編新注》，714頁。

184 章學誠：《詩話》，見《文史通義新編新注》，294-295頁。

185 語出章學誠：《家書五》，見《文史通義新編新注》，822頁。

186 語出章學誠：《原道下》，見《文史通義新編新注》，105頁。

187 語出章學誠：《博約中》，見《文史通義新編新注》，118頁。

必於學問先有所得，否則六經、三史，皆時文耳，況於他乎！」[188]又說：「六經三史，學術之淵源也，吾見不善治者之瘁厲矣。」[189]在這個意義上，說章氏要用他的史學取代「這個樣子的」經學，也不為過。他又從戴震這樣的經學大師身上看到了知識與道德的分裂而意識到宋學「躬行實踐」崇德踐履精神之可貴，又在《文德》篇強調「敬恕」的重要、還在《史德》篇中還發揮程子關於《詩》朱子關於《騷》的充滿名教大義的解釋來宣揚著書者所應貴之心術。那麼他真的要「維持宋學」了嗎？「吾謂維持宋學，最忌鑿空立說，誠以班、馬之業而明程、朱之道，君家念魯（即章氏好友邵晉涵的祖父邵廷采——引者）志也，宜善成之！」[190]不如說他是以史學改造發揮理學更為恰當，是故他的晚年定論是「言性命者必究於史」：意之所居，正在超越理學之「空言德性」、超越經學之「空言問學」，[191]而以史學經世之義綰合知識與道德，所以他既在《浙東學術》中，又在絕筆《邵與桐別傳》中一再推本說：「昔史遷著書，自命《春秋》經世，實本董氏天人性命之學，淵源甚深。」[192]與以戴震為代表的「經學即理學」的洪波巨流相比，章學誠那堪稱「史學即理學」的治學傾向顯然是獨秀一枝，暗香雋永。章學誠確實是對「經學」理論基礎進行了深刻反思，但並不是以另一種新經學取而代之；他對宋學流弊也持強烈的批評態度，只是對宋學的崇德精神的堅執遠不是「智識主義化」之說可以概之的。換言之，「六經皆史」反映了章學誠在「漢學」與「宋學」分化之初就欲站在史學立場加以統合的新動向。[193]

188 章學誠：《再答周筤谷論課蒙書》，見《文史通義新編新注》，733頁。
189 章學誠：《說林》，見《文史通義新編新注》，229頁。
190 章學誠：《家書五》，見《文史通義新編新注》，822頁。
191 參見章學誠：《浙東學術》，見《文史通義新編新注》，121-122頁。
192 《邵與桐別傳》，見《章學誠遺書》，177頁。
193 誠如《天喻》所揭露的，當時學術狀況是：「漢學宋學之交譏，訓詁辭章之互詆，

　　總結本節的討論。章學誠循著「文史校讎」之學的取徑建立起「六藝皆官禮之遺」諸說，實為「六經皆史」觀念之根源。從該理論的形成發展過程中可以看到其豐富的意蘊：由「六經皆周官掌故」與「古無私門之著述」所指涉的「道器合一」、「官師合一」、「治教合一」的價值觀念；由與經學的抗爭而激起的從「述作」角度詮釋的「以史明道」的主張；由《史籍考》的編纂而突顯的「尊史」的專業思想；由修志的實踐而悟到的以「府史之史」即「書吏」的卑微身份以道自任的主體意識；從以史通今的立場出發，既將經典視為「一代之實錄」，又深深維護經典為「萬世之常法」的思想。章學誠對六經的新認識與他應對當時「漢學」、「宋學」交攻的學術風氣密切相關，更與如何發揮經典在他所處時代的作用這一問題有關。正因為他對六經採用的是「師」其「意」的態度和必將當前的文事治道溯聯結於「唐虞三代」的做法，竟出人意料地起到了模糊或打破六經神聖性的媒介作用。

第二節　經典的沒落與章學誠「六經皆史」說的提升

　　這一節我們將看到的是：晚清以降隨著西力東侵、西學東漸，國勢衰危之際，經典不再是士大夫發揮政治與文化理想的最高思想資源，「六經皆史」遂成為流行的時代思潮。本書主要連繫晚清今古文經學之爭與民國新史學家提出的「六經皆史料」的口號，扼要勾勒了章學誠的「六經皆史」說在晚清民國的影響與折變。從「六經皆

德性學問之紛爭，是皆知其然而不知其所以然也。」見《文史通義新編新注》，332頁。

史」，到「夷六藝於古史」，再到「六經皆史料」，此說之備受關注，深刻地反映了中國近代經學的衰敗及其主導地位被史學所取代、而經典自身不能不以「史料」的身份寄身於「史學」的歷史命運。經典之權威地位的喪失與「六經皆史」說之提升齊頭並進、恰成反悖而有密切的內在關係，尤為深刻地反映了時勢的變動。

　　經典日趨喪失其權威地位而至於要被「扔下毛廁去」[194]，經學日趨敗落而至於「終結」[195]，乃是中國近代文化史之主旋律，也可以說是一部較之敦煌學史毫不遜其沉痛度的「傷心史」。描述其過程，揭示其所以然之故，是一個關乎中國文化發展方向的巨大系統工程，吸引了越來越多的有識之士傾力於此。[196]筆者擬以晚近學人對章學誠的「六經皆史」說的接受與再詮釋為視角，切入此題。晚清以降，尤其是民國以來，學術界流行著一種對章學誠的「六經皆史」說的獨斷詮釋，即認為此說蘊含著夷經於史甚至尊史抑經的意義，具有打破經典權威的思想解放作用，還兼備了以六經為史料的史學觀念。雖有學者對此加以辨正，但是占主導地位的看法形成了時代潮流，或者爭頌「六經皆史」的口號而不自知其借用與章氏之原意本不相合，或者在章氏基礎上進一步提出「六經皆史料」的主張以建設新史學。從打破經典與經學的權威為理所當然的觀點來看，章學誠自然很容易成為現代新史學的先知先覺；從對經典與經學懷抱較為寬容與建設性的立場，尤其是從拉長時段的歷史理解的角度來審視，則結論就會有所不

194　語出錢玄同：《廢話——原經》，見《錢玄同文集》，第2卷，234頁，北京，中國人民大學出版社，1999。

195　語出湯志鈞：《近代經學與政治》，第八章《經學的終結》，北京，中華書局，1989。

196　有關經學在近代式微的原因的探討，陳以愛從思想、制度等層面，綜述有關研究成果較詳細，可參見陳以愛：《中國現代學術研究機構的興起——以北京大學研究所國學門為中心的探討（1922-1927）》，265-266頁，臺北，政治大學歷史學系出版，1999。

同。問題是如此尖銳地擺在那裡：孰謂能得章氏之本意？何以喧嘩之眾聲皆會聚焦於本題，致使章氏生前的寂寞與此說日後的堂皇之間形成如此強烈的反差？都有待於深入的探討。此議題之特殊性，使探討的正當途徑竟有類如詮釋之循環：如果對「章學誠學術的百年來研究」不作深入的反思，則很難瞭解「六經皆史」說的緣起與本旨，反之亦然，若不考實此說之發生演變以及後世影響，其意義就無從談起。這自然使得此項研究，雖本於章學誠而絕不能局限於章學誠。尤其是對章氏是否抑經以及章氏是否卑視六經為史料等問題的探討，牽扯出來的實在是中國經學的近代命運這個母題，就更不僅關乎對章氏一人學術思想的評騭了。我們之所以要將他連繫起來討論，也是為探得此論題之深層意蘊而不能不設置一個略為方便的比較向度而已。懷抱同情的歷史理解也許比滿懷鄉愁的感傷要有力一些，我們只能圍繞著「六經皆史」說所涉及的方面，探討經典與經學的沉浮與變動的時代之間的關係，好比是從浮在海面的冰山一角的搖曳，試略探一探深隱在海中的龐大冰體之挪移。

　　本章上節《章學誠「六經皆史」說的本源與意蘊》，已先作了正本清源的梳理，或可為評騭章說之「流變」及其與近代經學之命運關係，提供較為切實之張本。然而，此等工作乃建立於對前賢研究成果的「反思」之基礎上，而「六經皆史」議題的凸顯實在章氏之歿後而非生前，是故，此說在近代之流傳與播遷，即此問題意識之張揚歷程，反而是本源，亦為筆者關注之緣起。

一　「六經皆史也」：在《文史通義》位列首句之謎案

　　我們首先要探討的是，章氏「六經皆史」說發生影響的偶然性問題。

　　章學誠在他那個時代多少有點異類，他雖然自負才學，而生前確乎是寂寞的。當時就有翁方綱向其友人劉端臨徵詢章氏「學業究何門路」，[197]又有阮元在給洪亮吉的信中問及：「會稽有章實齋，所學與吾輩絕異，而自有一種不可埋歿氣象，不知是何路數，足下能定之否？愚意此亦一時之奇士也」云云。[198]等，可知在當時也並非湮沒無聞，但他的學問「路數」無疑成為不被人知的障礙。不過他的身後也著實是光彩奪目的。越來越深入的研究表明，一九二八年姚名達訂補胡適《章實齋先生年譜》，在書末說：「十一年（1922）春，本書初版出版，國人始知章先生。」這話未免誇張；[199]論者所謂「其身後大名，主要還是由於日本學者在二十世紀的新發現」，[200]就更過分了。事實上，他的著述之影響還頗為深遠。[201]他的學術聲譽大致可以章太炎的

---

197 章學誠：《家書二》，見《文史通義新編新注》，817頁，杭州，浙江古籍出版社，2005。

198 章學誠：《與朱少白書》，見《文史通義新編新注》，787-788頁。

199 除了余英時批評其「誇張」之外（余說見氏著：《論戴震與章學誠——清代中期學術思想史研究》，162頁，北京，生活·讀書·新知三聯書店，2000），吳天任早就批評「這句話未免大言不慚了！」並進一步以王宗炎、譚獻等人對章氏學問的瞭解為據，指出：「實齋不為一般漢學家所歡迎，原是事實。但說漢學家使實齋事蹟埋沒了一百二十年無人知道，這又是一段笑話了！……總之，實齋事蹟，後人雖非全部瞭解；也斷不至有埋沒一百二十年無人知道；而必須等到胡譜出版後才知道的道理。」參見吳天任：《胡著姚訂實齋年譜商榷》，見《章實齋的史學》，293-294頁，臺北，臺灣「商務印書館」，1979。

200 汪榮祖：《槐聚說史闡論五篇》，見《史學九章》，312頁，臺北，麥田出版社，2002。

201 關於章學誠的學術思想對後世的影響，錢基博較早有頗為細緻的討論，參見氏著：《〈文史通義〉解題及其讀法》，上海，龍虎書店，1935。有學者以劉師培《國學發微》、張爾田《史微》、柳詒徵《國史要義》為例，專章討論「章學誠對後世的影響」，參見朱敬武：《章學誠的歷史文化哲學》，臺北，文津出版社有限公司，1996；又有學者從「六經皆史」說、治學合一論、方志學思想等方面討論章學誠對龔自珍、魏源、李慈銘、譚獻、鄭觀應、康有為、蔡元培、章太炎、梁啟超等人的影響，參見陳鵬鳴：《試論章學誠對於近代學者的影響》，收入中國歷史文獻研究會編：《章學誠國際學術研討會論文集》，北京，北京圖書館出版社，2004。

一句話概括之：「會稽章學誠為《文史》、《校讎》諸通義，以復歆、固之學，其卓約近《史通》。」[202]正得力於迥異乎儕輩的學術取徑及其卓識；從更長的時段來看，更與其由「文史校讎之學」所獲致的「六經皆史」的大論斷息息相關。不過，這一觀念在章氏的學術思想中佔據如此重要的地位，贏得如此廣泛的聲譽，卻也有出人意外的緣由。多少具有傳奇色彩的是：「六經皆史也」很可能不是章氏自擬《文史通義》開門見山的第一句話。

學者多認為今本《文史通義》第一篇《易教》第一句話「六經皆史也」不僅是《文史通義》的中心思想也是章氏學術思想的綱領。但是我們要在這裡提出一個對本論題的存在價值及其重要性也許構成嚴重威脅的質疑，如果《文史通義》的第一句話不是「六經皆史也」的話，那麼，這個命題還會受到如此經久不息的關注嗎？它在學術思想史上還會有那麼大的影響嗎？無論如何，我們要論證的一個重要假設，就是，以這一句話開宗明義的《易教》[203]，很不可能是章氏自擬中的《文史通義》的第一篇。學術界近來的研究，逐漸逼近於對這個問題作徹底的清查。嘉慶元年（1796），章學誠曾選取《文史通義》中少數篇章編刻出版，此即《文史通義》自刻本，也是《文史通義》的最早刻本。北京大學圖書館現藏華紱抄本中就附有《文史通義》自刻本，篇目中包含有《易教》、《書教》、《詩教》等諸篇，梁繼紅在錢穆的有關研究基礎上進一步認為「恰是因這些文章入選自刻本而說明這些文章並非十分逆人視聽，也並非章學誠論學最為核心的文字。」而乾隆五十四年（1789）「此年所作《原道》、《經解》、《原學》等集

---

202 章太炎：《檢論》之《清儒》篇，見朱維錚編校：《章太炎全集》（三），474頁，上海，上海人民出版社，1984。

203 如今通行的大梁本與嘉業堂刻《遺書》本《文史通義》，皆以《易教》居全書之首。

中言道的文章當是章學誠論學中心之中心，故而按照章學誠編纂《文史通義》的原則，《原道》諸篇當代替《易教》諸篇居於《文史通義》全本之首。」[204]

我們認為，由於章學誠的「文史校讎之學」的理論出發點，乃建立在從「三代盛時」的官師合一到「三代以後」政、學分離的「學術」分野之上，是故像《原學》實屬發揮《原道》見解的，分析私學興起後的發展狀況而非「集中言道的文章」，此篇似未必定居於各篇經「教」如《易教》等之前，相對而言，從章氏一貫「尊史」的立場來看，《史釋》在《文史通義》中的排序會比較靠前，無論如何，《原道》、《經解》確有可能位列頭排，而《原道》之為《文史通義》全本之第一篇，更是毋庸置疑的。我們知道，《原道》是章氏一生治學的終極關懷。他在《和州志‧藝文書》序列之第一部分標題就是《原道》。《續通志校讎略擬稿》中的相關內容題名為「著錄先明大道論」，今本《校讎通義》恢復標題為《原道》，從廣義的《文史通義》獨立出來的《文史通義》更必須有他頗為自得的《原道》篇，拙作《章學誠「六經皆史」說的本源與意蘊》一文已經交代過，其宗旨是要解決自與戴震初晤以來就未曾釋懷的重大問題。它的重要性，自然要使得它在無論是廣義的還是狹義的《文史通義》（該書名有廣、狹兩義，用余英時說）必然是穩居首席的。另外，章學誠是那種對著述體例在意到幾近苛求的人，他在《立言有本》中對汪中《述學》體例的指謫，證明他在這方面正是不屑假借的嚴厲君子。而他本人早就聲

---

204 錢穆：《中國近三百年學術史》，424-427頁，上海，商務印書館，1937；錢穆：《記鈔本〈章氏遺書〉》，原刊於《北平圖書季刊》，第三卷，第四期，1936，見《中國學術思想史論叢》（卷八），合肥，安徽教育出版社，2004。梁繼紅：《章學誠〈文史通義〉自刻本的發現及其研究價值》，見中國歷史文獻研究會編：《章學誠國際學術研討會論文集》，206頁。

言他的《文史通義》是要「下該《雕龍》」的[205]，劉勰《文心雕龍》的第一篇為《原道》、第二篇是《徵聖》、第三篇才是《宗經》，這樣的排列次第怎麼能不讓他效法！因此，章學誠自擬的《文史通義》的第一篇只能是《原道》而非《易教》。這一點的澄清對本論題有什麼意義呢？由於章學誠遺稿的編纂者，或者不明章氏之「義例」，或者出於某種忌諱，而把最重要的《原道》篇往後挪，而造成了《易教》為今本《文史通義》的第一篇，從而也就很偶然地造成了「六經皆史也」成為今本《文史通義》開宗明義第一句話的事實。

這一事實提醒我們，現有的研究中普遍存在的動輒將《文史通義》乃至《校讎通義》諸篇籠統視為「六經皆史也」一句五字的注腳的做法，頗有誇張之處。

二　「六經皆史」說的傳延：章氏的影響與新時代意識建構之間的互動

這樣，自然產生一個問題：百年來它的輝煌的被接受史、被一再詮釋的故事是否也是偶然的呢？事情絕不那麼簡單。消解此惑，不但要求我們溯自章學誠的生前，更須徵之於其身後。片言不足以解紛，容筆者進一步從傳延與折變兩個大的方面來探討它在後世的播遷。這兩方面當然是不能簡單剖判開來的，為了討論的方便起見才有必要如此，希望我們所做的學術思想史的個案分析，能跟得上該觀念發展史的自然流程。

章學誠的「六經皆史」說，蘊含了從「王官之學」與「百家」「私學」分野的角度講中國古代學術的取徑與卓識，頗為難能可貴。

---

205 章學誠：《與嚴冬友侍讀》，見《文史通義新編新注》，706頁。

錢穆因此將章氏的這一見解推崇為是「極大的創見」。[206]此種評論堪稱得當。其實，章太炎在《訄書》重訂本《清儒》中明確主張「六藝者，官書，異於口說。」[207]顯而易見為近承自章學誠以六藝為王官學的見解。又如顧頡剛認為：「中國的古籍，經和子占兩大部分。普泛的說來，經是官書，子是一家之言。或者說，經是政治史的材料，子是思想史的材料。」說穿了，也是在發揮章學誠的「官學」「私學」兩分的見解，而以「材料」論之，則難掩其「時代精神」而已。[208]至於錢穆，更是擅用「王官學與百家言對峙」的觀點講中國學術思想史的。[209]如此等，從一個側面，我們可以說，章學誠的「六經皆史」說獲得了光輝的下場。此說還涉及中國學術史上的一個重要問題，即中國學術思想的源頭是否可以追溯到史官文化的問題，且不說別的，我們看龔自珍如何發揮「古史鉤沉論」，劉師培如何在《論古學出於史官》後復作《補古學出於史官論》，以及「後來之揚其波者，如張爾田、江瑔、金兆豐，皆謂諸子百家，莫不原本人事，共出於史官。」[210]尤其是，劉氏宗主在古文經學，龔、張氏則傾向於今文經學，而均願意為章說作注腳，如此等，真足讓人感喟見識之長竟有非煩瑣考證所能望其項背於萬一者，豈得謂此等命題「顯然沒有多少知識上的意義」呢？

　　「六經皆史」說內含的經世大義，亦頗不乏解人。「謂集大成者

206 錢穆：《中國史學名著》，254頁，北京，生活・讀書・新知三聯書店，2000。

207 朱維錚編校：《章太炎全集》（三），160頁。

208 顧頡剛：《古史辨》，第4冊《顧序》（1933.02.12），15-16頁，上海，上海古籍出版社，1982。

209 參見夏長樸：《王官學與百家言對峙——試論錢穆先生對漢代學術發展的一個看法》，見臺灣大學中國文學系編印：《紀念錢穆先生逝世十週年國際學術研討會論文集》，45-80頁，2001。

210 語出金毓黻：《中國史學史》，329頁，石家莊，河北教育出版社，2000。

周公而非孔子，學者不可妄分周、孔。學孔子者不當先以垂教萬世為心。」此說既為伍崇曜所激賞，[211]魏源復採入《學校應增祀先聖周公議》。[212]龔自珍二十五歲時作的《乙丙之際著議第六》，以及言經頗及今文後撰於四十二歲的《六經正名論》等，都在深沉地發揮章氏這一核心觀念。[213]道光六年（1826）魏源還把《乙丙之際著議第六》收編入《皇朝經世文編》「一卷《學術》」，[214]看來，龔、魏均深賞章氏「治學」合一、「官師」合一的學術觀念及其經世致用的意蘊，這一點很可能啟迪了他們那種「喜以經術作政論」[215]的學風。又誠如錢穆所說：「章氏六經皆史之論，本主通今致用，施之政事」影響及於包世臣等人。[216]在更為年青一代的康有為身上，我們也找到了影響的蹤跡。章學誠在《經解上》中有云：「《易》曰：『雲雷屯，君子以經綸。』經綸之言，綱紀世宙之謂也。鄭氏注謂：『論撰書禮樂，施政事』，經之命名所由昉乎？」此說引起康有為的極大關注並採納於《教學通義》一書：「四者（指《詩》、《書》、《禮》、《樂》——引者）為先王典章，故稱為經。經者，經綸之謂，非有所尊也。（章實齋嘗有是說）。」後來確立了今文經學立場的康氏在《新學偽經考》中批評章學誠說：「近世會稽章學誠亦謂周公乃為集大成，非孔子也。皆中歆（指劉

---

211 《伍崇曜〈文史通義〉跋》，見章學誠著、倉修良編注：《文史通義新編新注》，「附錄」之一，1081頁。

212 魏源：《學校應增祀先聖周公議》，見《古微堂外集》卷一，收入《魏源全集》（全20冊），第12冊，長沙，岳麓書社，2004。魏氏本於章說，參見余英時：《論戴震與章學誠——清代中期學術思想史研究》，57頁。

213 關於龔自珍諸篇的撰著時間，參見樊克政：《龔自珍年譜考略》，北京，商務印書館，2004。

214 參見樊克政：《龔自珍年譜考略》，295頁。

215 語出梁啟超，見朱維錚校注：《梁啟超論清學史二種》，63頁，上海，復旦大學出版社，1985。

216 錢穆：《中國近三百年學術史》，392頁。

歆——引者）之毒者。」但是這絕不能掩其曾深受章氏「六經皆史」
說影響的事實，[217]毋寧說章氏對經之注重經之「經綸」功能的態度既
成為康氏他走向具有強烈經世精神的今文經學的橋樑，最後亦與之
合流了。甚至到民國年間，也還有像孫德謙的《申章實齋六經皆史
說》[218]等文章仍然在發揮「六經皆史」說這方面的意蘊。

　　當然，章氏「六經皆史」說留給後世最大的遺產，是為中國近代
學術思想史的最為重要的「大事因緣」——「經學的史學化」提供了
不可或缺的也許還是別無選擇的和最為合體的觀念構架或概念工具。

　　晚近古文經學之領軍人物章太炎在清末曾揭櫫其學術旨趣說：

　　　　孔氏之教，本以歷史為宗，宗孔氏者，當沙汰其干祿致用之
　　　　術，惟取前王成跡可以感懷者，流連弗替。《春秋》而上，則
　　　　有六經，固孔氏歷史之學也。《春秋》而下，則有《史記》、
　　　　《漢書》以至歷代書志、紀傳，亦孔氏歷史之學也。[219]

　　這是明白主張以「歷史之學」貫通經史的，其「歷史」的觀念或
別有假借於西人，[220]其「沙汰其干祿致用之術」之主張為對今文經學
之「通經致用」流弊痛下針砭，在精神上均大大有別於章學誠之所謂
「史」，但是他以「前王成跡」視經，實本於章學誠「若夫六經，皆

---

217 參見本書第二章第一節：「《教學通義》與康有為的早期經學路向及其轉向」。
218 此文原載《學衡》，第二十四期，1923，收入存萃學社編集、周康燮主編：《中國
　　近三百年學術思想論集（六編）——章學誠研究專輯》，香港，崇文書店，1975。
219 章太炎：《答鐵錚》（原載《民報》，第14號，1907.06.08），見馬勇編：《章太炎書
　　信集》，179頁，石家莊，河北人民出版社，2003。
220 來自西洋的「歷史」觀念與中國之「史」的觀念之間的差別及關聯，可參見島田
　　虔次：《六經皆史說》，見劉俊文主編、許洋主等譯：《日本學者研究中國史論著選
　　譯》，第七卷《思想宗教》，186-190頁，北京，中華書局，1993。

先王得位行道，經緯世宙之跡」之論，他以《春秋》上下推演「孔氏
歷史之學」，亦繼乎章學誠以「六藝本書，即是諸史根源」之所見。
其間之演進脈絡，豈不明哉！

　　後有新史學「疑古學派」的主將顧頡剛，也曾於民初極推章學誠
「六經皆史」之說云：

> 自從清代的樸學施下了實地的功夫，考究一番，始曉得「垂教
> 萬世的經書」乃是「一代典章的史書」，既然是部史書，則所
> 做疏解、考證的功夫當然與史學無異。章學誠處此潮流，奮其
> 裁斷，所以說「六經皆史」；「集六經之大成者不在孔子，而在
> 周公」。看六經是學問的材料，不拿學問當做六經的臣僕；拿
> 從前對於經學的界說根本撤銷，做經學的人只是考古，並非希
> 聖，說得明明白白。[221]

　　王煦華據顧氏日記定此文「原為《新潮》第三號的『思想問題』
專號而作」，寫作時間是「一九一九年一月」。參見該文所附之「後
記」。顧氏所謂「清代的樸學」「所做疏解、考證的功夫當然與史學無
異」的看法足以與後來柳詒徵所持乾、嘉「諸儒治經，實皆考史」的
見解[222]相互發明。頗能明瞭「經學史學化」已經萌芽於乾嘉時代經學
的端倪。[223]這一趨勢到了晚清，「國粹學派」在與廖平、康有為等今

221　顧頡剛：《中國近來學術思想界的變遷觀》，見中國哲學編輯部編：《中國哲學》，
　　　第11輯，307頁，北京，人民出版社，1984。
222　此說見柳詒徵編著：《中國文化史》（下），747-748頁，上海，東方出版中心，
　　　1988。
223　我們可以回顧一下戴震向章學誠道及的治經路數：「予弗能究先天後天，河、洛精
　　　蘊，即不敢讀元亨利貞；弗能知星躔歲差，天象地表，即不敢讀欽若敬授；弗能
　　　辨聲音律呂，古今韻法，即不敢讀關關雎鳩；弗能考三統正朔，《周官》典禮，即

文經學派分道揚鑣的過程中，普遍接受章學誠「六經皆史」的觀念，並改造為「夷六藝於古史」的主張，他們所要保存的「國粹」是「以歷史為主」的，[224]他們的經學主要也就是史學，誠如上文章太炎所指明者。顧頡剛的看法其實多少反映了經「國粹學派」過濾後的經史觀念，而他又身處前所未有的打破聖經賢傳的時代，所以他能斬釘截鐵地說：「看六經是學問的材料，不拿學問當做六經的臣僕；拿從前對於經學的界說根本撤銷，做經學的人只是考古，並非希聖」！我們當然能夠品嘗到此處所論已非復章學誠觀念的原汁原味了，但是我們似亦不能在兩者之間來一個徹底的抽刀斷水，正像侯外廬對「六經皆史」說的評論[225]給我們造成的印象一樣，因為很顯然地，顧、侯諸先賢是在傳述章學誠的見解，所以若說此類觀念完全為「現代人」所「賦予」，則不免對這些「現代人」過於輕慢，而對於章學誠也太不公平了。

　　事實上，類似的觀念正是時代的意見，而非少數人的特見，或者說「現代人」正需要這樣的觀念套子。稍後胡適、梁啟超等都有程度不等的以章說為「六經皆史料」的見解。[226]唯需引起特別注意的一個

不敢讀春王正月。」章學誠：《與族孫汝楠論學書》，見《文史通義新編新注》，800頁。將這與章學誠後來根據邵廷采引用《孟子》的話來批評戴震（參見余英時：《論戴震與章學誠——清代中期學術思想史研究》，39-41頁）等做法略做比較可知，戴震的治學方法頗具歷史感，而章氏的論說反而上網上線更具「經學」精神。章學誠：《又與正甫論文》，見《文史通義新編新注》，807-808頁。

224 參見鄭師渠：《晚清國粹派文化思想研究》，北京，北京師範大學出版社，1997；羅志田：《清季民初經學的邊緣化與史學的走向中心》，見《權勢轉移：近代中國的思想、社會與學術》，武漢，湖北人民出版社，1999。

225 參見侯外廬：《中國思想通史》，第5卷《中國早期啟蒙思想史》，509-510頁，北京，人民出版社，1956。參見上一節「章學誠『六經皆史』說的本源與意蘊」，此處不贅。

226 參見本書第五章《經學的史學化：〈劉向歆父子年譜〉如何結束經學爭議》。

普遍現象是：他們的觀念與章氏的見解其實有很大的距離，而每每極願牽引章氏「六經皆史」為說。為什麼會是這樣的呢？

以胡適為例。在撰著《章實齋年譜》期間，也正是在發起轟轟烈烈的「整理國故」運動的一九二一年，胡適在東南大學作了題為「研究國故的方法」的演講，其中提到研究國故要運用「歷史的觀念」時說：

> 現在一般青年，所以對於國故，沒有研究興趣的緣故，就是沒有歷史的觀念。我們看舊書，可當他做歷史看。清乾隆時，有個叫章學誠的，著了一本《文史通義》，上邊說，「六經皆史也」。我現在進一步言之，「一切舊書——古書——都是史也」。本了歷史的觀念，就不由然而然的生出興趣了。[227]

胡適這段援引章氏的話，最足與他所作的年譜對「六經皆史」的解釋相互發明，有豐富的內涵。年譜強調的是，章學誠所謂「六經皆史」的「本意只是說『一切著作，都是史料』……其實只是說經部中有許多史料。」[228]此說開了從「史料」擴展的角度加以詮釋的先河，有綿延至今的深遠而持久的影響力，可以說是二十世紀最具勢力的經典詮釋。然而令人震驚的是：年譜所謂的章氏「本意」恰恰就是「我（胡適）現在進一步」的主張，「一切著作，都是史料」與「一切舊書——古書——都是史也」有什麼原則性的分別嗎？聽者的筆記也許不能精確傳達講演者的觀念，但只要不以辭害意，思路是絕不會記錯

227　胡適：《研究國故的方法》（在東南大學演講，枕薪筆記），原載《東方雜誌》，第18卷，第16號，發表於1921年8月。收入蔣大椿主編：《史學探淵——中國近代史學理論文編》，長春，吉林教育出版社，1991。引文見該書第683頁，經校核。

228　胡適：《章實齋先生年譜》，105-106頁，上海，商務印書館，1923。

的，尤其所謂「進一步」的提法絕不可能是聽者加上去的。那麼，胡適為什麼會有此混淆呢？也許只有一個解釋：胡適出於「整理國故」的需要，有意無意地把章學誠的觀念解釋成自己的思想，而章學誠那明快響亮（至少在字面上來說是如此）的主張，經過一番改造後成為「整理國故」運動的強大支持意識，當然，它的影響絕不會以此為限。更值得注意的是，章氏的觀念被賦予了做夢都想像不到的新意義。我們知道，胡適所謂「歷史的觀念」本於乃師杜威之「歷史的方法——『祖孫的方法』」，是具有特定內涵的學術觀念，[229] 扼要地說，這種觀念的最大特點是一方面給所處理的對象以一定的地位，但也只是限於歷史上的地位，一方面則將其價值相對化、極端的時候甚至是虛無化（比如胡適後來就說「整理國故」旨在「打鬼」等等），總之是歷史化。從上文來看，當年的語境是，「現在一般青年」「對於國故，沒有研究興趣」，而胡適的說法是給以「國故」（當然包括「六經」）以一定的地位，並想方設法讓他們對之感起「興趣」來，所以他的「歷史的觀念」有這方面的積極肯定它的妙用。但是從「國故」之中「六經」的地位來看，他們原來具有的崇高地位，在「歷史的觀念」系統中，被徹底顛覆。在中國歷史上，經典之所以為經典，正因為是聖賢所述常道之所寄託，是普世性的或超歷史的——歷經檢驗而持久有價值與效用的東西，才備受尊奉。現在他們不但要與其它「古書」並列，而成為「歷史」或「歷史」上的東西，既不必成為研究的重心或主張不要成為研究的重心而要打破「儒書一尊」的成見，甚至認為經書只配有「史料」的價值，那麼他們憑什麼成為「經」呢，他們還是「經」嗎？「經學」不過是「歷史」上的名詞而已。章學誠雖然在當年因感受到「襲續補苴」的「經學」的壓力，為提升「史學」

---

229 參見本書第三章《經、子易位：『諸子不出於王官論』的建立、影響與意義》。

的地位，提倡另類的對「經」的研究與致用取徑，將之包容於「史學」，而用推本溯源的方法，將「史學」歸宿於周代之官「史」乃至黃帝之「史」，但是他恰恰是為了發揮經典的普世價值而不是打倒他們。胡適在演講中引用了章學誠的話頭而不作解釋，反而賦予了它絕不曾有過的意義，不過是運用口號做宣傳罷了。這可以說是他的「實用主義」運作的一個極端例子。我們可以進一步探討胡適之所以如此的根由。其中的一個原因是，像胡適等既然有志於用外來的「比較參考的材料」或觀念來解古書，若解得不好，則難免有將古人思想現代化的毛病。胡適所謂「史料」與章學誠所謂「史」的一字之別，折射出的卻是經過了歐風美雨的洗禮後的現代「史學」觀念與中國傳統的「經史」觀念尤其是特別的章氏之「經」、「史」觀念的遙遠距離。更重要的恐怕是，章氏所提供的思想架構太適合當事人（開創新史學）的需要了，以至於他們無心去分辨自己的主張與他們所好援引的章氏那朗朗上口的口號之間的深層裂痕。無論如何，他們只會堅定地宣稱自己的主張是在章學誠的基礎上「進一步」呢！諸如此類，也許是章學誠的「六經皆史」說，在生前默默無聞，反而與現代人有糾纏不清的親密關係的原因吧。

當然有明達之士，在此等詮釋甫興起之初就指出它的不當了。一九二二年十二月十一日，錢玄同在日記中就批評胡適的解讀法說：

> 適之據章氏《報孫淵如書》中「……」數語，謂「六經皆史」是說「六經皆史料」。此說我不以為然，不但有增字解釋之失，實在和《文史通義》全書都不相合。今天我想研究之後來做一篇——《述章實齋的六經皆史說並且評判它的得失》。[230]

---

230 北京魯迅博物館編：《錢玄同日記影印本》，第5冊（1922.9-1923.12），2412頁，福州，福建教育出版社，2002。

　　錢玄同後來並沒有寫出《述章實齋的六經皆史說並且評判它的得失》一文，因此我們很難瞭解他對章氏「六經皆史」說的正面看法，但是他對章氏的學術有深刻的認知。他經歷了由注重其「文」論到欣賞其「思想」的過程，又經歷了從因迷於康有為、崔適、廖平等的今文家說而「對於『六經皆史』之說棄之如遺」[231]到對此說與晚清經學今古文爭議之糾葛有超越門戶的卓越見解[232]的過程。他又高度評價道：「清代學者中思想高卓者，實有二人，一戴震一章學誠也。」[233]錢穆若見此說，當許為英雄所見略同了。錢玄同在一九三〇年一月六日又精闢地指出：

　　　　章實齋決非「……史料」，但他也是託古改制，因為他要「方
　　　　志立三書」，因託「志」於《尚書》、《春秋》（合二經為一），
　　　　託「掌故」於《禮》，託「文徵」於《詩》耳。而《易》無
　　　　用，故曰：「上古治詳天道……」也。[234]

　　看來錢氏一直不能接受胡適式的誤讀。他顯然看出章學誠的方志編撰計劃還是要借助於經典的權威來「託古改制」，所以在章氏心目中還是把經典當崇高的標準與規範，這與現代學者所謂「史料」是風馬牛不相及的。這一論斷很合乎章氏思想的實際。錢氏也確能當得起

231　北京魯迅博物館編：《錢玄同日記影印本》，第5冊（1922.9-1923.12），2407-2411頁。

232　參見本書第五章《經學的史學化：〈劉向歆父子年譜〉如何結束經學爭議》；以及本書第二章第二節《從援今文義說古文經到鑄古文經學為史學──對章太炎早期經學思想發展軌跡的探討》。

233　參見北京魯迅博物館編：《錢玄同日記影印本》，第5冊（1922.9-1923.12），2403頁。

234　參見北京魯迅博物館編：《錢玄同日記影印本》，第7冊（1927.1-1930.12），3738頁。

「學有本源，語多『行話』」[235]的稱譽，他用「增字解釋」[236]四個字真是點到了胡適之「失」的要害。如他經常調侃並略帶自負地宣稱的那樣：「我所研究的學問是『經學』與『小學』」[237]他看慣了「增字解經」的例子，所以能一眼挑出胡適增一「料」字解「六經皆史」的毛病——即將「六經皆史」誤釋為「六經皆史料」。

話說回來，像錢玄同雖是很能分辨章學誠的觀念與胡適的思想的，但他本人對於經的成熟見解是極近於胡適而遠於章氏的，「六經皆史料」，恰是確當的概括。[238]他甚至認為從「史料」的觀點來看，六經的價值遠不及《史記》、《新唐書》：

> 到了近代，章學誠和章炳麟都主張「《六經》皆史」，就是說孔丘作《六經》是修史。這話本有許多講不通的地方，現在且不論。但我們即使完全讓步，承認二章之說，我們又應該知道，這幾部歷史之信實的價值遠在《史記》和《新唐書》之下，因為孔丘所得的史料遠不及司馬遷、宋祁、歐陽修諸人，「夏禮殷禮不足徵」之語便是鐵證。[239]

錢玄同的摯友黎錦熙似頗能明瞭這一類見解的淵源：

---

235 語出黎錦熙：《錢玄同先生傳》，見曹述敬：《錢玄同年譜》，170頁，濟南，齊魯書社，1986。

236 已有學者注意到上引1922年12月11日錢玄同這段日記的重要史料價值，見劉貴福：《論錢玄同的疑古思想》，載《史學理論研究》，2001（3）。但是，把「增字解釋」認作「增高解釋」，不確。恐怕是因「字」與「高」兩字草書字體形近而誤，何況所謂「增高解釋」甚為不詞，絕非錢玄同所能用。今正之。

237 語出錢玄同：《我對於周豫才君之追憶與略評》，見《錢玄同文集》，第2卷，310頁。

238 參見本書第五章《經學的史學化：〈劉向歆父子年譜〉如何結束經學爭議》。

239 錢玄同：《研究國學應該首先知道的事》，見《錢玄同文集》，第4卷，256頁。

一般人只看見錢先生並不和他老師一樣的反對「今文」經學，而且研講「今文」，表章南海，就以為他於章氏的「古文」經學竟無所承，殊不知他在「新文化」運動中，大膽說話，能奏摧枯拉朽之功，其基本觀念就在「六經皆史」這一點上，不過在《新青年》上他的文章中，一般人不易看出這個意識上的淵源來耳。[240]

黎氏的看法蓋得自錢氏之夫子自道，錢玄同曾在日記中就這樣提到其在「經學」（「經學」為其「副業」，「小學」才是其「正業」）上「與章公真正關係」：

止接受其經為古史之說耳，「古文經」我決不信也。[241]

所以說，黎氏認為，錢玄同在新文化運動中「能奏摧枯拉朽之功」的「大膽說話」，「其基本觀念」實本於乃師章太炎「六經皆史」的見解，這無疑是極有史識的精闢論斷。問題是，嚴格來說，只有「六經皆史料」才能更確當地表述錢玄同的思想，難道是這位語文學家一時用詞不當嗎？不是的。事實上，沒有任何一個詞能比「六經皆史」這四個字更能表述前後輩之間的學術「淵源」關係了。章太炎從章學誠那裡接過來的，錢玄同又從章太炎那裡繼承的正是前文已經點出的那個思想架構：經史相通的觀念。這段話說於一九三九年五月，作為語文學家的黎錦熙還在使用這個畢竟顯得籠統的概念，深刻地說明了提倡「民族主義」史學的章太炎需要依託這個架構，處於「新

---

240 黎錦熙：《錢玄同先生傳》，見曹述敬：《錢玄同年譜》，176頁。
241 北京魯迅博物館編：《錢玄同日記影印本》，第12冊（1937.11-1939.1），6894頁。

文化運動」時代的錢玄同也需要借助於這個架構，一九三九年黎錦熙也還是認可這個架構的。當然，明智的讀者不會認為他們的具體見解都是一致的。

在大張旗鼓地展開「新文化」運動的時代，像錢玄同那樣把自己的思想與章學誠的觀念區分得較為清楚的畢竟是少數，而像錢玄同所批評的「增字解釋」與錢穆所批評的「誤會」的例子卻是時代的潮流。而這種誤解在薰染了西學新知的更為年輕一代的留學生身上尤為明顯，傅斯年《與顧頡剛論古史書》的下述議論就很典型：

> 「史」之成一觀念，是很後來的。章實齋說「六經皆史」，實在是把後來的名詞，後來的觀念，加到古人的物事上而齊之，等於說「六經皆理學」一樣的不通。且中國人於史的觀念從來未十分客觀過。司馬氏、班氏都是自比於孔子而作經。即司馬君實也是重在「資治」上。鄭夾漈也是要去貫天人的。嚴格說來，恐怕客觀的歷史家要從顧頡剛算起罷。[242]

身在歐洲的傅斯年，此時拜倒在提出「累層地造成的中國古史」說的顧頡剛腳下，這是在提出他對《春秋》的看法時說的話。他不認可「後人以歷史」看待《春秋》，而視之為「當時貴族社會中一種倫理的設用」，誠然是富於歷史感的高見。但是他如此援引章氏「六經皆史」為說，則充滿了誤解。章氏認為「六經皆先王之政典」，開之者為有德有位之聖王，掌之者為太卜、外史、太師、宗伯、司成、國史諸職官守（見《原道中》），又高倡「府史之史通於五史之義」，意

---

242 傅斯年：《與顧頡剛論古史書》，原載《國立第一中山大學語言歷史學研究所周刊》，第二集，第十三、十四期，1928.01.23、31。見歐陽哲生主編：《傅斯年全集》，第1卷，457頁，長沙，湖南教育出版社，2003。

謂高高在上的「內史、外史、太史、小史、御史之史」所存「先王之道」，就寄託原本於卑卑居下的「府史之史」──「書吏」所守之掌故。其「尊史」的「經世」思想皆由此而來。章學誠所發明的「六經皆史」之「史」的觀念，毋寧說是古義，而絕非「很後來的觀念」。不用說，那種「十分客觀」的「史的觀念」或「客觀的歷史家」的念頭，更是章學誠夢想不到的。在這裡，「把後來的名詞，後來的觀念，加到古人的物事上而齊之」恰恰是傅氏而非章氏。而那「是很後來的」尤其是很外來的「實證主義」的（即所謂「客觀」的）「史」或「歷史」的觀念，無疑使他更弄不清章氏的苦心孤詣了。

不過，「嚴格說來，恐怕客觀的歷史家要從顧頡剛算起罷。」這一句發自肺腑的品鑑，確能讓人看到新一代「歷史家」告別傳統史學創建現代新史學的衝天豪氣。告別那與「作經」的意圖糾纏不清的不獨立的「史」的觀念，告別那過於注重「資治」或「倫理的設用」的「習慣」，創建那由重建過去確如其實的「客觀」觀念所支配的、以嚴格審定的「史料」與努力搜求的「證據」為根據的新史學。這正是像顧頡剛、傅斯年那一輩人的志業。

而更為明確地宣揚「六經皆史料」的主張以建設新史學的，以周予同的說法最具代表性：

> 中國經學研究的現階段，絕不是以經來隸役史，如《漢書‧藝文志》將史部的《史記》隸屬於經部的《春秋》；也不是以經和史對等地研究，如《隋書‧經籍志》以來有所謂經部史部之分。就是清末章學誠所叫出的「六經皆史」說，在我們現在研究的階級上，也仍然感到不夠；因為我們不僅將經分隸於史，而且要明白地主張「六經皆史料」說……明顯地說，中國經學研究的現階段是在不徇情地消滅經學，是在用正確的史學來統

一經學。[243]

這一番話最足以反映新時代新史學以史御經的銳氣,真不啻史學時代取代經學時代的宣言書。他顯然是受到了章學誠先見之明的啟發的,所以才有百尺竿頭更進一步的看法,他也是意識到自己的工作與章氏不可等量齊觀的,所以在二十年多年後周予同還要來辨析胡適等從「史料」角度來解讀「六經皆史」說為不得章氏之旨:

> 有人以為章學誠曾經說過「盈天地間,凡涉著作之林,皆是史學」,從而認為章學誠所謂「六經皆史」的史,就是歷史資料,這是不夠恰當的。[244]

請讀者注意,立論者是曾經明確主張「六經」為「歷史資料」的這一過來人的特殊身份,是故,如此這般澄清章氏本意的努力,實際上仍然不正是為將他們自己這一代人的工作與章學誠劃清界限嗎?就比章學誠「進一步」(見前引胡適講演語)這一點來說,周予同難道不是胡適的最好的學生輩嗎?

縱觀上述討論,大多取材於趨「新」人士的言論,這誠然是不得已的,因為這不折不扣是一股強大的「新潮」。為充分宣明論旨,筆者願再舉一個這一潮流對頗有「舊」的關懷的學者的學術成果的看法的例子,可以明白它是掌控了如何強勢的話語權,具有如何巨大的形塑力量了。

---

243 周予同:《治經與治史》,原載《申報・每周增刊》,第一卷,第三十六號,1936,見朱維錚編:《周予同經學史論著選集》(增訂本),622-623頁,上海,上海人民出版社,1996。

244 周予同:《章學誠「六經皆史說」初探》,見朱維錚編:《周予同經學史論著選集》(增訂本),713頁。

一九三六年一月王國華序《海寧王靜安先生遺書》，論及其兄學術道：

> 先兄治學之方，雖有類於乾嘉諸老，而實非乾嘉諸老所能範圍。其疑古也，不僅抉其理之所難符而必尋其偽之所自出；其創新也，不僅羅其證之所應有而必通其類例之所在。此有得於西歐學術精湛綿密之助也。並世賢者，今文家輕疑古書，古文家墨守師說，俱不外以經治經，而先兄以史治經，不輕疑古，亦不欲以墨守自封，必求其真。故六經皆史之論雖發於前人，而以之與地下史料相印證，立今後新史學之骨幹者，謂之始於先兄可也。[245]

王氏謂乃兄之治學方法「實非乾嘉諸老所能範圍」，誠是也。其比論王國維以及並世之今古文經學家，則頗有不得其情者。今文家輕疑古書，自當有之，說「古文家墨守師說」，則不確，如錢玄同所說，近代的經學家「雖或宗今文，或宗古文，實則他們並非僅述舊說，很多自創的新解」。[246]說他們不外「以經治經」尤不當，如廖平所批評的康有為之《新學偽經考》，「外貌雖極炳烺……而內無底蘊，不出史學目錄二派之窠臼」[247]，固已然「以史治經」矣，更不必說那執「六經皆史」之見以治古文經學，又且大做將「六經歷史文獻化」（用王汎森說）工作如章太炎者。王國華的看法很有一些替乃兄來自我作古的偏頗。但是，他以「二重證據」的業績（即所謂「相印證」云云）來稱譽述乃兄為「新史學」之開山，並標舉以真正實現了「六

245　見《海寧王靜安先生遺書》，第1冊，上海，商務印書館，1940。

246　參見錢玄同：《重論經今古文學問題》，見《錢玄同文集》，第4卷，217頁。

247　轉引自錢穆：《中國近三百年學術史》，646頁。

經皆史」說之富於歷史意識之判語，則絕非泛泛出於親情之私見，實代表了王國維沉湖之後學術界主流的評斷。其著者如王國維的弟子吳其昌就強調，王氏並不以經學家自視，更不以明經衛道為己任，即使與經學遺留下來的問題有關之論著，無論就其實質或宗旨說，都屬考史而非敷經之作。[248]馬克思主義史學之祭酒郭沫若極推王氏為「新史學的開山」，[249]更是眾所周知的。

此類看法雖有相當的根據，然實有拘泥於趨「新」方面定位王氏學術之偏頗。今試略申其作為經學家之懷抱，以見學者的自期與後人的取捨評騭之不能盡合轍也。一九二二年春，北京大學研究所成立，其中的「國學門」內部分「文字學、文學、哲學、史學、考古學」五個研究室，除本校教授講師分任指導外，校外聘請羅振玉、王國維為函授導師。十一月，王氏為研究生提出四個研究的問題是：第一，《詩》、《書》中成語之研究；第二，古字母之研究；第三、古文學中聯綿字之研究；第四，共和以前年代之研究。依次分別是經學、「古字母之學」（屬於小學）、「文學」兼「小學」、史學。由此可以略識其教學旨趣所在。[250]一九二三年三月，其代表作《觀堂集林》版行於世，所收諸文，依「藝林」（即經學）、「史林」（廣義的史學）、「綴林」（序傳、散記及詩詞，可謂之文學）之秩編次，也是說經之作居首。[251]前有羅振玉之序，述王氏學術變遷之跡與「變化之故」甚精要，此序實為王氏自作，羅氏「僅稍易數字」而已。[252]結語云：「自

---

248 說見吳其昌：《王觀堂先生學述》，見《國學論叢王靜安先生紀念號》，1928。參見許冠三：《新史學九十年》，88頁，長沙，岳麓書社，2003。

249 參見許冠三：《新史學九十年》，82頁。

250 參見袁英光、劉寅生：《王國維年譜長編（1877-1927）》，362-365頁，天津，天津人民出版社，1996。

251 參見王國維著、彭林整理：《觀堂集林》（外二種）（上），李學勤所撰《前言》。

252 參見1923年6月9日羅振玉致王國維信，見王慶祥、蕭立文校注、羅繼祖審訂：《羅振玉王國維往來書信》，570-571頁，北京，東方出版社，2000；以及羅繼祖之按語。

茲以往，固將挹伏生、申公而與之同遊，非徒比肩程、吳而已。」[253]
意謂更要效法「伏生、申公」，致力於保存遺經的經學工作，而不以
程瑤田、吳大澂式的古文字、古器物之學為止境。但此說頗不能為趨
「新」之士所接受，比如許冠三就指出，前引「吳（指吳其昌——引
者）的辯駁實針對羅振玉等人的論調。按《觀堂集林》序文，羅曾期
待國維『將挹伏生、申公而與之同遊』。」[254]今既知道此序為王氏自
作，則「期待」固是事實，且絕非羅氏之一廂情願也。一九一九年二
月二十六日，王氏致羅氏信中說：「乙老（指沈曾植——引者）言，我
輩今日須作孔鮒伏生藏書之計。雖係憤激之談，或將有此日耶？」[255]
可見此類說法亦出於沈曾植，這是遺老遺少之間常常掛在嘴邊的互勉
勵志的話，[256]確實能代表其治學取向。序中又特舉《殷卜辭中所見先
公先王考》及《殷周制度論》為贊：「義據精深，方法縝密，極考證
家之能事，而於周代立制之源及成王周公所以治天下之意，言之尤為
真切。自來說諸經大義，未有如此之貫串者。」[257]此二文在《觀堂集
林》中雖列於「史林」，而作者之自負，卻尤在於「說」「經」，這是
至可注意的。他的故交樊少泉（抗父）也許能瞭解此種意態，所以推
崇《殷周制度論》為「實近世經史二學上第一篇大文字。」[258]惟這篇

253 《觀堂集林・序一》，見《觀堂集林》（外二種）（上），4頁。

254 參見許冠三：《新史學九十年》，88頁。

255 參見王慶祥、蕭立文校注、羅繼祖審訂：《羅振玉王國維往來書信》，443頁。

256 類似的話又見於《沈乙庵先生七十壽序》：「使伏生、浮丘伯輩，天不畀以期頤之
　　壽，則《詩》、《書》絕於秦火矣……若先生者，非所謂學術所寄者歟？」此處，
　　則是王氏以傳經之儒伏生、浮丘伯比擬沈曾植。參見《觀堂集林》（外二種）
　　（下），721-722頁。

257 《觀堂集林・序一》，見《觀堂集林》（外二種）（上），4頁。

258 抗父：《最近二十年間中國舊學之進步》，原載《東方雜誌》，第19卷，第3號，1922。
　　羅志田導讀、徐亮工編校、章太炎、劉師培等撰：《中國近三百年學術史論》，387
　　頁，上海，上海古籍出版社，2006。樊氏此論斷，後被趙萬里作《王靜安先生年
　　譜》所吸收，見袁英光、劉寅生：《王國維年譜長編（1877-1927）》，225頁。

大文字非由夫子自道，外人實難於領會其更深的「經世」懷抱：
「……政治上之理想，殆未有尚於此者……此文於考據之中，寓經世
之意，可幾亭林先生。」[259] 而此處雖直抒胸臆，對於圈外人來說仍嫌
過於簡約，也許下文可為之注腳：「時局如此，乃西人數百年講求富
強之結果，恐我輩之言將驗。若世界人民將來尚有孑遺，則非採用東
方之道德及政治不可也。」[260] 先是經歷了辛亥之變，又見識了第一次
世界大戰及以後世界政治與文化的新動向，王國維堅信他所致力探討
的周孔之道等具有普世的價值，不僅當時的中國應實行此種「政治上
之理想」，即「將來」之「世界人民」亦當以此等「東方之道德及政
治」為唯一的指南針。這不僅是他的政治觀也是他的文化觀，他的
《殷周制度論》最能代表他的這一主張，所以也就最為他本人所看
重。這可以說最能反映王國維作為經學家的志趣的那一面了。但是
「新」派的學人多能欣賞的是他的「考據」而非「經世」，是他的
「史學」而非「經學」。比如傅斯年在對《殷周制度論》所作的眉批
中，有曰：「殷周之際有一大變遷，事甚明顯，然必引《禮記》為材
料以成所謂周公之盛德，則非歷史學矣。」[261] 今按：關於「三代」之
因革關係，自孔夫子以降的傳統觀點，認為殷因於夏禮，周因於殷
禮，「三代」一脈相承，有損益而無大變革。而《殷周制度論》則主
張「中國政治與文化之變革，莫劇於殷、周之際」，乃絕大創說，[262]

---

259 參見1917年9月13日王國維致羅振玉的信，見王慶祥、蕭立文校注、羅繼祖審訂：
《羅振玉王國維往來書信》，290頁。

260 參見1919年3月14日王國維致羅振玉的信，見王慶祥、蕭立文校注、羅繼祖審訂：
《羅振玉王國維往來書信》，447頁。

261 轉引自王汎森：《一個新學術觀點的形成——從王國維的〈殷周制度論〉到傅斯年
的〈夷夏東西說〉》，見《中國近代思想與學術的系譜》，281頁，石家莊，河北教
育出版社，2001。

262 隨著大批新卜辭的不斷出土、考古學與歷史學的發展，後學者又紛紛質疑王國維
的看法，反而與傳統觀點趨近。參見胡厚宣：《甲骨學商史論叢初集》；陳夢家：

傅氏接受王氏舉證與論證之大體，所以才會說「事甚明顯」，否則哪能有那麼輕巧的話。惟傅斯年心目中之「歷史學」，是前文已涉及之不必重「資治」也不必「貫天人」的頗需「客觀」之新史學，他所批評的「非歷史學矣」，正是王國維最意欲努力發抒之深「寓」「經世之意」之「經學」，即其頗為自負的「自來」「未有如此之貫串者」之「諸經大義」。這是很耐人尋味的。

　　所以王國華用「六經皆史」之說來涵蓋他的兄長的學術業績，頗有未達一間的隔膜；但就以此來說明王國維與「新史學」的關係來說，又有其合理之處。像王國維那樣有強烈「舊」關懷的學者學術貢獻也需要用已經頗富「新」意的「六經皆史」說來界定其地位，深刻地說明了「六經皆史」說已經成了一個時代潮流所鑄就的思想架構，不可或缺。

三　「六經皆史」說的折變與經典權威地位之失落

　　由上述討論，可知章氏「六經皆史」說影響之廣遠。「影響」云者，有發揮其說的，有誤解其說而仍不能不援據其說的，亦有賦予其說以新意而不必舉其名的，要之，章學誠實不必盡為後世所演諸「六經皆史」新義負責，即是說，「六經皆史」乃脫離其主闡者而成為了獨立之新思潮也。其所以如此之故，乃晚近學術思想史所應當處理之重要議題，而章氏一人之得失高下，反而只居於邊緣的地位，此不可不先明之。

　　近世學人批評章氏學術之失，余嘉錫《書章實齋遺書後》[263]可為

《殷虛卜辭綜述》第十九章「總結」第一節「《殷周制度論》的批判」；張光直：《中國青銅時代》；等等。

263　余嘉錫：《書章實齋遺書後》，見《余嘉錫文史論集》，長沙，岳麓書社，1997。

代表，陳垣亦有此意，牟潤孫援乃師之說並論及章氏之「六經皆史」
云：

> 先師很少批評人，時常誦「不薄今人愛古人」這句詩。五四以
> 後，梁任公、胡適都大捧章實齋，我曾問過先師「章實齋學問
> 如何？」先生笑說「鄉曲之士」！我當初不明白為什麼說他是
> 鄉下人？後來看到章氏著《史籍考》，自稱仿傚朱彝尊著的
> 《經義考》，卻不知朱氏之書是仿自僧祐的《出三藏記集》。所
> 見不廣，豈不是鄉下人？先師時常說，「讀書少的人，好發議
> 論」。我讀了錢鍾書的《談藝錄》，才知道六經皆史之說除袁枚
> 持論與章氏類似之外，認為經即是史的，早於章實齋者，有七
> 人之多，在錢鍾書所舉之外，我更找到明人何良俊《四友齋叢
> 說》，其中也有「史之與經，上古原無所分」的話。先師說讀
> 書少的人好發議論，其意或指章實齋。[264]

今按，牟氏之言誠能啟人新知，陳垣所謂「讀書少的人，好發議
論」，後學者尤當置之座右，時時自警。其實，即使深受章學誠薰陶
的章太炎，亦曾批評章氏道：「凡說古藝文者，不觀會通，不參始
末，專以私意揣量，隨情取捨，上者為章學誠，下者為姚際恒，疑誤
後生多矣。」[265]可以說是學界的共識。惟不論發明權歸屬為誰，也不
能局限於「五四以後，梁任公、胡適都大捧章實齋」諸情實，章氏之
「六經皆史」說為近世學人爭議之焦點，乃為不爭的事實，其意義遠

---

264 牟潤孫：《勵耘書屋問學回憶——陳援庵先生誕生百年紀念感言》，見陳智超編：
　　《勵耘書屋問學記》（增訂本），76頁，北京，生活・讀書・新知三聯書店，2006。
265 章太炎：《國故論衡・原經》，見劉夢溪主編：《中國現代學術經典・章太炎卷》，
　　55頁，石家莊，河北教育出版社，1996。

遠超出了對其一人思想之評騭。

　　「六經皆史」說的內涵在後世經歷了複雜深巨的被接受與被改造的過程，一個重大關節是晚清的經今古文經學之爭與之發生了密切的關係。郭斌龢有一段評論已指涉及此：

> 實齋推原《官禮》，以周公與孔子並重。謂孔子述而不作，經之與史，僅為程度上之區別，而非性質上之區別。六經，特聖人取此六種之史，以垂訓者耳。此六經皆史之說，與古文學家相近。然其主通今致用，重思想，重發揮，不僅為個別事實之考訂，而為原則原理之推求，又與今文學家有暗合之處。[266]

余英時有更為簡約的說法：

> 早期今文學派的龔自珍從「經世」的觀點宣揚「六經皆史」的深層涵義，晚清古文學派的章炳麟則用「六經皆史」的命題來摧破廖平、康有為關於孔子「託古改制」的論點。所以到了《國粹學報》時期（1905-1911），《文史通義》與《校讎通義》兩書早已膾炙人口。[267]

　　兩人之說，綱舉而目張，而尤有未盡也。今更當明者，章氏之「六經皆史」說所蘊含之「周孔」論述，實不必牽合古文經學以為

---

266 郭斌龢：《章實齋在清代學術史上之地位》，見《國立浙江大學文學院集刊》，第1集，57頁，1941。

267 余英時：《「通古今之變，成一家之言」——〈章學誠的生平與思想〉中譯本代序》，見倪德衛（David S. Nivision）：《章學誠的生平與思想》，楊立華譯，臺北，唐山出版社，2003。

說。章氏「以周公與孔子並重」，甚至以周公為高過孔子之權威，遠則批評並改造亞聖孟子的「孔子之謂集大成」、「集大成也者，金聲而玉振之也」諸說，先將「集大成」之冠轉戴諸周公；復以周孔一道而分辯說：「周公其玉振之大成，孔子其金聲之大成歟！」一為承前一為啟後。章氏證之以制度與聖言曰：「故隋唐以前，學校並祀周、孔，以周公為先聖，孔子為先師，蓋言製作之為聖，而立教之為師。故孟子曰：『周公、仲尼之道，一也。』」[268]今按，據葉瑛注引《禮記 · 文王世子》鄭注、《新唐書 · 禮樂志》以及黃進興對孔廟祭祀制度的研究，[269]章說實有所本而略有誇張。而其中涉及的尊周抑孔之義理根據，則如黃氏所說：「惟後世今文學家往往歸罪劉歆以下古文學家長遠之影響，此說能否確立，猶待詳考。」[270]章氏此處援引孟子之言以證周孔一貫，更有多處援據孟子所述：「……其事則齊桓、晉文，其文則史；孔子曰：『其義則丘竊取之矣』」[271]以證章氏所謂史家之「獨斷」，惟不如「後世今文學家」好引「《春秋》，天子之事也。」[272]（章氏亦頗好引《孟子》，而很少引此句）以宣騰其孔子「為漢製法」「託古改制」諸說，此豈亦為古文經學與今文經學之別乎？又章氏之「周孔」論述，近則實為針對唐代大儒韓愈著名的《原道》篇的下述觀點而發，此又不可不知。韓愈在此文中拉出一長串道統系譜後，指出：「由周公而上，上而為君，故其事行；由周公而

---

268 章學誠：《原道上》，見《文史通義新編新注》，94-97頁。

269 參見章學誠著、葉瑛校注：《文史通義校注》，129頁，北京，中華書局，1994；黃進興：《權力與信仰：孔廟祭祀制度的形成》，見《聖賢與聖徒》，北京，北京大學出版社，2005。

270 黃進興：《權力與信仰：孔廟祭祀制度的形成》，見《聖賢與聖徒》，40頁。

271 語出《孟子 · 離婁下》。

272 語出《孟子 · 滕文公下》。

下，下而為臣，故其說長。」[273] 眾所周知，韓愈《原道》為宋明道學道統論之張本，章學誠以他那種獨特的推論原始的思維方式很自然地意識到，韓愈那「君」之「事」與「臣」之「說」分判過嚴的論調，造成後儒長於空「說」而短於實「事」的流弊，此不可不正也。所以他自己的《原道中》開篇即引韓氏《原道》中的這段話，並批評道：「夫說長者道之所由明，而說長者亦即道之所由晦也。夫子盡周公之道而明其教於萬世，夫子未嘗自為說也。」由此才引發出六藝為「周公之舊典」、孔子「述而不作」等一套理論。[274] 其中的關鍵是，章氏自居處於道統與治統合一的時代，而對宋儒過分偏執於「說」「教」的道統說提出了有力的批評，這就更不是什麼今古文之爭了。

　　當然，誠如章學誠的公子章華紱所稱揚的，其父「大抵推原《官禮》，而有得於向、歆父子之傳，故於古今學術淵源，輒能條別而得其宗旨。」[275] 學者服其中肯，許為「知言」。章氏之「推原《官禮》」，立論深本於古文經典《周禮》，乃為不爭的事實。但是他的學術爭議的對象為流於破碎的「漢學」與夫流於空虛的「宋學」，他更沒有經今文古文壁壘森嚴乃至你死我活的意識，如果有學者以後世愈演愈烈的經今古文門戶之見將其劃歸古文經學一派，這是他所不能承受的。章氏連「經史門戶之見」[276] 都在所必棄，更何況如此不合體的高帽呢？

　　是故，如章太炎所言，章學誠「專以私意揣量，隨情取捨」容或有之，若以後起之今古文經學門戶之見糾纏之，則不免如傅斯年所說「實在是把後來的名詞，後來的觀念，加到古人的物事上而齊之」。

---

273 韓愈：《原道》，見《韓昌黎文集校注》，18頁，上海，上海古籍出版社，1986。
274 章學誠：《原道中》，見《文史通義新編新注》，100頁。
275 章華紱：《大梁本〈文史通義〉原序》，見《文史通義新編新注》，1080頁。
276 語出章學誠：《上朱中堂世叔》，見《文史通義新編新注》，760頁。

在考察此類問題時，似不能不具備一點歷史感。循著這一視界，我們還能看到的重要信息是，如郭斌龢、余英時所觸及的，章學誠「六經皆史」的見解對後世今古文經學兩派均有深刻影響，儘管影響的方式可能不同。進而論之，像龔自珍、魏源、康有為等之今文經學的立場之確立與接受「六經皆史」的觀念並不是同步的，但是「六經皆史」的「經世」含義對他們都有很強的吸引力，在他們走向具有強烈「通經致用」精神的今文經學的路上也不會不發生作用。然而，在明確今文經學立場的康有為、皮錫瑞等人那裡，「章學誠乃謂周公集大成，孔子非集大成矣。」[277]的見解成了他們的眼中釘，關鍵在於「六經皆史」所內含的「周孔」論述妨礙了他們那孔子作六經、「孔子『託古改制』」等觀念。因為他們的主旨是要讓孔子去包融西學新知、去統攝東西一切文化的，所以不容別有創世者的。而章氏之「周孔」論述，原本是意在對「宋學」、「漢學」流弊均施批評的「經世」觀念。到章太炎、劉師培那裡，卻成為古文經學家打破今文經學家上述觀念的最有力的歷史根據。比如劉師培《經學教科書》「第四課：西周之《六經》」有曰：

> 故周公者集周代學術之大成者也。（用魏源《學校應增祀先聖周公議》說。）六經皆周公舊典，用章學誠《校讎通義》說。足證孔子以前久有《六經》矣。[278]

由前文可知魏氏之說亦取於章學誠，是故劉氏乃全本章氏之說以敵今文家言。「六經皆史」的觀念又被章太炎視作判分今古文經學立

---

277 〔清〕皮錫瑞著、周予同注釋：《經學歷史》，2頁，北京，中華書局，2004。

278 劉師培著、陳居淵注：《經學教科書》，15頁，上海，上海古籍出版社，2006。

場的基本標準，[279]此類說法還影響到周予同等現代學者對經學分派的理解。[280]此為章學誠「六經皆史」說之一變。

在此等變化的歷程中，經典的意義非復神聖，經典的地位可以說每況愈下。

讓我們還是從章學誠對經典的態度說起。我們已經討論過，章氏的「六經皆史」說之孕育，有其深刻的時代背景或時代根據，這就是學者所豔稱的「乾隆盛世」以及章氏所執迷的「唐虞三代」之郅治將復現於「本朝」的狂想。《周官》所設計的各種制度「美備」而又帶有很強的統制色彩的宏偉藍圖，正是章氏的政治理想與文化理想的最好寄託。所謂「治教合一」、「政學合一」、「以吏為師」、「周孔一道」等都是這種政學觀念的反映。他以「書吏」的身份而能非常自信地以道自任，表明在他的心目中這是一個大有可為的時代，也是經典能煥發青春光彩的時代。然而，從乾隆晚年到嘉慶初，國家多事，非復昔日之盛。作為底層幕僚，多悉民生細故的章學誠對時世認識得更清醒了，在嘉慶帝親政、權臣和珅賜死的嘉慶四年（1799），六十二歲的章學誠終於按捺不住濟世之心，在一年之內向上上下下的有關當局連呈六篇論時政書，事關財政之虧空、吏治之壞、諫官之法的整頓、貢舉之改革等等。[281]兩年後，章氏就歿了。從論時政書的有關內容來看，此時他對「本朝」與「唐虞三代」的距離的認知，絕不會像過去那麼樂觀了，但是從生命終結前大放異彩的議政之舉來看，他是非常忠實地實踐了「六經皆史」的經世主張的，尤其是以自己「位卑未敢忘憂國」的言行，為他所用心闡發的「府史之史通於五史之義」作了

---

279 參見本書第二章第二節《從援今文義說古文經到鑄古文經學為史學——對章太炎早期經學思想發展軌跡的探討》。

280 參見本書第五章《經學的史學化：〈劉向歆父子年譜〉如何結束經學爭議》。

281 參見《章實齋先生年譜彙編》，186-190頁，香港，崇文書店，1975。

最好的注腳。這也從一個側面說明，經典在那個時代仍然具有權威的地位、自足的功用。因為這是一個在傳統的「天下」觀裡安之若素的世界，是一個與日益咄咄逼人的西方尚未有實質性的接觸與較量的國度。在這樣的「天下」裡，作為「唐虞三代」之郅治的結晶的「經」典，仍然是士大夫發揮政治與文化理想的寶藏，仍然高居於萬民言行之最高標準地位，那是毫不奇怪的。

是故，當康有為早年的重要著作《教學通義》深受章學誠的影響而對周代「美備」之「教學」制度稱述不已之時，可以說在一定意義上象徵著：中國的士大夫在整體上還沒有走出日後「新學小生」所批評的「理想化古代」──在政治與文化觀念上習慣性地不能不依託於「黃金古代」的格局。正如康氏之自白：

> 吾謂古今遞嬗，不外質文遞更：前漢質，後漢文；六朝質，唐文；五代質，宋文；元、明質，國朝文。然對三代較之，則二千年皆質也。後有作者，其復於文乎？[282]

所謂「質文遞更」、「復於」「三代」，正是尚未步入或尚未被納入民族國家體系的新世界的士大夫們最典型的思維方式。而當確立了今文經學立場後當，他對曾「酷好《周禮》」這一點諱莫如深，而對章學誠復痛下針砭，又高倡「孔子改制」之說。誠如其高徒梁啟超揭示其底蘊曰：

> 有為謂孔子之改制，上掩百世，下掩百世，故尊之為教主；誤

---

282 康有為：《教學通義》，見姜義華、吳根樑編校：《康有為全集》，第1集，144頁，上海，上海古籍出版社，1987。

　　認歐洲之尊景教為致強之本，故恒欲儕孔子於基督，乃雜引讖緯之言以實之；於是有為心目中之孔子，又帶有「神秘性」矣。[283]

　　這不僅僅是康氏一人之「誤」，一定意義上也是西人威逼與眩惑地結果，是中西之間有所接觸而又未能充分瞭解之時的看朱成碧，也是國人面對「西潮」的衝擊某種不得已的反應方式。這當然是晚清以來有見識之士「開眼看世界」（用范文瀾語）之後才有的事，古來「三代」的理想在今日之西方已然至少有部分的實現，則吾人必須先自認「夷狄」才能進至於「夏」。無論如何，這是從向「三代」汲取郅治之方一變而為「向西方尋找真理」（用毛澤東語）。康有為那影響深遠的「大同」構想，在這方面更為典型。一向好塗抹文稿倒填年月以超聖先知自居的康有為，有時在弟子們面前也會坦坦蕩蕩地傾吐家底道：

　　美國人所著《百年一覺》書，是大同影子。《春秋》，大小遠近若一，是大同極功。[284]

283　朱維錚校注：《梁啟超論清學史二種》，65頁。

284　吳熙釗、鄧中好校點：《南海康先生口說》，31頁，廣州，中山大學出版社，1985；又見樓宇烈整理，康有為：《長興學記・桂學答問・萬木草堂口說》，133頁，北京，中華書局，1988。熊月之：《西學東漸與晚清社會》，上海，上海人民出版社，1994，已經引這段話的前一句，即「美國人所著《百年一覺》書，是大同影子。」來說明《百年一覺》對康有為等中國士大夫的影響。1891年12月至1892年4月，《萬國公報》連載了李提摩太翻譯的《回頭看紀略》。1894年，廣學會出版了此書的單行本，改名《百年一覺》，發行兩千冊。此書原作者畢拉宓（1850-1898），今譯貝拉米，是美國19世紀著名作家、空想社會主義者。原書是一部幻想小說，出版於1888年，書名Looking Backward, 2000-1887，凡28章，出版後風行一時。見熊書409-413頁。

不難理解，「認歐洲之尊景教為致強之本」以及「美國人所著《百年一覺》」之類的西學新知，正是曾經迷戀過的《周禮》之類經典的替代品。誠所謂「值四千年之變局」，身處「列國並立」、「並爭之世」，而非復天下「一統之世」，[285]美輪美奐的種種治國方案夾槍帶棒地進入禹域，在此等時勢下的康有為自不能也不必像章學誠那樣「故今之學士，有志究三代之盛，而溯源官禮，綱維古今大學術者，獨漢《藝文志》一篇而已。」也不必並不能像龔自珍那樣「藥方只販古時丹」了。古文經典主要因為無用（即不足以救國）而被康有為開除「經」籍，[286]當然，在康有為那裡，經典並沒有徹底崩壞，他要用公羊《春秋》去融會諸如美國人的「大同影子」，他把孔子的權威反而樹得更高，讓它沉重地去擔負統攝那「體制改革」、「進步」、「平等」等新價值的歷史使命。

從康有為告別此說的過程，可以看到他與前輩已有很大的不同之處，就在於：西力東侵與西學東漸，使得經典的權威地位大為動搖，他們不復是中國士大夫寄託和構築政治和文化「理想國」的最高的資源了。

類似的故事，也發生在經學立場與之大異其趣的章太炎、劉師培等人身上。

章太炎是晚清大張旗鼓地宣揚章學誠的「六經皆史」說並用以建構其古文經學的代表人物，後學者中很多人、尤其「新學小生」們，是由章太炎而獲知章學誠此說的。然而他對經典的態度與章學誠相比也是不可同日而語。「挽世有章學誠，以經皆官書，不宜以庶士僭

---

285 語出康有為：《上清帝第二書》（一八九五年五月二日），史稱「公車上書」，收入湯志鈞編：《康有為政論集》（上），北京，中華書局，1981。

286 參見本書第二章第三節《康有為、章太炎經學今古文之爭的「知識轉型」》。

擬，故深非揚雄、王通。」[287]章太炎對此持批評態度，如學者所說：「經的價值只是提供歷史知識，遂把經的作用完全限於史。這樣才能說，用史來取代經，才能說把經從神聖的寶座上拉下來。正因為如此，實齋所謂六經乃先王政典不可擬作之論，對太炎而言，也就毫無意義。」[288]他那「夷六藝於古史」[289]的激烈主張，雖然是緣於對康有為等「神秘」化孔子的反動，但是一樣深深依據了外來的學理，不僅「歷史」的觀念從日本轉手得之於西人，若無同樣是借道於日本的以「進化」論為依託的「社會學」學理，他怎麼能將在章學誠那裡還是至高無上的「六藝」，視為「上世社會污隆之跡」，從而大做其將「六經歷史文獻化」（用王汎森語）的工作呢？

　　而劉師培呢，是的，他的確寫過《古學出於史官論》、《補古學出於史官論》等發揮章學誠的見解。但劉氏論及「古代之時」「有官學而無私學」的情況卻說：

> 凡專制之時代，不獨政界無自由之權也，即學界亦無自由之權，（今文明國之憲法，莫不載明言論、思想、出版之自由，而憲法未定之國，臣民無此權利。）故威權極盛之世，學術皆定於一尊。（與歐洲宗教專制相同。）龔定庵曰：「周之世官，大者史。史之外無有語言焉，史之外無有文字焉，史之外無人倫品目焉。」（《古史鉤沉論》一。）章實齋曰：「官守學業皆出於一，而天下以同文為治，故私門無著述。」（《校讎通義》上卷。）則有周一代為學術專制之時代明矣。學術專制與政體

287　語出章太炎：《國故論衡・原經》，見劉夢溪主編、陳平原編校：《中國現代學術經典》、《章太炎卷》，52頁。

288　汪榮祖：《槐聚說史闡論五篇》，見《史學九章》，331頁。

289　朱維錚編校：《章太炎全集》（三），159頁。

之專制相表裡，周代之政體漸趨專制，故學術亦然……（無識陋儒皆以學術定於一尊為治世，豈知此實阻學術進步之第一原因哉！觀彌兒《自由原理》，此理自明。）[290]

　　章學誠、龔自珍所稱慕不止的周代王官之學，在劉師培那裡適足成為周代「專制」「愚民」的證據！其間的取捨，真有讓人恍若隔世之慨。為什麼會這樣呢？那是因為有了世界「文明」史的比較（抑或比附？）視野，那是因為秉持了像「彌兒《自由原理》」這樣的西方經典。真是見怪不怪，上述觀點，與氏著《中國民約精義》「直以中國文化史上與西方現代文化價值相符合的成分為中國的『國粹』」[291]相比，就算不得什麼了。更有意思的是，劉師培於一九〇五、一九〇六年間，在《國粹學報》刊有《讀左札記》，談到《左傳》的精義時，竟說：

　　挽近數年，皙種政法學術播入中土，盧氏《民約》之論，孟氏《法意》之編，咸為知言君子所樂道；復援引舊籍，互相發明，以證皙種所言君民之理，皆前儒所已發。由是治經學者，咸好引《公》、《穀》二傳之書，以其所言民權多足附會西籍，而《春秋左氏傳》，則引者闕如……以證君由民立，與《公》、《穀》二傳相同……且《左氏傳》所載粹言，亦多合民權之說……足證春秋之時，各國之中，政由民議，合於《周禮》「詢危詢遷」之旨……而遺文佚事，咸賴《左傳》而始傳，則左氏之功甚巨矣。彼世之詆誹《左氏》者，何足以窺《左氏》

<hr />

290 劉師培：《補古學出於史官論》，見《劉師培史學論著選集》，16-17頁，上海，上海古籍出版社，2006。

291 參見余英時：《中國知識分子的邊緣化》，載《二十一世紀》，1991（6）。

之精深哉！[292]

　　東漢章帝時，賈逵為爭得《左傳》的官學地位而發揮「《左氏傳》大義長於二傳者」，乃「摘出《左氏》三十事尤著明者，斯皆君臣之正義，父子之紀綱」。認為《左傳》高過《公羊》的中心理由，是所謂「《左氏》義深於君父，《公羊》多任於權變」云云。[293]當年爭執之要害主要看孰為更能貼近「君為臣綱、父為子綱」的政治倫理標準，到劉師培之時，競爭的焦點卻在於誰更符合「民權之說」，而劉氏所云，簡直是要與今文經學家比賽誰更能「附會西籍」（如「盧氏《民約》之論，孟氏《法意》之編」）了！這真是比中國歷史上佛教傳入初期之文化格義時代走得更遠的時代，這確是以西方的經典為經典的時代，這就是從一位當時中國最有希望的青年經學家意識深處傳達出來的時代精神。經典地位之隨時勢之變而轉移，還有比之更為極端的例子嗎？

　　而「六經皆史」說更進一步的折變，是它寄身於「六經皆史料」的口號並繼續發揮著更新觀念的橋樑作用。現代學者像胡適、周予同等之所以在鼓蕩其具有強烈自我作古色彩的奮發意氣而高唱新口號時還不能不提到他，正是因為「六經皆史料」說的觀念前提之不可或缺者，正是「經史相通」這一內在邏輯，而章學誠毫無疑問是這一架構的最偉大的建設者，這也是他們所能利用的最切近最經典最有用的思想資源。這是章學誠的「六經皆史」的觀念在現代的延展性。另一方面，這一觀念內部經歷了深刻的裂變或者說是自我否定，這集中體現

---

292 劉師培：《讀左札記》，見《劉師培史學論著選集》，24-25頁。此文繫年見該書第621頁。

293 〔宋〕范曄撰、〔唐〕李賢等注：《後漢書‧賈逵傳》，1236頁，北京，中華書局，1965。

在：「六經皆史料」的觀念，對章學誠的「六經皆史」的觀念所蘊含的重要思想——以「三代」為理想的黃金古代等聖經賢傳的觀念的自覺揚棄、更嚴重地說是刻意打破上。

胡適是民初「大捧章實齋」關鍵人物，他對章氏學問的去取就很耐人尋味。錢穆後來提到研究章學誠的正當取徑，評論及以胡適為代表的「近代學人」的有關見解說：

> 在我認為，研究他的學問，該看重他講古代學術史，從《漢書‧藝文志》入門，然後才有「六經皆史」一語……而我們近代學人如胡適之，他就最先寫了一篇《諸子不出於王官論》。（來反對《漢志》的「九流出於王官說」——引者據錢氏上下文）……胡氏又寫了一部《章實齋年譜》，來提倡章氏史學。他不想，既是主張諸子不出於王官，則章實齋六經皆史一語又就無法講。他既要提倡章實齋史學，而又要推翻《漢書‧藝文志》，實把章實齋最有心得的在古代學術史上提出的精要地方忽略了。[294]

錢穆對章學誠的學問大體有著比胡適更為深刻全面的理解，所以他能一眼看出胡適的「諸子不出於王官論」與章學誠的「六經皆史」說的內在矛盾。其中的關鍵之一就在於對經典的態度大不一樣，換句話說，其分野就在於「尊經抑子」與「尊子抑經」的不同。如果我們對胡適也多一點同情和瞭解的話，這當然是這位新一代留學生立意掀起中國的「文藝復興」運動題中應有之義，借助晚清經今文家打倒《漢書‧藝文志》的激烈見解，又本乎從美國學來的文獻高級批判學

---

294 錢穆：《中國史學名著》，254-255頁。

以及「實用主義」等西學新知，鑄就了鋒利的「疑古」剃刀，胡適操起它來就將章學誠念茲在茲的「王官之學」一把剃去了，[295]其歷史效應恰如顧頡剛所說：「這一改把我們一班人充滿著三皇五帝的腦筋驟然作一個重大的打擊，駭得一堂中舌撟而不能下。」[296]真不啻中國人歷史意識的大革命！作為一股強大的動力，如此這般引導顧頡剛走上疑古史學之路。從這些地方，我們可以看到胡適對章學誠「六經皆史」作「實用」解釋，借古人酒杯，澆自己心中塊壘的深層理由。

錢玄同那「離經叛道非聖無法的《六經》論」[297]就更激烈了：「『六經』固非姬旦的政典，亦非孔丘的『託古』的著作……『六經』的大部分固無信史的價值，亦無哲理和政論的價值。」；[298]「『經』這樣東西壓根兒就是沒有的」。[299]這是晚清今古文經學相持不下而兩敗俱傷之必然結果，也是「新文化運動」的幹將們「把他們（指今文家與古文家——引者）的假面目一齊撕破」[300]的工作業績。

被胡適視為觀點「正統」的馮友蘭的《中國哲學史》，也肯定並採用章學誠那「古無私門之著述」的見解，但這是在「除去其理想化之部分」之後的事，而他指出的此論所含有的「理想化古代之嫌」，批評的正是章學誠對「三代」尤其是對「周」代的想像。[301]

諸如此類對章氏「六經皆史」觀念所持的分析取捨態度普遍地存在於現代學者當中，比如劉節的觀點就很有代表性：

295 參見本書第三章：《經、子易位：〈諸子不出於王官論〉的建立、影響與意義》。
296 顧頡剛編著：《古史辨》，第1冊《自序》，36頁，北京，樸社，1926。
297 語出錢玄同：《研究國學應該首先知道的事》，見《錢玄同文集》，第4卷，256頁。
298 錢玄同：《答顧頡剛先生》，見《錢玄同文集》，第4卷，238頁。
299 錢玄同：《〈春秋〉與孔子》，見《錢玄同文集》，第4卷，261頁。
300 語出顧頡剛：《秦漢的方士與儒生·序》，4頁，上海，上海古籍出版社，1998。
301 參見馮友蘭：《中國哲學史》（上冊），18-19頁，上海，華東師範大學出版社，2000。

照我們現在看,「六經」還只能說是史料,尚不能謂之史學。即是說六經也不過是古代史的史料而已。這樣說法,就完全正確了。這一開宗明義,一方面是有貢獻的,另一方面又是很模糊的。章實齋的缺點就是相信中國的黃金時代是三代,這仍舊是最古老的經生見解,與他自己的許多新發現是很不相稱的。[302]

可以清楚地看到,現代學者頭腦中的「六經皆史料」的觀念,與章學誠「六經皆史」說的最大區別就在於是否擁有對「中國的黃金時代是三代」的信仰,後者旨在發揮它的示範功能,而前者必欲置之於死地。有學者用「反歷史主義的歷史主義」去把握「六經皆史說」的深層結構,難免治絲益棼,[303]倒不如說,「賦詩斷章」的傳統、乃至「斷章取義」的習慣乃是像「六經皆史」這樣富於詮釋潛能的觀念發展史的普遍運作機制;如果不局限於章學誠而是在該觀念展開與流變的歷史中來觀察,我們不僅從一個側面看到傳統世界觀特別是歷史觀的崩潰過程,她尤其集中反映了經學的衰敗及其主導地位被史學取代、而經典自身不能不以「史料」的身份寄人籬下於「史學」的歷史命運,這也正是這個觀念受到如此經久不息的關注與討論的根本原因。再也找不到另一個觀念,比「六經皆史」說的沉浮史更能述說中國近代經學所面臨的困境了。一九一○年,章太炎在一篇名為《經的大意》的白話文中說:

---

302 劉節:《章學誠的史學》,見《中國史學史稿》,418頁,臺北,弘文館出版社,1986。

303 章學誠的「六經皆史」觀念,固然充滿了「流」變的「歷史」觀念,但是那回溯於「三代」的根源意識,即「史」本的觀念,保證了再豐富的「歷史」感也必須是統之有元會之有宗的。有學者用其極端難免不流入「相對主義」的「歷史主義」來把握「六經皆史」,自然又要多一層「反歷史主義的」糾葛,這些地方也許才見出我們這些「現代」人好玩漂亮的抽象概念(又曰「大詞」,或者還是來自「西方」的?)疊加的遊戲來把捉古人思想的削足適履吧。

這樣說，經典到底是什麼用處呢？中間要分幾派的話。漢朝人是今文派多，不曉得六經是什麼書，以為孔子預先定了，替漢朝制定法度，就有幾個古人（「人」字疑為「文」字之訛──引者）派的，還不敢透露的駁他。宋朝人又看經典作修身的書。直到近來，百年前有個章學誠，說「六經皆史」，意見就說六經都是歷史。這句話，真是撥雲霧見青天！

同文又說：

> 若怕人說經典沒用，就要廢絕，也只要問那個人，歷史還有用麼？如果他說有用，那麼經典是最初的歷史，怎麼可以廢得！[304]

「經典」的「用處」必須委身於「歷史」，甚至，「經典」之「廢得」還是廢不得必須命懸於是否被判定為「歷史」之一線，這是「百年前」那個章學誠夢想得到的嗎？

無獨有偶，一九一九年一月，顧頡剛在《中國近來學術思想的變遷觀》一文中也說：

> 「道」、「禮」等名詞原是抽象的，也沒有什麼固定的善惡，經書原是史書，有何可燔之理？[305]

這是在表達與當時已經興起的「用『不塞不流、不止不行』的專制手段」去打倒「孔教」不同的頗具歷史感的溫和態度，顧氏那多少

304　章太炎：《經的大意》，見陳平原選編：《章太炎的白話文》，82、87頁，貴陽，貴州教育出版社，2001。

305　顧頡剛：《中國近來學術思想界的變遷觀》，見《中國哲學》，第11輯，313頁。

意在為經書辯護的理由正與他的前輩章太炎一鼻孔出氣：「經書原是史書」；而形勢則更為嚴峻，已經到了必須抉擇要不要將經書付之一炬的地步了。

假如章學誠能夠穿越時光的隧道而看到他的「六經皆史」說起到了這樣的作用，他會作何感想呢，幸乎？不幸乎？我們真願意起章氏於地下而問之！

尤有進者，錢玄同在寫於一九二五年的《廢話——原經》一文中，更積極主張對於儒家經典：「不必說現在，在商鞅、李斯時代，早就該將它扔下毛廁去了！」其中對於《春秋左傳》，他說了一段發狠的話道：

> 我們是主張「讀書以求知識」的，本來就沒有想效法書中的鳥道理，所以不管什麼姦庶母，姦妹子，姦嫂子，姦媳婦，姦侄媳婦，交換老婆，國君姦大夫之妻，祖母弔孫子的膀子，兒子殺老子，老子殺兒子，哥哥殺兄弟，兄弟殺哥哥……種種醜怪的歷史，既然有此事實，不必「塞住耳孔吃海蜇」，盡可以看看讀讀。他們是主張「讀書以明理」，要以書中人事為模範的，像那種經書似乎還以不讀為宜。[306]

看來錢氏確實是「動了感情」，要不怎麼會如此口無遮攔呢。像《左傳》這類經典確實記載了此類史實，但是正因為如此，所以才有種種所謂「義法」云云去規範它，是以此為戒而絕不是以此為法的；像為錢氏所不齒的「那班衛道先生們」，再不濟，也絕不會公然提倡亂倫行為的。可錢氏連這些基本的事實都不顧，以新權威自居而極力

---

306 錢玄同：《廢話——原經》，見《錢玄同文集》，第2卷，234-235頁。

用粗率醜詆之辭加諸經典，真不知其居心何在。還是他的密友黎錦熙
對此類言論有同情的體諒：「這不是說孔子要不得，乃是說二千年來
借著孔子的招牌來開店做買賣的就非打翻不可，其意義也就等於反對
『崇拜偶像』」。[307]我們不能以其人之道還諸其人之身，所以對此也不
必深責，但是我們終究不明白既然可以「讀書以求知識」，為什麼就
不允許「讀書以明理」呢？錢玄同晚年評價乃師章太炎的話似乎告訴
我們更多的東西：

> 先師在學術上之地位，自可上媲東原。東原作《孟子字義疏
> 證》，斥程朱以理殺人，有功於世道甚大。故挽辭雲然。先師
> 尊重歷史，志切攘夷，早年排滿，晚年抗日，有功於中華民族
> 甚大。此思想得力於《春秋》，《國故論衡》之「原經」篇中說
> 明此旨，去年所講之「經學略說」亦及此義。故弟等即以昔人
> 挽戴之辭，易「孟子」為「素王」，以挽先師也。[308]

　　錢氏認為章氏「有功於中華民族甚大」的種種業績，「此思想得
力於《春秋》」，這是非常恰當的論斷。有意思的是，錢玄同曾經在
《廢話──原經》等文章中不惜罵罵咧咧地極力如是主張過：「想知
道孔丘的思想的人們，可以看看《論語》。若要以那裡面的話為現代
道德的標準，那個人就是混蛋！」[309]《春秋》無疑是類似《論語》的
經典，如果以這類見解為評論標準，則章太炎也應該被歸入「混蛋」
之列，而絕不是什麼「素王」！因為按照引文所說，章氏分明主要就

307　黎錦熙：《錢玄同先生傳》，見曹述敬：《錢玄同年譜》，175頁。
308　錢玄同1936年7月17日致潘景鄭的信。見《錢玄同文集》，第6卷，305頁。錢氏歿
　　於1939年1月17日，信中有關內容可視為他對章太炎學術、功業的晚年定論。
309　錢玄同：《廢話──原經》，見《錢玄同文集》，第2卷，240頁。

是以《春秋》「那裡面的話為現代道德的標準」的。這是多麼令錢氏
尷尬的推論，然而卻內含了不容辯駁的邏輯。這是不是歷史的諷刺
呢？也許是隨著時勢的變化，閱世漸深，他的觀點也有所調整，也許
是錢氏本來就是一個思想不周延而好隨意說說「廢話」的人，對此，
我們在這裡不能貿然論定，但是所有這些出自一人之口的話，不是同
樣振聾發聵、不是更加引人深思嗎？！

第二章

「今古文辨義」：康有為、章太炎的經學爭議與現代人文學術

　　經史位移，那是中國學術近代史宏大敘事中的大趨勢，其嚴重性，或可用「乾坤大挪移」那樣的字眼，庶可當之。經學內部，分爭益亟，晚清「今古文辨義」之激烈深刻程度，史上之學辯、學爭，難可與比，還用王國維的話來說：「亦時勢使之然也」。

　　我們還是選擇老生常談的康、章作為討論的對象，那是因為本書對「中國學術」的界定，絕不限於「書本文字之學」而止，而把目光更多地放在他們所自負的經學應對時局的變動所呈現出來的活力。希望讀者更多地留意到：康有為開闢其今文經學之旨趣與效應，乃在於提供了當時一般地位低下的士人積極參與國事的政治文化主動權與主體性。其動力，固然有時事的激蕩與新學或西學或由日本轉手之外來之學的誘導，但「素王改制」等思想的的確確相當程度上是舊學術的復活，是他心目中的孔子等的靈魂附體。在這個問題上，要時時警惕的是，不要說，我們與先聖、先哲、先賢的悠懷、與中國古代的思想世界已經很隔膜，連已經作古的「近代」人士的心胸也很難把握了。錢玄同為章太炎題的輓聯，恰恰也稱其為「素王」，這是很耐人尋味的。康的學說頗有普世主義的基調、兼有浪漫主義的味道，這在很大程度上是由《公羊》學推演出來的，「大同」等觀念與「社會主義」等西說冥會，影響了一代又一代的「知識分子」與「群眾」，這是有助於「中國」融入這個新「世界」的。章太炎將古文經學轉化為史

學，由此演繹「國史」、「國粹」、「國故」等觀念、主義、學術，對於
異族統治有抗爭、對於列強欺壓振作民氣、對於外寇入侵嚴「華夷之
辨」，他是近代中國「民族主義」的奠基者。更不用說康的大膽懷疑
的精神、章的經史觀念子學研究等均直接開啟了「古史辨」等現代人
文學術的方向。而他們的經學爭議導致的經學內部分裂與敗壞，也為
民國「新學術」之創制提供了空間。

　　當然，本章在此討論的仍然只是兩位學術生命的「前半生」，對
於他們自身而言，各自晚年的學術思想發展變化，也是很重要的，不
過，他們的影響很快被刻意要取而代之的新一代知識領袖胡適等蓋
過，這既是民國學術界很有意思的現象，也是本書從大局著眼作這樣
安排的一個理由。

第一節　《教學通義》與康有為的早期經學路向及其轉向
——兼及康有為與廖平的學術糾葛

　　康有為與廖平之間有一樁著名的學術公案：廖平說康有為的《新
學偽經考》、《孔子改制考》分別「祖述」自他的《闢劉篇》、《知聖
篇》，[1]康有為予以否認。

　　康氏自稱，其「發古文經之偽，明今學之正」，既因一八八八年
冬上書失敗的刺激，[2]又承常州公羊學派之風而起，當然更得自他本
人的不經意間然而卻頗為神奇的對《史記》、《漢書》所作的孤明獨發

1　廖平：《四益館經學四變記》，見李耀仙主編：《廖平選集》（上），549頁，成都，巴
　　蜀書社，1998。

2　參見樓宇烈整理：《康南海自編年譜》（外二種），16頁，北京，中華書局，1992。

的比較研究。[3]

　　而康有為的弟子梁啟超卻不為師諱，他既在《論中國學術思想變遷之大勢》中稱：「康先生之治《公羊》治今文也，其淵源頗出自井研，不可誣也。」[4]（引者按：廖平為四川井研人，此處「井研」，指廖平）又在《清代學術概論》中揭其底蘊：「有為早年，酷好《周禮》，嘗貫穴之著《政學通議》。後見廖平所著書，乃盡棄其舊說。」[5]鑒於梁啟超的特殊身份，學者多重視其指證而信從廖平的指控。

　　無論如何，梁啟超所提到的《政學通議》確很重要，因為此稿不單可以為有興趣重探此案的學者提供線索，也是探討康有為早年經學思想及其演變的不可或缺的材料。不過此稿在二十世紀八〇年代以前頗不易見到，現有經過整理的兩個版本可供參考。一是收入《中國文化研究集刊》第三輯的題為《教學通議》的本子；[6]二是收入《康有為全集》第一集的題為《教學通義》的本子。[7]從該書扉頁所收「圖三《教學通義》手稿」的書影看，題名應以《教學通義》為是。[8]

　　通過《教學通義》而考察康有為早期經學取向的，迄今為止大體

3　參見康有為：《重刻偽經考後序》，見《新學偽經考》，400-401頁，北京，生活・讀書・新知三聯書店，1998。

4　梁啟超撰、夏曉虹導讀：《論中國學術思想變遷之大勢》，128頁，上海，上海古籍出版社，2001。

5　梁啟超：《清代學術概論》，見《梁啟超論清學史二種》，63頁，上海，復旦大學出版社，1985。

6　見《中國文化研究集刊》，第3輯，343-413頁，上海，復旦大學出版社，1986。「編者按」說：「本稿的整理校點，由上海博物館丁義忠、朱仲嶽擔任。初稿完成後，由本刊編者作了加工。」

7　姜義華、吳根樑編校：《康有為全集》，第1集，80-163頁，上海，上海古籍出版社，1987。

8　另外，下文將說明康有為《教學通義》的經學思想深受章學誠在《文史通義》中表達的經學觀念的影響，故很可能連書名也脫胎於章氏之「通義」。這加強了筆者認為該稿題名應為《教學通義》而非《教學通議》的判斷。

有三種看法。一是認為此稿基本傾向古文經學。以湯志鈞為代表。他認為康有為雖不能算古文經學家，但是「尊周公、崇《周禮》，在他這時的思想上，確占重要地位。」[9]此說與梁啟超的看法很接近。二是認為此稿體現了康有為在今古學之間的自相矛盾。以朱維錚為代表。他把《教學通義》與廖平的《今古學考》連繫起來考察，認為該手稿「內容可證康有為早年的確『酷好《周禮》』，但涉及經學，前宗劉歆，後斥劉歆，必非同時所撰，可能是見廖平《今古學考》後曾加修改，但無法克服今古文矛盾，最終只好棄其舊說，另撰《新學偽經考》。」[10]這可以說是把對康氏承襲廖平學說的懷疑，從《新學偽經考》、《孔子改制考》蔓延到更早的著作《教學通義》上去了。受這種看法的影響，張勇認為《教學通義》「現存抄本『春秋第十一』一節，有『孔子改制』一段，其意旨與全書及該節思路不符，顯然為後來添加。」[11]三是重視《教學通義》中的今文經學思想，認為康有為早期思想中已早有此一面向，他日後專宗今文，並非突發事件。此說以房德鄰為代表。他也將《教學通義》與康、廖之間的學術公案連繫起來考察，而著眼點與結論與上述見解大相徑庭。他認為：「康有為在晤見廖平以前已有某些今文經學觀點，見到廖平以後，受廖影響，

9　湯志鈞：《重論康有為與今古文問題》，見《康有為與戊戌變法》，23頁，北京，中華書局，1984。

10　朱維錚：《康有為在十九世紀》，見《求索真文明——晚清學術史論》，207頁，上海，上海古籍出版社，1996；以及《中國文化研究集刊》，第3輯《教學通議》之「編者按」。

11　蔡樂蘇、張勇、王憲明：《戊戌變法史述論稿》，125頁，北京，清華大學出版社，2001。作者又通過對《新學偽經考》、《孔子改制考》與《教學通義》在「敘事結構」上的一致性等的分析，作了有新意的解釋；「由此再來看一些相關的問題，比如，康有為『剽竊』廖平的那段公案，比如公羊今文說在康有為思想中的地位和作用，以及所謂近代的今古文經之爭的問題等，也許都會有一些更真切、更符合實際的解說。」見同書第134頁。這種探討又與第三種觀點的取向相接近。

完全轉向今文。」「廖對康的影響主要是在安徽會館長時間的『談論』，即『闢劉之議』。」而所謂廖平有《闢劉篇》和《知聖篇》交給康有為等說法均為不實之辭。[12]與房氏見解比較接近而從此方向走得更遠的是丁亞傑，他認為：「《教學通義》作於光緒十二年（1886），從我們所析述諸觀點，康有為此時以今學為主，但又徘徊於今古之間，廖平尊今抑古，導引康有為完全以今學為主，康有為深諱其事，可能就在此。《教學通義》已略具日後思想規模，以康有為抄襲廖平，未免過甚其言。《教學通義》作於二十九歲，也符合康有為所說乙酉之年（光緒十一年，1885）而學大定，不復有進之言。」[13]

上述研究對我們瞭解《教學通義》的旨趣和經學取向頗有推進之功，但也頗有值得深入探討之處。《教學通義》「尊周公、崇《周禮》」是比較明顯的事實，但是如何處理這一部分的內容與「孔子改制」之類的內容的關係呢？說《教學通義》「前宗劉歆，後斥劉歆」，「必非同時所撰」，「可能是見廖平《今古學考》後曾加修改」，這是作者本人都不能不承認的「邏輯推論」，[14]並沒有堅強的證據；而「春秋第十一」一節中為什麼會有「孔子改制」一段，正是需要解釋的問題，恐怕不是將其從文中剔除出去這樣一勞永逸的方式處理得了的吧。比康有為的心術更有必要反思的應該還有持論者所持的判斷尺度，這種評價標準有可能恰恰來自今文經學家廖平、康有為的門戶之見，這當然是草《教學通義》時的康有為沒法夢見的。針對那些專注

---

12 房德鄰：《康有為和廖平的一椿學術公案》，載《近代史研究》，1990（4）；房德鄰：《儒學的危機與嬗變——康有為與近代儒學》，臺北，文津出版社，1992。陳其泰接受房氏的看法，見陳其泰：《清代公羊學》，272、283頁，北京，東方出版社，1997。

13 丁亞傑：《清末民初公羊學研究——皮錫瑞、廖平、康有為》，205頁，臺北，萬卷樓圖書有限公司，2002。

14 朱維錚：《康有為在十九世紀》，見《求索真文明——晚清學術史論》，207頁。

於廖平研究而習慣將康氏見解歸到廖平名下的學者的論證方法，房氏的研究不啻是一服清醒劑，但是「今文經學觀點」在《教學通義》中究竟佔有怎樣的地位呢？它的分量已到了像丁氏所說的「以今學為主」的地步了嗎？它與專攻古文時的思想界限在哪裡呢？它又如何與「尊周公、崇《周禮》」的思想協調呢？

總之，就目前的研究而言，雖然學者作出了種種的努力，但是《教學通義》所關涉的康有為早年經學取向之宗今宗古，莫衷一是；它屬於何種形態，處於何種階段，何等地位，具何意義，亦未有定讞。

之所以會如此，其癥結不外有二：過分糾纏於廖、康交涉而忽視了康氏思想之內在理路，故厚此而薄彼；沿襲廖平「平分今古」「尊今抑古」經學六變之前兩變、以及康後來專攻古文的門戶森嚴之見來審視早先壁壘未起時的看法，故扞隔而難通。

筆者不是、也沒有能力來重審學術史上的這一大公案，不過願著眼於康有為思想中非常重要的「經世」觀念[15]及其與其經學思想的關聯處，從這一角度，為康有為經學思想的演變及其所以然這一問題，進一解。

一　周公・劉歆・古文經

現有的研究，一般都不否認《教學通義》之「尊周公、崇《周禮》」，但很少有人去深究早年康有為尊崇周公、周制的思想來源。

---

15 關於儒家思想傳統中的「經世」觀念，可以參看余英時：《清代學術思想史重要觀念通釋》中的「經世致用」條，收入氏著：《文史傳統與文化建設》，北京，生活・讀書・新知三聯書店，2004；張灝：《宋明以來儒家經世思想試釋》，原載《近世中國經世思想研討會論文集》，臺北，「中研院」近代史研究所編，1984；又見《張灝自選集》，上海，上海教育出版社，2002。

　　大概唯有朱維錚在有關文章中稍稍道及，他通過龔自珍對康有為的影響而上溯至王安石：「康有為『早年酷好《周禮》』（梁啟超語），很難說不是王安石特著《周官新義》作為變法依據的遙遠迴響。」[16]

　　這種可能性並不是不存在，只是如此推尋畢竟是過於「遙遠」了。《教學通義》引據繁博，但通篇來看，康有為在基本觀念上直接承受章學誠的影響，卻是最值得注意的重要事實。對此，他本人亦未加隱諱，在「六經」一節，康氏道出其經學觀念所本：

> 四者（指《詩》、《書》、《禮》、《樂》——引者據上下文按）為先王典章，故稱為經。經者，經綸之謂，非有所尊也。（章實齋嘗有是說）。[17]

　　其實，不光是對「經」的看法，甚至可以說《教學通義》通篇所著力發揮的，正是章學誠在《文史通義》中苦心經營的「六經皆史」論。

　　只是我們須知，章氏之「六經皆史」論，非經後人如胡適、梁啟超等作了現代詮釋的「六經皆史料」之類的褊狹指謂。[18]乃為「救當

16　朱維錚：《重評〈新學偽經考〉》，見《求索真文明——晚清學術史論》，228頁；又見朱維錚：《康有為和朱一新》，載《中國文化》，1991（5）。

17　康有為：《教學通義》，見姜義華、吳根樑編校：《康有為全集》，第1集，119頁。《文史通義》之開篇《易教上》第一句話，即揭明宗旨：「《六經》皆史也。古人不著書；古人未嘗離事而言理，《六經》皆先王之政典也。」《文史通義・易解上》，其中有曰：「《易》曰：『雲雷屯，君子以經綸。』經綸之言，綱紀世宙之謂也……」等，即為康氏此說所本。參見章學誠著、劉公純標點：《文史通義》，1、28頁，上海，上海古籍出版社，1956。六經之中，因對《春秋》的看法較為複雜，有所不同，待下文討論，其基本見解如出一轍。

18　關於胡適、梁啟超等對「六經皆史」的解讀，可以參見本書第五章：「經學的史學化：《劉向歆父子年譜》如何結束經學爭議」。

時經學家以訓詁考覈求道之流弊」而發,「本主通今致用,施之政事」,大有經世精神的大理論。[19]他由「文史校讎」之道,而發明「六經」為先王之政典,尤其是周王朝的政府檔案、官書,非私家著述,從而將聖人之道由有德無位的孔子上溯至有德有位的周公,因為周公有「製作之權」而孔子無。學孔子,就要學孔子之所學,即學周公,因為周公才是先王政教之「集大成」者。而「孔子之大」,不過如此:「述而不作」。這樣,原屬孟子稱譽孔子的美辭「集大成」,由章氏奪來隻配加諸周公頭上:「集大成者,周公所獨也。」[20]以上是章氏理論的扼要,是他的新發明。

《教學通義・備學》說:

> 周公兼三王而施事,監二代以為文,凡四代之學皆並設之,三百六十之官皆兼張之,天人之道咸備……蓋黃帝相傳之制,至周公而極其美備,制度、典章集大成而范天下,人士循之,道法俱舉。蓋經緯人天,絕無遺憾,而無事於師儒學校之矜矜言道也。[21]

《教學通義・六經》說:

> 周公之制,有「六德」、「六行」、「六藝」、讀法之公學,有百

---

19 參見錢穆:《中國近三百年學術史》(上),390、392頁,北京,中華書局,1986;余英時:《論戴震與章學誠——清代中期學術思想史研究》,「內篇」第五章中之「『六經皆史』說發微」一節,北京,生活・讀書・新知三聯書店,2000。

20 上述概述本於《文史通義》,凡加引號的引文,悉為原書所有,行文簡潔起見,恕不一一注明所出之篇名。

21 康有為:《教學通義》,見《康有為全集》,第1集,85頁。

官之專學，有王公、卿士、師儒之大學……蓋承黃帝、堯、舜
之積法，監二代之文，兼三王之事，集諸聖之成，遭遇其事，
得位行道，故能創制顯庸，極其美備也。[22]

周公以天位而制禮，故範圍百官萬民，無不曲備。孔子以布衣
之賤，不得位而但行教事……[23]

經雖出於孔子，而其典章皆周公經綸之跡，後世以是為學，豈
不美哉！[24]

這難道不是在發揮章學誠那「得位」才能「創制」、周公才是先
王典章制度「集大成」者的理論嗎？所謂「備學」的觀念不是來自章
學誠那周公「集大成」而「道備」的見解嗎？

章學誠論及六經本於官守之說云：

《易》掌太卜，《書》藏外史，《禮》在宗伯，《樂》隸司樂，
《詩》領於太師，《春秋》存乎國史……秦人禁偶語《詩》、
《書》，而云『欲學法令者，以吏為師』。其棄《詩》、《書》，
非也，其曰「以吏為師」，則猶官守學業合一之謂也。[25]

《教學通義・備學》也有極相近的看法：

若太卜掌《易》，太師掌《詩》，外史掌《書》，宗伯掌《禮》，
其餘農、工之事皆然。官司之所守，即師資之所在。秦人以吏

---

22 康有為：《教學通義》，見《康有為全集》，第1集，117頁。
23 康有為：《教學通義》，見《康有為全集》，第1集，118頁。
24 康有為：《教學通義》，見《康有為全集》，第1集，121頁。
25 章學誠：《校讎通義》，見《文史通義校注》（下），951頁，北京，中華書局，1985。

為師，猶是古法。[26]

　　學者喜將廖平之書與康有為之書比較，審其剽竊之跡，不如將章
學誠之書與康有為之書對校，更能得承襲之趣也。

　　不僅如此。章學誠有「道始三人居室」之議，[27]而康有為有「群
居五人，則長者異席，此禮義之造端，朝儀庭訓之椎輪也」之論；[28]
章學誠有「故知道器合一，方可言學；道器合一之故，必求端於周孔
之分」的理論，[29]而康有為有「古者道與器合，治與教合，士與民
合。」[30]春秋時「周公之道器已散」[31]「六經」僅為「天子之一官」[32]
的申說；章學誠有「貴時王之制度」之建言，[33]康有為有「從今」之
主張。[34]

　　一言以蔽之，在對周代「教學」制度的探究上，在對當代「教
學」的重視上，在對經世精神的張揚上，康有為之宗「周」，乃得之
於章學誠，恐非過甚其詞吧！

---

26 康有為：《教學通義》，見《康有為全集》，第1集，85頁。《教學通義》還有多處論
　　及之，恕不一一徵引。

27 「道始三人居室」，為章學誠的族子廷楓對章氏《文史通義・原道》篇的一個觀點
　　的概括，參見《文史通義》，44頁。

28 康有為：《教學通義》，見《康有為全集》，第1集，83頁。又可參見同書第142頁
　　「群居五人，則長者必異席是也」云云。《康子內外篇》有曰：「三人具，則豪長上
　　坐而禮生焉……」與此也很接近。參見康有為著，樓宇烈整理：《康子內外篇（外
　　六種）》，12頁，北京，中華書局，1988。

29 章學誠：《與陳鑑亭論學》，見《文史通義》，311頁。

30 康有為：《教學通義》，見《康有為全集》，第1集，127頁。

31 康有為：《教學通義》，見《康有為全集》，第1集，113頁。

32 康有為：《教學通義》，見《康有為全集》，第1集，115頁。

33 章學誠：《史釋》，見《文史通義》，148頁。

34 康有為：《教學通義》，見《康有為全集》，第1集，134-137頁。

　　瞭解這一點，對於我們把握康氏《教學通義》的經學取向是至關重要的。

　　後來確立了今文經學立場的康有為在《新學偽經考》中說：「近世會稽章學誠亦謂周公乃為集大成，非孔子也。皆中歆之毒者。」[35]他在《孔子改制考》中也說：「章學誠直以集大成為周公，非孔子。」[36]這是對崇尚周公的劉歆與章學誠的批評，又何嘗不是自我反省呢？可見他對曾「中」章氏之「毒」耿耿於懷，到如今，真可以說是「乃盡棄其舊說」了。

　　從深受廖平與康有為等影響的今古文經學判分標準來看，章學誠的「六經皆史」論是典型的古文經說。[37]而錢玄同的觀點則更為可取：

　　　　「《六經》皆史」之說，漢宋學者從未說過，乃是章實齋所新創的，龔氏能採用它，這也可以證明他沒有門戶之見。（或謂「《六經》皆史」係古文說，這是完全錯誤的。劉歆諸人何嘗說過什麼「《六經》皆史」！為此說者，殆因章太炎師亦云「《六經》皆史」之故。其實是今文學者的龔定庵與古文學者的章太炎師皆採用此章實齋之新說而已……）[38]

　　不妨說，康有為之採用「六經皆史」說，實與龔自珍相彷彿，並不是因為其宗主古文經學，而是此時尚無「門戶之見」也。

35　康有為著，朱維錚、廖梅編校：《新學偽經考》，121頁。

36　康有為：《孔子改制考》，見朱維錚編校：《中國現代學術經典・康有為卷》，491頁，石家莊，河北教育出版社，1996。

37　參見周予同：《經今古文學》，見《周予同經學史論著選集》（增訂本），9頁，上海，上海人民出版社，1996。

38　錢玄同：《〈左氏春秋考證〉書後》，見《錢玄同文集》，第4卷，305-306頁，北京，中國人民大學出版社，1999。

錢穆甚至談到晚清今文家說與章氏理論的相通關係：

> 經生竊其說治經，乃有公羊改制之論，龔定庵言之最可喜，而
> 定庵為文，固時襲實齋之緒餘者。公羊今文之說，其實與六經
> 皆史之意相通流，則實齋論學，影響於當時者不為不深宏矣。[39]

不知道康有為是否由龔自珍而上接章學誠之緒論，但是，實齋論學，影響於後世者尚有康有為其人，實為不可掩的事實。誠如錢穆所說，「公羊今文之說，其實與六經皆史之意相通流」，那麼，《教學通義》中又有「孔子改制」等「公羊改制之論」，從有章學誠這一環節來看，又有什麼可奇怪的呢？

在深入討論這個問題之前，先來看看：《教學通義》如何對待與「尊周公，崇《周禮》」都大有干係的劉歆以及古文經。

《教學通義》中出現有「《周禮》容有劉歆竄潤」的說法，有學者據此認為：「他懷疑古文經典《周禮》的真實性。他在《教學通議》中尊周公，崇周制，但是並不崇《周禮》。」並把它作為「康有為在昭見廖平以前，已經接受了某些今文經學的觀點，表現出轉向今文經的跡象。」的一個「事實」。[40]此說不確。原文如下：

> 考自夔至周，教胄皆以詩、樂。《周禮》容有劉歆竄潤，《大司
> 樂》章則魏文侯樂人竇公之所獻，其為周典無疑。[41]

「尊周公，崇周制」與「崇《周禮》」不能混為一談，此理甚

---

39 參見錢穆：《中國近三百年學術史》（上），392頁。

40 房德鄰：《康有為和廖平的一樁學術公案》，載《近代史研究》，1990（4）。

41 康有為：《教學通義》，見《康有為全集》，第1集，99頁。

是。但此段重點在於強調《周禮・春官宗伯》之《大司樂》章之「為周典無疑」，而非「劉歆竄潤」；考慮到自東漢臨碩、何休以降學者對《周禮》的疑辨幾乎無代無之的語境，則康氏之「尊周公，崇《周禮》」，可以說情見乎辭。若不是對《周禮》抱基本信從的態度，《教學通義》也就不可能主要據此書來渲染周代的「教學」制度了。

　　學者認為《教學通義》中有屬於「今文經學的觀點」的又一「事實」是：「康有為不相信在秦朝的『焚書坑儒』以後儒家經典流失的說法。」[42]此說亦不確。持論者的根據是：

> 六官人人守之，奚俟一、二儒生大呼自鳴耶？昔嘗疑秦焚書而書存，周公不焚書，而夏、殷之禮，杞、宋無徵。[43]

　　從上下文來看，康氏強調的是，就經典亡佚來說，周之「失官」（即由於「諸侯力爭，王政失統」導致王朝官學之亡）[44]甚於秦之「焚書」。所以有六經僅為「天子之一官」之說。非如《新學偽經考》所謂「秦焚六經未嘗亡缺」云云也。所以後文又有「漢人搜遺經於爐火屋壁之中」「僅得先王師、保之半官以治天下」的惋惜，[45]更有「不幸遭秦禁儒業，天下棄學，高、惠、文、景皆不好儒，中間百年，於是孔門大明之『六經』復成殘缺矣」的感慨。[46]

　　據持論者之注，其根據可能還有下一段話：

42　房德鄰：《康有為和廖平的一樁學術公案》，載《近代史研究》，1990（4）。
43　康有為：《教學通義》，見《康有為全集》，第1集，114頁。
44　康有為：《教學通義》，見《康有為全集》，第1集，114頁。
45　康有為：《教學通義》，見《康有為全集》，第1集，115頁。
46　康有為：《教學通義》，見《康有為全集》，第1集，122-123頁。

夫秦始焚書，而「六藝」「九流」燦然並在，周公修學而夏禮
殷樂蕩盡無傳，亦可異矣。以為竹簡易蠹，何以中秘古文下逮
漢、晉？且遺者頑民，口耳諷誦，亦何能遽滅？皆無可解。[47]

　　康有為的解釋是，周制以時王為法，新王變更禮制，前朝典禮自
無所容，不待焚而自廢。他著力闡述的是章學誠那「貴時王之制度」
的思想。我們不否認，「夫秦始焚書，而『六藝』『九流』燦然並在」
作為一種思想因素可以在經過自我否定之後可以成為「新學偽經」
說的觀念前提，但是在《教學通義》的思想系統中，他不過是彰顯
「先聖教學之原，王者經世之本，生民託命之故」[48]的一個論證環節
罷了。

　　由此，當然很有必要追蹤《教學通義》對「古文」的系統看法。

書則惟存教學童書《史籀》十五篇，然與壁中古文不同，其為
列國之文，而非先王之文，尚不可知。且建武時僅亡六篇，猶
存九篇，而今《說文》所存籀文僅千字，則十五篇之遺文殆亦
無多。漢人略識古文者……其人蓋寡……及郡國山川往往出鍾
鼎，而傳文蓋寥寥。壁經所出，人無盡通之者。上閱古者，已
如曆數，書學實亡。[49]

　　可知，康有為所深惜者，是古文「傳文」太少，「識者」亦太少。
所感歎的是，周代「公學」的精華——「六藝之學」（禮、樂、射、
御、書、數）之一的「書學」之亡，而非「古文」之被人偽造也。

---

47 康有為：《教學通義》，見《康有為全集》，第1集，135頁。
48 康有為：《教學通義》，見《康有為全集》，第1集，136頁。
49 康有為：《教學通義》，見《康有為全集》，第1集，116-117頁。

武帝末，壁中古文出，得多十六篇。無論傳者之真偽，然殘缺不得其半矣。（百篇說出於劉歆《七略》志，雖不足盡信，然雜見傳記，絕不止五十七篇也。）⁵⁰

學者據此認為：「康有為對壁中書的說法將信將疑……這一觀點，他後來寫入《新學偽經考》中。」⁵¹《新學偽經考》認為，伏生所傳今文《尚書》二十八篇為足本，與此處所謂「絕不止五十七篇也」，其觀點之相左亦不可以道里計也。

更重要的還有下文：

《禮》尤破壞，惟高堂生傳《士禮》十七篇，淹中多得三十九篇及《明堂陰陽》、《王史氏記》，河間獻王得《周官經》及七十子後學所記百三十一篇。然淹中經藏於秘府，不立學官，簡冊亦減，致推《士禮》而致於天子，壞崩甚矣。⁵²

康有為在《重刻偽經考後序》中自詡發現並無「得古文經」、「獻書開壁」事為其不經意之間獨得的大發明；⁵³「河間獻王及魯共王無得古文經之事」，亦被錢玄同推許為《新學偽經考》的兩點「最重大的發明」之一。《漢書河間獻王魯共王傳辨偽》「這一篇是他做《新學偽經考》的起點」。⁵⁴我們看《教學通義》上文，可知到這時康有為也還沒有將《史記》與《漢書》對勘，所謂「今以《儒林傳》、《藝文

---

50 康有為：《教學通義》，見《康有為全集》，第1集，123頁。

51 房德鄰：《康有為和廖平的一樁學術公案》，載《近代史研究》，1990（4）。

52 康有為：《教學通義》，見《康有為全集》，第1集，123頁。

53 康有為：《重刻偽經考後序》，見《新學偽經考》，400-401頁。

54 錢玄同：《重論經今古文學問題》，見《錢玄同文集》，第4卷，141、145頁。

志》考之」，[55]僅僅是根據《漢書》來立論罷了。從這一節的標題為
「亡經」而非「偽經」，我們也能知道此時的看法距離日後的定見是
多麼遙遠了。

另外，《教學通義》前部（「《春秋》」一節之前）提到劉歆「任校
書之職」時，[56]也未加疑辨，後部（「《春秋》」一節之後）敘及劉歆
「增置諸古文博士」，[57]也毫無「偽經」的指斥，標舉《漢書‧藝文
志》的看法，評論說：「善哉！劉向之論諸子，以為皆出於先王之
官。信其能知先王之道也。惜其考求『六藝』，而不知原本先王之
官……蓋猶惑於漢儒傳經之習，而不知先王『六藝』之本，公學、私
學之分也。」[58]表彰「劉向述九流之本」，批評「向、歆之識似未及」
六經等的本源所出。[59]關於《漢書‧藝文志》的主名，或單提劉向或
單提劉歆或以向、歆父子並舉，非如《新學偽經考》將《漢書‧藝文
志》看作古文經說的大本營，盡歸於劉歆，並認為向、歆父子一為今
學一為古學父子異學。康有為此時只是嫌向、歆父子的看法推溯得不
夠古呢。

這樣看下來，實在不必對《尊朱》一節出現的「自變亂於漢歆」[60]
寥寥數字作過度的詮釋，似乎《教學通義》從前文到後文有了多麼了
不起的變化。其實所謂「變亂」云者，大概是指劉歆利用古文經來助
王莽行政，即前文所謂「《周禮》容有劉歆竄潤」之類，與後來的
「遍偽群經」之說，豈可同日而語？否則如《長興學記》所說，「宋

55 康有為：《教學通義》，見《康有為全集》，第1集，123頁。

56 康有為：《教學通義》，見《康有為全集》，第1集，117頁。

57 康有為：《教學通義》，見《康有為全集》，第1集，129頁。

58 康有為：《教學通義》，見《康有為全集》，第1集，96頁。

59 康有為：《教學通義》，見《康有為全集》，第1集，115頁。

60 康有為：《教學通義》，見《康有為全集》，第1集，137頁。

儒」「亦為歆所豐蔀」[61]，或如《新學偽經考》所說，朱子為劉歆所「欺紿」，他豈能成為「孔子後一人而已」？朱子又如何值得「尊」呢？（朱子誠有不足處：「惟於孔子改制之學，未之深思，析義過微，而經世之業少，注解過多。」[62]）退一步說，他如果真對劉歆有超越前賢的新看法，按照「新學偽經」的理論，該稱呼劉歆為「新歆」才是，怎麼能是「漢歆」呢？我們不清楚學者所謂《教學通義》「前宗劉歆，後斥劉歆」的確切指謂，尤其「特別在後半部，又指責劉歆作偽」[63]的證據何在。[64]就筆者見到的情況來看，康氏在《教學通義》中對劉歆的看法前後文並無大矛盾，大體不出傳統見解。就這些見解而言，與其說是康有為固守古文經學的看法，不如說是《漢書》以降的老調重彈罷了。

二　孔子與《春秋》

　　前文揭示了康有為將周代的「教學」制度作為理想範式，是秉承了章學誠「六經皆史」的基本觀念。當然，康有為不是止步於接受章氏舊說而已。別的且不論，他對《春秋》的看法就與這位前輩大不一樣，章學誠不能不把《春秋》看做是六藝王官之學，康有為則斬釘截鐵地認定《春秋》為素王改制之書。而這對於康有為來說，其意義自不容小覷。

61　〔清〕康有為撰、陳漢才校注：《長興學記》，57頁，廣州，廣東高等教育出版社，1991。

62　康有為：《教學通義》，見《康有為全集》，第1集，138頁。

63　《中國文化研究集刊》，第3輯，343-344頁。

64　有學者指出：「康有為將孔子改制與斥劉歆之偽連繫起來的最早文獻是撰於1891年前的《孟子詩亡然後春秋作解》……文中限於斥劉歆對《左傳》的偽竄，尚未深究全部古文經學……」參見宋德華：《嶺南維新思想述論》，216頁，北京，中華書局，2002。宋氏的觀察是很細緻的。而《教學通義》尚未有此等見解，也很明顯。

錢穆曾非常敏銳地指出，章學誠「六經皆史」理論有一個他本人沒法解決的大「破綻」：

> 孔子明明作《春秋》，如何說孔子有「述」無「作」呢？所以《文史通義》開首即有《易教》、《書教》、《詩教》、《禮教》各篇，而獨缺了《春秋教》。章氏治學，重史又過於重經，《春秋教》一篇，萬不該不作。大抵章氏遇到這題目，實苦於無從著筆呀！[65]

余英時交代其中的道理說：

> 蓋實齋既謂「六經皆先王之政典」，則《春秋》一經自亦不能例外。然孔子不在其位，並無製作之權，從實齋的理論系統論，又何能肯定孔子著《春秋》之意義乎？[66]

我們引錢、余之說，不光是為說明章氏理論的內在問題，而是想進一步指出，接受其基本觀點的康有為，照道理講，必然也全盤承受「此一理論上的困難」。但事實卻不是這樣，康有為竟能順理成章地說：

> 諸經皆出於周公，惟《春秋》獨為孔子之作。欲窺孔子之學者，必於《春秋》。[67]

---

65 錢穆：《孔子與〈春秋〉》，見《兩漢經學今古文平議》，302頁，北京，商務印書館，2001。

66 余英時：《論戴震與章學誠——清代中期學術思想史研究》，57頁。

67 康有為：《教學通義》，見《康有為全集》，第1集，124頁。其實不只在《春秋》一

　　嚴格來講，康有為的觀念可以說是「五經皆史」說，它要引出的就是「孔子改制」論。以這句話為開頭的《教學通義》之《春秋》一節就是集中論述這一觀點的。

　　也就是說，對康有為來說非常幸運的是，有一套新的學說可以使得康有為很輕易地接受過來解決這一「理論上的困難」，這一派學說就是到康有為時代已經有了充分發展的常州公羊學派，緣於解決章氏理論的內在要求和契機，是康有為接受公羊學的始點。豈是必待抄襲廖平而後可呢？

　　　　《左氏》但為魯史，不傳經義。今欲見孔子之新作，非《公》、《穀》不可得也。[68]

　　這是劉逢祿等發揮漢代今文家所謂「《左氏》不傳《春秋》」而大張旗鼓的看法（請注意：康氏於此處尚不認為《左傳》是被人偽造的）。

　　　　孔子答顏子問「為邦」而論四代，答子張問「十世」而言「繼周」。[69]

　　這是從劉逢祿《論語述何》、宋翔鳳《論語說義》到戴望《注論語》等一脈相傳的以《公羊》溝通《論語》的取徑。

節，《六經》一節早已說：「惟《春秋》則孔子因魯史而筆削，則全為孔子自著之書。」康有為：《教學通義》，見《康有為全集》，第1集，120頁。
68 康有為：《教學通義》，見《康有為全集》，第1集，124頁。
69 康有為：《教學通義》，見《康有為全集》，第1集，124頁。

孟子述舜、禹、湯、文、周公而及孔子，則曰：「王者之跡熄而《詩》亡，《詩》亡而後《春秋》作。」其闢許行，亦以孔子作《春秋》，繼堯、禹、周公之事業，以為天子之事。孔子亦曰，「知我」以之，「罪我」以之。良以匹夫改制，無徵不信，故托之行事，而後深切著明。[70]

《教學通義》明引《孟子》所說，《春秋》行天子之事，繼王者之跡；又暗引董仲舒、司馬遷之說，闡述「匹夫改制」。這也是常州公羊學派慣用的論證方法。

比較有康有為個人色彩的也許是他的徵引子書：

莊子曰：「《春秋》經世先王之志。」且尊孔子為先王。《淮南子》：「殷繼夏，周繼殷，《春秋》繼周，三代之禮不同。」[71]直以孔子為一代矣。[72]

上述看法，在日後有進一步的發揮，比如《春秋董氏學》卷五「春秋改制第五」之「春秋作新王」條，就引《孟子》、《淮南子》為素材。[73]《孔子改制考》卷八「孔子為製法之王考」的「孔子為先王」一節，[74]可以說完全是由「莊子曰：『《春秋》經世先王之志。』且尊孔子為先王。」這一句話延展開來的。

《教學通義》的結論是：

---

70 康有為：《教學通義》，見《康有為全集》，第1集，124-125頁。

71 引者按：康氏為意引，與原文有出入，《淮南子・氾論訓》有云：「夫殷變夏，周變殷，春秋變周，三代之禮不同，何古之從！」

72 康有為：《教學通義》，見《康有為全集》，第1集，125頁。

73 康有為：《春秋董氏學》，見《中國現代學術經典・康有為卷》，211頁。

74 康有為：《孔子改制考》，見《中國現代學術經典・康有為卷》，527-529頁。

> 故自周、漢之間，無不以《春秋》為孔子改制之書。（《王制》
> 者，素王之制也。其說與《孟子》、《公》、《穀》及漢前傳記皆
> 合，吾有《王制集證》。）尊孔子者，不類後人尊孔子之道
> 德、而尊孔子能製作《春秋》，亦可異矣。[75]

「故自周漢之間，無不以《春秋》為孔子改制之書。」這當然是從此以後康有為一直堅持的基本看法。

「《王制》者，素王之制也。」這一觀點與廖平的看法是一致的，與康有為不同的是，廖平在《今古學考》中老實交代說：「俞蔭甫先生以《王制》為《公羊》禮，其說是也。」[76]如果要說有抄襲的嫌疑，那麼抄俞樾的可能性也應該大於剽竊廖平。我們甚至也不能排除康氏自得之的可能性，因為他只在這一觀點下有自注云：「吾有《王制集證》」，只是他或許不知道已有人先發於前罷了。

如上所述，《教學通義》中確有非常明顯的公羊學觀點，學者們聚焦於《春秋》一節，那是再自然不過的事。但是，對有關內容似也不必作過度的評價，似乎已到了「以今學為主」的地步了。

首先是，《春秋》在六經中的地位並不高，其「布衣」的地位甚為尷尬。尤其不可與「有德有位」「集大成」的周公之製作相提並論。

> 《春秋》感亂賊，據《周禮》明君臣，取新義，明製作，然率
> 為天下、國家、王公、卿、大夫，不逮士民，近於大學，猶非
> 童偲民豎之公學。[77]

---

75 康有為：《教學通義》，見《康有為全集》，第1集，125頁。

76 廖平：《今古學考》，見《廖平選集》（上），90、76頁。

77 康有為：《教學通義》，見《康有為全集》，第1集，120頁。

要完全明白這句話的意思，請與下文參看：

> 孔子以布衣之賤，不得位而但行教事，所教皆英才之士，故皆授以王、公、卿、士之學，而未嘗為農、工、商、賈、畜牧百業之民計，以百業之學有周公之制在也。[78]

《春秋》雖為「孔子改制」之書，但是「猶非童偲民豎之公學」，其不及《教學通義》最為推崇的周代理想美備的「公學」，是不言而喻的。《教學通義》「《春秋》」一節雖然有「匹夫改制」云云，那種很強烈的由於「以布衣之賤，不得位」而引出的被壓抑感，還是彌漫於通篇。

其次是，所謂「孔子改制」的實質內容還非常簡單。

> 《春秋》者，孔子感亂賊，酌周禮，據策書，明製作，立王道，筆則筆，削則削，所謂微言大義於是乎在。[79]

通過《公羊》、《穀梁》可得之「微言大義」只是：

> 譏世卿，明助法，譏喪昏娶，定百里之封，逮三等之爵，存三統之正，皆孔子製作之微文，與周公之禮絕異。[80]

與後來如《孔子改制考》將孔子視為創教之教主、改制之聖王比較起來，可謂了無新意。

---

78 康有為：《教學通義》，見《康有為全集》，第1集，118頁。
79 康有為：《教學通義》，見《康有為全集》，第1集，124頁。
80 康有為：《教學通義》，見《康有為全集》，第1集，124頁。

他所彰顯的「孔子之功」「《春秋》之治」，也不過是：「尊」「君」「卑」「臣」，只是對王權的維護[81]：

> 《春秋》之學，專以道名分，辨上下，以定民志，其大義也。自漢以後，《春秋》日明，君日尊，臣日卑。依變言之，凡有三世……

「自晉至六朝為一世」，「自唐至宋為一世」，「自明至本朝」為一世，越到後世，「篡弒」越寡，「亂」「逆」越少，「天下」越安定。這裡也許是康有為最早表述他的「三世」觀念，其微言大義不過爾爾。

他還認為：「且《春秋》之顯孔子之功，非徒施於中國，又莫大於日本焉。」由於「《春秋》及《通鑑綱目》大行焉」，日本自宋以來「大將軍霸天下」「歷六百七十六年，其天皇守府，而卒不敢易名號、廢其君。今王睦仁卒得起而廢之。」「復其故統」。[82]其著眼點還是在於護衛王綱。這與康有為後來撰《日本變政考》仿傚日本明治（也就是「今王睦仁」）天皇利用王權取法西方變法是大不一樣的，與康氏默認梁啟超、譚嗣同等在湖南仿傚日本幕府經營地方勢力規劃實施「亡後之圖」更不相同。

一言以蔽之，此時康有為對「《春秋》之學」的瞭解不出莊子所謂「《春秋》以道名分」這一句話。而在確立今文經學宗旨之後，他就放棄這一立場了：

---

81 有學者已指出：「這裡『君尊臣卑』的《春秋》大義與後來改制說的始於撥亂（托文王以行君主之仁政）、終於太平（托堯舜以行民主之政）的『微言大義』在性質上迥然不同，其對『三世』演變、君權日尊的稱道與同時所著《民功篇》中對尊君抑臣的批判亦顯相矛盾。」參見宋德華：《嶺南維新思想述論》，215頁。

82 以上引文均見康有為：《教學通義》，見《康有為全集》，第1集，125-126頁。

制度有窮時，惟孔子大義要明，《春秋》大義要明。《春秋》之
微也，董子亦云，莊子謂《春秋》以道名分，淺矣。[83]

第三，今文經學的觀念遠未確立。

有學者指出：《教學通義》論「改制亦限於《春秋》一經，尚未
擴展至『六經』」[84]此說未必盡是，下文將討論到康氏「今學者，孔子
改制之作也」的觀念統攝禮學中「今學」部分，可知孔子改制的觀念
已不限於《公》、《穀》，還波及《禮記》中的《王制》、《儀禮》之
「記」等，但通觀《教學通義》，確沒有以《公羊》統攝群經的觀
念。龔自珍那種「直接以《公羊春秋》來統攝五經的態度」，[85]在《教
學通義》中是見不到蹤影的；更毋論以今文為是古文為非的門戶之見
了。事實上，既然將五經歸於周公，《左傳》既非偽書，《周禮》大體
可信，也不可能有更狂放的思想了。

《教學通義》反映了康有為最初接觸常州公羊學說時的思想與情
緒。所以他一方面批評朱子：「惟於孔子改制之學，未之深思，析義
過微，而經世之業少，注解過多。」[86]其根據似就在於：「故自周、漢
之間，無不以《春秋》為孔子改制之書。」但他緊接著說：「尊孔子
者，不類後人尊孔子之道德、而尊孔子能製作《春秋》，亦可異
矣。」[87]「亦可異矣」！這四個字，再清楚也不過地表達了：康有為
從「後人尊孔子之道德」（大致可說是宋明理學的觀念）到「尊孔子
能製作《春秋》」（公羊學說）過渡間的心情。

83 康有為：《萬木草堂口說》，見《長興學記・桂學答問・萬木草堂口說》，189頁，北
　京，中華書局，1988。
84 參見宋德華：《嶺南維新思想述論》，214頁。
85 參見孫春在：《清末的公羊思想》，48頁，臺北，臺灣「商務印書館」，1985。
86 康有為：《教學通義》，見《康有為全集》，第1集，138頁。
87 康有為：《教學通義》，見《康有為全集》，第1集，125頁。

三 禮學中的今古學之辨

《教學通義》之「六藝（上）禮」一節，有一大段論述與廖平的《今古學考》確很相近，值得我們作進一步的探討。

文中說：

> 今修《禮案》，欲決諸經之訟，平先儒之爭，先在辨古今之學。今古之學，許叔重《五經異義》（今陳氏輯本尚存百餘可據。）、何休《公羊解詁》辨之，近儒陳左海、陳卓人詳發之。古學者，周公之制；今學者，孔子改制之作也。辨今古禮，當先別其書。今[88]學者，周公之制，以《周禮》為宗，而《左》、《國》守之。孔子改制之作，《春秋》、《王制》為宗，而《公》、《穀》守之……

以下分別論述：孟子、荀子及戰國諸子、《儀禮》經記、兩《戴記》各篇、《易》、《詩》、《書》諸家的今古學分屬情況，及兩漢經今古學分野大勢（從「率皆今學」到「多古學」）。[89]

如果我們將這一段論述從上下文中抽出來看，無論是就其劃分今古學的標準、對兩《戴記》各篇的分析、還是對兩漢經學發展趨勢的描述等都與《今古學考》多有相同之處。所以有學者說：「以《教學通議》有關古學今學的論述，同廖著（指《今古學考》——引者按）對照，則襲用廖說的痕跡，顯然無法掩飾。」[90]並非毫無根據。

---

88 「今」，疑當做「古」——編校者按。

89 康有為：《教學通義》，見《康有為全集》，第1集，147-148頁。

90 朱維錚：《重評〈新學偽經考〉》，見《求索真文明——晚清學術史論》，228頁。黃開國也認為「康有為之說全據廖平之說立論」，參見黃開國：《廖平評傳》，287頁，南昌，百花洲文藝出版社，1993。

　　但是我們將有關論述返還《教學通義》全文的語境，康有為與廖平的看法實在也有相當大的差異，這些證據不單足以讓我們重新考慮「襲用」的可能性，還促使我們更全面地把握康有為此時的治經取向。

　　第一，關於判分今古學的旨趣。這一部分的內容是歸屬於《教學通義》之「六藝（上）禮」這一標題之下的，這是他旨在恢復周代偉大的「公學」（包括：「幼學」、「德行學」、「藝學」、「國法」等）之重要內容的「藝學」（即「六藝」：禮、樂、射、御、書、數）的第一項，即禮學，而規劃的《禮案》，他認為要編好《禮案》，須「先在辨古今之學」。而《禮案》的功能是：「夫存案之設，所以備時行律例之窮，為參考酌改之用，非以博聞見也。」[91]廖平《今古學考》的用心則在於：「予創為今、古二派，以復西京之舊，欲集同人之力，統著《十八經注疏》（原文有注，此略，引者按），以成蜀學。」[92]這種志在經營天下的志士的懷抱，與考古析學的經生的努力是大不一樣的。

　　第二，關於從禮制分別今古文。當然，康有為的工作的根據地有「陳氏輯本」之「許叔重《五經異義》」，即陳壽祺的輯注本《五經異義疏證》，以及「近儒陳左海、陳卓人」等已經作了充分討論的成果。這與廖平《今古學考》的一部分根據相同，所以結論有相近之處，也不奇怪。但是康有為僅僅是從禮制、禮學的範圍來討論今古學的分野問題，許慎的《五經異義》「本為評述禮制之書」，[93]又誠如廖平指出的「以今古分別禮說，陳左海、陳卓人已立此宗旨矣」，[94]《教學通義》不過循古賢近賢之舊途徑罷了。並不像《今古學考》蔓延至

91　康有為：《教學通義》，見《康有為全集》，第1集，146頁。

92　廖平：《今古學考》，見《廖平選集》（上），89頁。

93　李學勤：《〈今古學考〉與〈五經異義〉》，見《古文獻叢論》，327頁，上海，上海遠東出版社，1996。

94　廖平：《今古學考》，見《廖平選集》（上），76頁。

群經劃分為今與今同古與古同各自道一風同勢同水火的兩大派。[95]
《今古學考》有孔子早年、晚年分別兩派之說，而《教學通義》則專
心於分辨「周孔之異制」，這也不能說是無差別的。至於以《王制》
與《周官》為綱領分判今古學，雖在《今古學考》中有更系統而寬泛
的論證，此意也早已由宋翔鳳先得之了。[96]當然，根據禮制來談今古
學的分野，這是他們可以相通之處，難怪康有為要就《今古學考》引
廖平為知己了。

　　第三，《教學通義》與《今古學考》對《公羊》與「口說」在今
文經學中的地位的認知的分歧也不小。《今古學考》的根源一大部分
在於其《穀梁》學的研究，廖平的心得是《穀梁》的禮制與《王制》
相通，這是他將《王制》作為今學綱領的重要根據，他認為《穀梁》
為純今學，而《公羊》是雜有古學的，所以在他的今學觀念裡《穀
梁》的地位一定是在《公羊》之上的。這無論在取徑與見解上，都是
別具一格的。[97]而《教學通義》則無例外地必將《公羊》的位置擺在
《穀梁》之上的。它還引緯書「《孝經緯》曰：『商傳《春秋》』」來論
證「《公羊》、《穀梁》，子夏所傳，實為孔子微言」[98]《今古學考》論
學重「明文」而輕「口說」、重本源而輕「推例」。所以它提出新見解
說：「實則群經著錄，皆在先秦以前。《公羊》之有齊語，是秦前先
師，非漢後晚師。不如舊說孔子畏禍遠言，不著竹帛也。」[99]而《教
學通義》強調的恰恰是「《春秋》以口說流行」，[100]拾取的恰恰是「舊

---

95 關於廖平《今古學考》與許慎《五經異義》的關係，參見前引李學勤：《〈今古學
　　考〉與〈五經異義〉》一文。

96 參見孫春在：《清末的公羊思想》，43頁。

97 蒙文通：《井研廖季平師與近代今文學》，見《經史抉原》，成都，巴蜀書社，1995。

98 康有為：《教學通義》，見《康有為全集》，第1集，124頁。

99 廖平：《今古學考》，見《廖平選集》（上），83頁。

100 康有為：《教學通義》，見《康有為全集》，第1集，124頁。

說」：「《春秋》既改制度，戮當世大人，自不能容於世，故以微文見義，別詳口授，而竹帛不著焉，亦其勢也……」[101]

第四，關於鄭玄的評價。《今古學考》認為，經學今與今合古與古合的西漢森嚴的師法，至鄭玄混合今古，經學為之一大變，鄭氏不啻為經學之罪人。廖平治經，務與之相反：「鄭君之學，主意在混合今、古。予之治經，力與鄭反，意將其所誤合之處，悉為分出。」[102] 而《教學通義》卻絕不見廖平式的攻擊，它甚至認為「考今古禮之有無同異」當取法「鄭康成《三禮》注，其編次不從原文，頗得行禮之節次。」[103]後來在《鄭康成篤信讖緯辨》中，康有為認為：「鄭君之學，揉合今、古，故並注讖緯。」以「讖」為「劉歆、王莽所偽作」，雖然批評「其注讖，為時所惑也。」但是稱許「鄭君之注緯，宜也。」因為「緯」屬於「今學」。[104]到這時也還能表彰了鄭玄在「揉合今古」中保存了「今學」，而未有嚴詞斥及「混合今古」。只有到《長興學記》中才大攻：「鄭康成兼揉今古，盡亂家法……」[105]這才像是廖平《今古學考》中的論調，如此說來《教學通義》很可能是未見《今古學考》時所草，這也可算是一證吧。

由上述可知，《教學通義》多湊集舊說，《今古學考》則多發新義，非要說前稿抄後書，需要懷疑的就只剩下康有為的抄襲能力了。

還是讓我們從文抄案中解放出來，看看《教學通義》的取向吧。為修好《禮案》，除了要知道今古學之辨，「次當考今古禮之有無同異」。原則是「順之以四代之次，考之以各經之異。」「然後按《通

---

101 康有為：《教學通義》，見《康有為全集》，第1集，125頁。
102 廖平：《今古學考》，見《廖平選集》（上），89頁。
103 康有為：《教學通義》，見《康有為全集》，第1集，148頁。
104 康有為：《鄭康成篤信讖緯辨》，見《康有為全集》，第1集，531頁。
105 〔清〕康有為撰、陳漢才校注：《長興學記》，57頁。

考》之例」，也就是說用歷史的觀念處理紛繁的禮學材料，以時代為綱，今古學既不可「混合」，也不分軒輊。當然也不是沒有重點。接著他就強調說：

> 學《禮》莫要於《戴記》矣。《儀禮》雖為古經，而瑣屑不見先王制度之大。《周禮》制度精密，朱子稱為盛水不漏，非周公不能作，而不能知禮之本原，且於家禮、鄉禮無所考，修身善世之義未及著。大哉《戴記》！天道人事，聖德王道，無不備矣。其精者，為孔子之粹言；其駁者，亦孔門後學之師說。學者通制度，識義理，未有過於此書者也。[106]

這一段話最能體現此時其治禮學的取向了。根據上下文，「《儀禮》，經為古，記為今」，卻太「瑣屑」；《周禮》為古學「周公之制」之「宗」，但用晚清的流行用語來說，也太「國家主義」而不夠「社會主義」了。康有為最推崇的倒是「今古雜糅」的兩《戴記》！[107]我們看看他稱述的理由，可知我們用宗今、宗古的尺子來衡量其治經取向，實在是隔靴搔癢。內聖外王、制度義理之周備才是他最真實的祈向！在這一層次上是完全不必理會什麼今學古學的。如果我們非用今古的概念來界說不可，一句話，基於經世理念的今古學兼取並用，或許能得其彷彿吧。用他自己的話來表達就是：「夫所尊乎經教者，欲以教學化民也。」所以他能這樣批評說：「後世不知守先王之道在於通變以宜民，而務講於古禮制度之微，絕不為經國化民之計，言而不

---

106 康有為：《教學通義》，見《康有為全集》，第1集，149頁。

107 有學者已提到這一點，並認為：康氏「是主張混合古今，擇善而從的」。參見房德鄰：《康有為和廖平的一樁學術公案》，載《近代史研究》，1990（4）。此說不確。「擇善而從」容或有之，「混合古今」則決非也。

行，學而不用。」「夫聖人之作經，猶生民之立君，非以稱尊，以便
民也……瑣瑣經學，相習成風，非此不尊，其不以之亡中國之教也幾
希！」[108]由此可見，康有為憂「中國之教」之「亡」之心何其可憫，
其治經用世之志又何其可嘉，後學者又何必呶呶置辨於今學古學之
分、抄襲不抄襲之別呢？！

四　從「記誦之學」起腳，到「以經營天下為志」

《教學通義》所反映出來的，實際上是一種基於經世理念的今古
學兼用的取向。對此，要獲致大體明晰的歷史理解，就必須追溯他的
為學歷程。

一八八八年冬天，康有為上清帝第一書不能上達天聽之後，良有
感觸，在致友人沈曾植的信中對自己的學術經歷作了披肝瀝膽的陳述：

> 僕受質甚熱，得癡點之半。十一齡知屬文，讀《會典》、《通
> 鑒》、《明史》。十五後涉說部、兵家書，於時嘗不知學，而有
> 奇特之想。將近冠年，從九江朱先生游，乃知學術之大，於是
> 約己肄學，始研經窮史，及為駢散文詞，博採縱涉，漁獵不
> 休，如是者六、七年。二十四、五乃翻然於記誦之學，近於諛
> （疑為『諛』字之訛，引者按。）聞，乃棄小學、考據、詩
> 詞、駢體不為。於是內返之躬行心得，外求之經緯業務，研辨
> 宋、元以來諸儒義理之說，及古今掌故之得失，以及外夷政
> 事、學術之異，樂律、天文、算術之瑣，深思造化之故，而悟
> 天地人物生生之理，及治教之宜，陰闔陽闢，變化錯綜，獨立

108　以上引文見康有為：《教學通義》，見《康有為全集》，第1集，149-150頁。

遠遊，至乙酉之年而學大定，不復有進矣。[109]

　　參以《教學通義》、《實理公法全書》、《康子內外篇》等早年著作，有如學者所說：「康氏於力主今文改制之前，其思想不屬任何宗派。」[110]但是經世意識的不斷高漲，可以說是康有為早期思想的基調。這是我們必須首先注意的。

　　而他成長路途上最重要的「大事因緣」，莫過於從嶺南大儒朱次琦遊。事在光緒二年（1876），時康有為十九歲。[111]他雖「六歲而受經」，[112]但真正研究經學也是從投入九江先生門下才開始的，所謂「始研經窮史」。又可知康有為初治經時，亦循乾嘉以降「漢學」舊軌，從「小學」入手，重「考據」：「攻《周禮》、《儀禮》、《爾雅》、《說文》、《水經》之學」。[113]所謂「記誦之學」是也。後來康有為感念朱次琦啟發他「粗聞大道之傳，決以聖人為可學而盡棄俗學，自此始也。」[114]康氏在禮山草堂就學才兩年時間，[115]朱次琦也已是七旬老翁，在對「俗學」的「翻然」而悟等方面，朱氏是否能起到康氏所自

---

109 康有為：《與沈刑部子培書》（1889），見《康有為全集》，第1集，380頁。

110 汪榮祖：《從傳統中求變——晚清思想史研究》，205頁，南昌，百花洲文藝出版社，2002。

111 《康南海自編年譜（外二種）》，6頁。

112 康有為：《禮運注敘》，湯志鈞編：《康有為政論集》（上），192頁，北京，中華書局，1981；康有為的《自編年譜》於同治二年（1863）條，敘康氏6歲：「從番禺簡侶琴先生鳳儀讀《大學》、《中庸》、《論語》並朱注《孝經》。」見《康南海自編年譜（外二種）》，3頁。可知康有為幼年所受經學教育以宋學為主，這對他一生的影響雖深遠，但未見有何特異於時流處。

113 《康南海自編年譜（外二種）》，8頁。光緒四年（1878）條，時康有為21歲。

114 康有為：《朱九江先生佚文序》，見陳永正編注：《康有為詩文選》，582頁，廣州，廣東人民出版社，1983。

115 參見吳天任：《康有為先生年譜》（上），20頁，臺北，藝文印書館，1994；朱維錚：《康有為在十九世紀》，見《求索真文明——晚清學術史論》，172頁。

稱的那麼大的作用，真不好說。但是他那「特重氣節，而主濟人經世」的學風，[116]肯定會對康氏有很大的影響。我們可以從朱氏「掃去漢宋之門戶，而歸宗於孔子」的氣概中，[117]看到清儒所謂「漢學」非真漢學而只是「新學」而宋學則不過是「偏安」之學等康氏日後宏論的影子；朱氏「通經將以致用」的觀念，[118]也一定會左右他的弟子的治經風格。康有為在自編年譜的光緒五年（1879）（時康氏22歲）條下，記道：

> 於時，捨棄考據帖括之學，專意養心。既念民生艱難，天與我聰明才力拯救之，乃哀物悼世，以經營天下為志，則時時取《周禮》、《王制》、《太平經國書》、《文獻通考》、《經世文編》、《天下郡國利病全書》、《讀史方輿紀要》，緯劃之。俛讀仰思，筆記皆經緯世宙之言。[119]

此時已是離開禮山草堂之後了，也許不必過分強調乃師對他的影響，也沒有旁證說明上述事情就是發生在那一年，但是大概在這一階段他就有如許的經世懷抱，可以說是毋庸置疑的。值得注意的有以下幾點：

第一，正如有學者指出的：「康有為能在這些書籍上用功夫，說

116　《康南海自編年譜（外二種）》，6頁。

117　《康南海自編年譜（外二種）》，7頁。康有為的《朱九江先生佚文序》一文，開篇標舉乃師為學宗旨說：「以躬行為宗，以無欲為尚，氣節摩青蒼，窮極問學，舍漢釋宋，原本孔子，而以經世救民為歸」。陳永正編注：《康有為詩文選》，579頁。且不論康有為對朱次琦的學術把握得是否準確，從他的反覆強調來看，「舍漢釋宋，原本孔子，而以經世救民為歸」對他的影響是可以肯定的。

118　參見蔡樂蘇、張勇、王憲明：《戊戌變法史述論稿》，72頁。

119　《康南海自編年譜（外二種）》，9頁。

明他的志趣所在。他不是一個皓首窮經的書生，也不是獵取功名的俗人，他是以學致用的志士，所以到京後即有『公車上書』。」[120]而《周禮》、《王制》被列為諸書之首，不難明白他治經的取向。而此時的取向與前引將《周禮》與《爾雅》、《說文》諸學並治時的取向已經大不一樣，也是不能不注意的。這也是康氏「思考據家著書滿家，如戴東原，究復何用？」[121]之後的必然結果。

第二，在經書之中，他把《周禮》與《禮記》的《王制》篇特提出來並治，其中的意味，也彌足深玩。梁啟超說：「有為早年，酷好《周禮》」，[122]可以說遠有淵源。康有為的喜歡，想必是蘇綽、王安石式的喜歡，是要用《周禮》「經營天下」的。康氏對《王制》也是作如是觀。不過，無論是從廖平經學第一變「平分今古」的觀點來看，或是康有為與廖平聲氣相通的「尊今抑古」的觀點來看，《周禮》都是經古文學的綱領，而《王制》則是與之針鋒相對的經今文學的綱領。我們似不可用後來的經學見解來評說此時康有為的今古混雜，而只能說，基於經世的觀念，兼取並用，而無今古文門戶之見，正是康有為經學思想發展一定階段的特點。瞭解這一點，對判斷稍後《教學通義》等著作的經學思想的總體傾向，是非常重要的。可以說《教學通義》一方面將《周禮》作為周代「教學」制度的基本依據，另一方面又將《王制》視為素王之制，在這時就可以看到苗頭了。

有意思的是，次年「治經及《公羊》學，著《何氏糾謬》，專攻何劭公者，既而自悟其非，焚去。」[123]不知道康氏是從什麼角度批評

---

120 楊向奎：《清末今文經學三大師對〈春秋〉經傳的議論得失》，見《楊向奎學術文選》，58頁，北京，人民出版社，2000。

121 《康南海自編年譜（外二種）》，8頁。

122 梁啟超：《清代學術概論》，見《梁啟超論清學史二種》，63頁。

123 《康南海自編年譜（外二種）》，10頁，光緒六年（1880）條。時康有為23歲。

何休的，又從何時開始「自悟其非」的，而《教學通義》則已無「專攻何劭公」之見了。

從上述的介紹可以看到，康有為早年治經頗重禮制，這使得他可以與一位年輕人有共同語言，並通過這位年輕人接觸到更偉大的一脈學統，這位年輕人就是英年早逝的陳樹鏞，他的老師是比朱次琦聲光遠為顯赫的嶺南大儒陳澧。[124]陳澧、曾國藩等大力鼓吹、孜孜講求的「以禮經世」的學風，不僅頗為契合康有為的脾氣，還加強了他那學以「經營天下」的意志。

他的比《教學通義》更早的遺稿《毛詩禮徵》，的確如學者所說，表明「康有為輯錄時的取向在『周禮』」[125]這是《教學通義》尊崇周公、周制的前奏。他的與《教學通義》幾乎同時[126]的遺稿《民功篇》輯錄的是從伏羲、神農、黃帝、堯、舜到大禹等的有「功」於「民」的「製作」。與《教學通義》之將周、孔並舉一樣，反映的都是經不論今古、學唯求致用而經世意識愈益高漲的取向。

還是來看看《教學通義》提綱挈領的前言是怎麼說的吧：

> 上推唐、虞，中述周、孔，下稱朱子，明教學之分，別師儒官

---

124 關於康有為與陳樹鏞的交誼，參見朱維錚：《康有為在十九世紀》，見《求索真文明——晚清學術史論》。

125 朱維錚：《康有為在十九世紀》，見《求索真文明——晚清學術史論》，206頁。

126 《教學通義》有云：「黃帝至堯、舜僅百年，製作為人道之極美。餘別有說，詳《民功篇》。」康有為：《教學通義》，姜義華、吳根樑編校：《康有為全集》，第1集，84頁。可知兩稿撰著時間相當接近。那麼《教學通義》寫於何時呢？康有為自己繫於光緒十二年（1886），參見樓宇烈整理：《康南海自編年譜（外二種）》，14頁。湯志鈞「曾見稿本」，「全書約三萬八千字，上署『光緒十二年正月輯定』。」參見湯志鈞：《重論康有為與今古文問題》，見《康有為與戊戌變法》，20-21頁。儘管沒有旁證確認這一點，但是「光緒十二年」與我們的分析不相衝突，所以實是一個有參考價值的繫年。

> 學之條，舉「六藝」之意，統而貫之，條而理之，反古復始，
> 創法立制。王者取法，必施於世，生民託命，先聖〔中缺〕其
> 諦。[127]

　　康有為於茲篇自許甚高自期甚殷，所謂「王者取法」「生民託命」，他對《教學通義》的自視，套用康氏後來的一句話來說是：「猶黃梨洲之有《明夷待訪錄》，顧亭林之有《日知錄》」。[128]他所取法的先王先聖，也在這裡交代得面面俱到，雖然他的一瓣心香尤在周公，但是如果像學者說的有關「孔子改制」的內容非原篇所有「顯然為後來添加」的話，那麼從何著手「中述周、孔」呢？「周、孔」的關係當然頗費思量，但是反映的是今古學的自相矛盾嗎？事實上，《民功篇》已經捅破這一層窗戶紙了：

> 惟有周公聖知才美，獨能潤色其治，廣大纖悉，幾幾乎堯、舜
> 而上之。孔子曰：「周監於三代，郁郁乎文哉。」又曰：「唐堯
> 之際，於斯為盛。」許周公之文與堯同美，蓋堯、舜之後，踵
> 事加美，為元宗之子者，一周公而已。然德制既盛，則尊之太
> 至，以為尺寸不可踰，又以傳子之故，即積久弊生，子孫不敢
> 變祖宗之法。至於春秋，列侯並爭，民日事兵，暴骨如莽，蓋
> 軍功、民功之進退消長，在此時矣。孔子有元宗之才，嘗損益
> 四代之禮樂，於《王制》立選舉，於《春秋》尹氏卒譏世卿，
> 又追想大同之世，其有意於變周公之制而光大之矣。[129]

---

127 康有為：《教學通義》，見《康有為全集》，第1集，81頁。
128 語出康有為撰、陳漢才校注：《長興學記》，56頁。
129 康有為：《民功篇》，見《康有為全集》，第1集，68頁。

　　真可謂不薄孔子愛周公！這裡所闡發的「周、孔」關係之理，與
《教學通義》所述密合無間。所謂「譏世卿，明助法，譏喪婚娶，存
三統之正，皆孔子製作之微文，與周公之禮絕異。」所謂「《王制》
者，素王之制也。」等，[130]不是在表彰孔子「其有意於變周公之制
而光大之矣」嗎？如果牢牢地抓住了「通變以宜民」的「變政」觀
念，[131]我們還會認為將「周、孔」並舉是自相矛盾的事嗎？

　　正因為康有為與朱子一樣，推崇「禮，時為大」的古義，所以他
對朱子的下面一段話莫逆於心：

> 禮壞樂崩二千餘年，若以大數觀之，後來必有大人出來盡數拆
> 洗一番。[132]

　　康有為既生於「此晦盲否塞至於今日」之亂世，勢必期待「有王
者作，掃除而更張之」的。[133]所以他在《康子內外篇》中，期望中國
「以其君獨尊」之王權來變法，那是毫不奇怪的：

---

130 「《左傳》大夫皆世。《公》、《穀》於尹氏卒，譏世卿。《王制》諸侯貢士於天子，
　　《射義》試之於射宮，則以射為選舉之事；《左傳》、《周禮》無之。」見康有為：
　　《教學通義》，見《康有為全集》，第1集，145頁。

131 這是康有為早年就有日後又有很大發展的重要政治觀念，在《民功篇》與《教學
　　通義》中均有表述。參見姜義華、吳根樑編校：《康有為全集》，第1集，25-26頁。
　　所謂若不「自變其政」則「必待易姓者改紀其政」的「自」「變政」的觀念，則明
　　顯來自龔自珍的「自改革」思想。康有為的「變法」思想就淵源於此，後來康有
　　為的《俄彼得變政記》、《日本變政考》等以「變政」為名的著作連書名也徑出於
　　此。

132 康有為：《教學通義》，見《康有為全集》，第1集，144頁。《教學通義》之「《從
　　今》」一節結尾處又引朱子的話說：「古禮必不可行於今，如有大本領人出，必掃
　　除更新之。」見康有為：《教學通義》，見《康有為全集》，第1集，137頁。

133 康有為：《教學通義》，見《康有為全集》，第1集，144頁。

> 匹夫倡論，猶能易風俗，況以天子之尊，獨任之權，一嚬笑若
> 日月之照臨焉，一喜怒若雷雨之震動焉。卷舒開闔，撫天下於
> 股掌之上，但精神能運之，氣魄能鎮之，則意指所屬，顧盼自
> 定。[134]

　　由此也不難理解《教學通義》對孔子的傾心決不會在周公之上
的。此時康有為對孔子「良以匹夫改制，無徵不信，故托之行事，而
後深切著明」的話，大概也只有書面的領會，絕不會有切膚之痛的。
《教學通義》的末尾，也還有「《師保》」的設計，他也是期望王者周
圍的「師保」能發揮大作用的。這也是他一次次不惜厚著臉皮請託關
係上書潘祖蔭、翁同龢、徐桐等昌言國事的理論根據吧。

　　一八八八年冬天，由於「外夷交迫」[135]的時局的激蕩，加上風聞
「中朝有意明年親政」[136]的政象預報，康有為終於忍不住了，作出驚
人之舉，不顧清代上書體制，以「布衣」身份直接向慈禧太后、光緒
皇帝上書，提出「變成法」、「通下情」、「慎左右」的變法主張。他的
《上清帝第一書》雖然未能上達天聽。但大臣翁同龢對這一上書卻作
了非常認真的摘抄，其中關於議郎問題，抄文有曰：

> 周有土訓誦訓之官，漢有光祿大夫太中大夫議郎等官，今若設
> 訓議之官，召耆賢以抒下情，則遠洞萬里之外矣。[137]

---

134 康有為著，樓宇烈整理：《康子內外篇（外六種）》，1頁。

135 語出康有為：《上清帝第一書》，見《康有為政論集》（上），52頁

136 語出康有為：《與幼博書》（1888年），見《康有為全集》，第2集，5頁，上海，上
　　海古籍出版社，1990。

137 引自孔祥吉：《翁同龢與康有為上清帝第一書》，見《晚清佚聞叢考——以戊戌維
　　新為中心》，151頁，成都，巴蜀書社，1998。

所謂「周有土訓誦訓之官」，出於《周禮‧地官司徒》之「土訓」「誦訓」兩節。像這樣引經據典的建言，能深深打動這位光緒皇帝身邊的「師保」的心，這大概也可以說是康有為以《周禮》來通經致用的一個實際效應吧。

五　《教學通義》的棄去與康有為的今文經學立場的　確立

梁啟超說：「有為早年，酷好《周禮》，嘗貫穴之著《教學通義》。後見廖平所著書，乃盡棄其舊說。」今天看來，梁氏的看法與事實頗有出入。他竟然沒有注意到《教學通義》中也有「孔子改制」的內容。[138]他對康有為與廖平的學術糾葛的處理也過於簡單，事實上，康有為即使在確定了攻古文經的方略後，也沒有「盡棄其舊說」。

寫於光緒十七年二月（1891）的《長興學記》已經明確表述了「新學偽經」的觀點：「至劉歆挾校書之權，偽撰古文，雜亂諸經，於是有《毛詩》、《周官》、《左氏春秋》，偽經增多……」[139]但是在同一篇《長興學記》釋「學」時說：「自黃帝、堯、舜開物成務，以厚生民。周公、孔子垂學立教，以迪來士，皆以為仁也。」[140]等於是概括了《教學通義》的旨趣。它還不時稱述：「《周官》稱『六德』」[141]、「《周官》六藝為『禮、樂、射、御、書、數』」[142]、「周人有『六

---

138 關於這一點，房德鄰已經指出了。參見氏著：《康有為和廖平的一樁學術公案》，載《近代史研究》，1990（4）。

139 康有為撰、陳漢才校注：《長興學記》，56頁。

140 康有為撰、陳漢才校注：《長興學記》，8頁。

141 康有為撰、陳漢才校注：《長興學記》，21頁。

142 康有為撰、陳漢才校注：《長興學記》，32頁。

藝』之學，為公學；有專官之學，為私學，皆經世之學也。」[143]雖「補『六藝』之學」，但還是那樣由衷地讚歎：「欲復古制，切於人事，便於經世，周人『六藝』之學最美矣。」[144]

如何理解這看似矛盾的論述？事實可能是，即使到此時，它也不認為《周禮》中記載的包括「六藝之學」、「六德」等在內的有關「周人之學」是被劉歆竄改的，《周禮》之為「偽經」是指由劉歆「偽撰」直接為王莽新朝政治服務的部分。[145]當然，周人之學美則美矣，《長興學記》主旨卻在強調「以孔子為折中」，其間重點的轉移是至關重要的。對康有為來說最大的變化是原來據以經世致用的《周禮》成為攻擊的主要對象。其間心路歷程的曲折，恐怕更是為外人所很難想像的。

梁啟超對《教學通義》的瞭解雖然有限，但是他指出康有為今文經學觀點的確立基本前提是對《周禮》看法的大轉變，並且與廖平有關，大體都不錯。廖平曾親致書康有為說：

> 昔年在廣雅，足下投書相戒，謂《今古學考》為至善，以攻新莽為好名。[146]

康有為當年猶持《教學通義》的見解，對《今古學考》頗能同

---

143 康有為撰、陳漢才校注：《長興學記》，35頁。
144 康有為撰、陳漢才校注：《長興學記》，35頁。
145 到他認為：「以禮、樂、射、御、書、數為六藝者，偽《周官》也，古文說也。六藝者，《詩》、《書》、《禮》、《樂》、《易》、《春秋》是也。」或許才可以說是「乃盡棄其舊說」吧。參見《康南海先生講學記》，見姜義華、吳根樑編校：《康有為全集》，第2集，233頁。此說亦遍見於《新學偽經考》。
146 廖平：《致某人書》，見《四益館文集》，轉引自錢穆：《中國近三百年學術史》（下），646頁。

情。而所謂「以攻新莽為好名」應該主要是指他對廖平將《周禮》歸入「新莽」劉歆之「古學」表示不滿。何以見得？正如同一封信中廖平所說「足下以《左》學列入新莽，則殊與鄙意相左。」[147]在經學二變之後，廖平是將《左傳》視為六經總傳，所謂「不但傳《春秋》，兼足為六藝之傳」，推崇甚至，而絕不認為是不得經意的史書。[148]這是他與康有為大不同處（無論是《教學通義》或《新學偽經考》），也是能得章太炎的欣賞之處。既然廖平主要是將《周禮》「列入新莽」，所以康有為批評廖平「以攻新莽為好名」主要是針對廖平對他所一貫崇信的《周禮》的處理而發。但是為什麼後來有那麼大的反覆呢？也許一八九〇年的羊城之會起了說服的作用，無論如何，有如學者所說：「《新學偽經考》之作，受有廖平學說的影響是沒有問題的，無論康氏是肯定廖說，或否定廖說，是先有廖說而引起康氏之著《新學偽經考》。」[149]

但這仍不足以充分說明何以康有為有如此大幅度的思想轉變。尤其是對康有為來說，得出《周禮》為劉歆偽造比說《左傳》為劉歆偽造要困難得多也晚得多。[150]按照康有為的思維方式，除非《周禮》已經不足以經世致用了，或者他終於發現《周禮》必須要對現實的腐敗政治負責任，他才會徹底接受《周禮》為偽經說。這可不是經生的考

---

147 廖平：《致某人書》，見《四益館文集》，轉引自錢穆：《中國近三百年學術史》（下），646頁。

148 廖平：《知聖篇》，見《廖平選集》（上），200、202頁。

149 楊向奎：《清儒學案新編》（四），352頁，濟南，齊魯書社，1994。

150 有學者已經指出：「康有為將孔子改制與斥劉歆之偽連繫起來的最早文獻是撰於1891年前的《孟子詩亡然後春秋作解》……文中限於斥劉歆對《左傳》的偽竄，尚未深究全部古文經學……」參見宋德華：《嶺南維新思想述論》，216頁。連繫此章的討論可知，《教學通義》只是認為「《左氏》但為魯史，不傳經義。」尚不涉及偽造之說，至《孟子詩亡然後春秋作解》乃深斥「劉歆偽竄《左氏春秋》」，而未波及《周禮》，到後來才有對《周禮》的大攻擊。其見解前後演變之跡甚明。

據完全能奏效的。至少來講，「新學偽經說」不能缺少這一方面的思想動力。

當《新學偽經考》尚未完稿，而「新學偽經」說已經確立之時，他給朱一新的信中闡述「偽經之禍」說：

> 今不能遍舉，惟舉閹寺一政……自劉歆偽《周禮》，上因漢制而存閹官，後此常侍弄權，黨人戮辱，高名善士先受其禍，而國步隨之而亡。唐則神策握政，門生天子，甘露之變，慘被將相，而唐祚隨之。明則神廟假權，熹宗昏弱，忠賢柄國，戮辱東林，社秩獻城，明亦隨之而亡。今則李蓮英復弄政矣。後此忠賢復出，清流之禍方長，是劉歆一言喪三朝矣。古今之禍，孰烈於此？……至於後世，君日尊侈，惟闢玉食之言，葉水心早已疑之。（僕亦意此為古文家亂入者。）然未有如《周禮·天官》之侈供張者，甚非樹後王君公，惟以亂民之義……[151]

這也許是現存康氏文獻中最早的激烈抨擊《周禮》的大段文字。學者當然可以不同意他的看法，[152]但是如果我們不去理會這種將一兩條經義的政治功能誇大得無邊的經學思維方式，那麼，所謂「新學偽經」說也好，「孔子改制」說也好，盡成怪物。不僅如此，「今則李蓮英復弄政矣」很可能恰是刺激康有為重新反思《周禮》的時代經驗之一。它不全是為敷衍曾因彈劾過李蓮英弄權而遭罪的朱一新而說的。我們看他的《自編年譜》於光緒十四年（1888）條不下兩處譴責「宦

151　康有為：《致朱蓉生書》，見《康子內外篇（外六種）》，158頁。
152　比如朱維錚就認為，這樣的看法「令人瞠目」。參見氏著：《康有為和朱一新》，載《中國文化》，第5期，1991。

寺」李蓮英（《自編年譜》作「李聯英」）之干預政事，[153]可知康有為
確實是有感而發的。《新學偽經考》前序也鄭重地說：

> 且後世之大禍，曰任奄寺、廣女色、人主奢縱、權臣篡盜，是
> 嘗累毒生民、覆宗社者矣！古無有是，而皆自劉歆開之。是上
> 為聖經之篡賊，下為國家之鴆毒者也。[154]

我們將這一段話與《漢書劉歆王莽傳辨偽》的相關內容結合起來
看，康有為顯然認為，《周禮》的某些章節，實在是後世有國者鋪張
浪費腐敗墮落的理論根據、禍國殃民的罪魁禍首。再將這些內容，與
《自編年譜》於光緒十四年（1888）所記載的大篇幅的有關「西后」
慈禧的動搖國本的揮霍情節連繫起來看，我們就不禁會有以下的觀
感：第一，梁啟超稱「有為、啟超皆抱啟蒙期『致用』的觀念，借經
術以文飾其政論」，[155]這或可算一例。在康有為身處的時代，在公開
的場合，除了用這種方式還能用什麼辦法批評最高當局呢？第二，反
之亦然，或許正是這些時代經驗激起對《周禮》的反思，引出對《周
禮》態度的一百八十度的大轉彎？第三，康有為自稱，光緒十四年
（1888）冬上書（《上清帝第一書》）失敗後，「既不談政事，復事經
說，發古文經之偽，明今學之正」。[156]這一經世道路上的大頓挫，很
可能真的是促使其經學思想大轉向的「大事因緣」。而完全不是像有
的學者所說，為了掩飾他對廖平的剽竊而「將他古文經學之偽的觀點
的形成提前二年多」。[157]

---

153 樓宇烈整理：《康南海自編年譜（外二種）》，17、18頁。

154 康有為著，朱維錚、廖梅編校：《新學偽經考》，2頁。

155 梁啟超：《清代學術概論》，見朱維錚校注：《梁啟超論清學史二種》，5頁。

156 樓宇烈整理：《康南海自編年譜（外二種）》，16頁。

157 黃開國：《廖平評傳》，243頁。

　　不管怎麼說，對向最高執政者上書失敗，這件事更是不容輕忽。它對「冀幸一悟堯、舜之主」[158]、希望用獨尊之王權來變法的康有為的打擊的確是很大的：

> 落魄空為《梁父吟》，英雄遲暮感黃金。長安乞食誰人識？只許朱公知季心！

那是雖自命「英雄」，實不得君王「識」的匹夫的自傷。

> 海水夜嘯黑風獵，杜鵑啼血秋山裂。虎豹猙獰守九關，帝閽沉沉叫不得。[159]

　　那裡有對國事的憂患，更有對有國者的失望。

　　當然，康有為是屬於「受質近厚，仁心太盛」[160]，秉承朱門師教，對「伊尹之任」頗有會心的志士。[161]「治安一策知難上，只是江湖心未灰。」[162]在上者既然不可期望，匹夫豈不可以天下事自任？從《長興學記》還專門列入「科舉之學」，以及日後仍然保持了一再上書的勁頭來看，權力之門雖然冷冰冰地緊閉著不對他開放，但是他的流連顧盼一往情深地向著對方，他那依重最高王權變法的單相思似乎未有更張。但這次吃到閉門羹太發人深省了，終於激發他開闢「異」「教」[163]的奇志。這時他對「良以匹夫改制，無徵不信，故托之行

158　康有為：《與沈刑部子培書》（1889），見《康有為全集》，第1集，381頁。

159　上引兩詩見康有為：《己丑上書不達出都》（二首），見《康有為詩文選》，82-83頁。

160　康有為：《與沈刑部子培書》（1889），見《康有為全集》，第1集，380頁。

161　參見〔清〕康有為撰、陳漢才校注：《長興學記》，9頁。

162　康有為：《感事》（1888），見《康有為政論集》（上），62頁。

163　語出康有為：《與沈刑部子培書》（1889），見姜義華、吳根樑編校：《康有為全

事，而後深切著明」的孔子的感同身受，才會遠遠超越對「有位」有
「製作之權」但高高在上難以仰仗更無法左右的周公的嚮往：

> 自古至今，以地而論，則中國與印度；以人而論，則儒與佛。
> 儒者，孔子之國號也。孔子未改制以前，皆淫佚無度，而孔子
> 以布衣整頓之。故孟子稱周公則只曰兼夷狄、驅猛獸；至稱孔
> 子作《春秋》，則曰天子之事也。[164]

《教學通義》中「有德無位」的孔子，縱然稍能「改制」，但在
「有德有位」而且「集大成」的周公映照下，不免相形見絀。在這
裡，「布衣」孔子之偉大猶在周公之上。此等處，最能體現經學路向
的大轉折。如果撇開上書失敗對當權者大失望的語境，似乎是很難理
解的。

英年早逝的康有為得意弟子陳千秋，對乃師走向今文經學的心路
歷程有深切地領會：

> 孔子創造《六經》，改制聖法，傳於七十，以法後王……吾師
> 康先生，思聖道之衰，憫王制之缺，慨然發憤，思易天下，既
> 絀之於國，乃講之於鄉。[165]

「既絀之於國，乃講之於鄉。」乃是對康有為確立今文經學的心

集》第1集，383頁，「僕最愛佛氏入門有發誓堅信之說，峭聳精緊，世變大，則教
亦異，不復能拘常守舊，惟是正之。」參見房德鄰：《儒學的危機與嬗變——康有
為與近代儒學》，16-17頁。

164 康有為：《萬木草堂口說》，見樓宇烈整理：《長興學記・桂學答問・萬木草堂口
說》，66頁。

165 《陳千秋跋》，見《長興學記》，66頁。

理背景的最好概括。它當然是對上書不達的全面反應。

在這種語境之下，他對《公羊》學的詮釋才充滿了既為匹夫更勇於擔當的精神：

> 《公羊》：王者孰謂？謂文王也。《詩》之四始，皆本文王。蓋
> 三分有二，以服事殷，文王大讓，孔子以之，故孔子托文王。
> 此係孔子直以文自承當，絕不謙讓，與《公羊》符合，《論
> 語》微言，至為明確。[166]

這種「絕不謙讓」的思想是那些認為「保國、保種、保教」純屬有國者之事的廟堂人物害怕聽到的。

一八九八年七月，孫家鼐上奏摺，揭露康有為的《孔子改制考》是教人「人人存改制之心，人人謂素王可作」足以「蠱惑民志，是導天下於亂也。」[167]康有為為此特上書自辯說：「臣蓋引歷代帝王儒生尊孔子為王耳，非謂孔子自稱王也。」[168]其實康有為的辯解反映了已經得光緒皇帝垂青後借王權變法的思想與策略的重新抬頭，與其今文經學的初衷並不合。而孫家鼐的攻擊卻確能深得《孔子改制考》甚至其整套今文經學的宗綱。時值危急存亡之秋，在在上者一無可望的情況下，「人人存改制之心，人人謂素王可作」，也許才是中國的唯一生機。康有為的今文經學，是其上行路線走不通而不得已開闢下行路線，申張「民權」，而開拓的「異」「教」。所謂「從知天下為公產，

---

166 康有為著，樓宇烈整理：《長興學記・桂學答問・萬木草堂口說》，107頁。

167 參見清華大學歷史系編：《戊戌變法文獻資料系日》，790頁，上海，上海書店出版社，1998。

168 參見清華大學歷史系編：《戊戌變法文獻資料系日》，902頁。

應合民權救我疆。」[169]這是他告別《周禮》而另尋旨歸、舍周公而宗孔子的關鍵，而其轉捩點則不能不追溯到一八八八年底那一次終歸失敗了的政治實踐。

說康有為的今文經學蘊含了「民權」的表述，不僅僅是指康有為拿西方的觀念來比附經義那樣的簡單事實，這裡特指他對孔子的詮釋所張揚出來的士大夫乃至於無權無位的一介匹夫的勇於擔當的精神、主動創造的精神，它也不僅包括中國近代波瀾壯闊的「維新」的精神，還啟導了浩浩蕩蕩的「革命」精神，這當然需要另文討論了，在這裡不能不說一句點題的話：這樣的新精神，難道不是中國儒家思想中的「經世」老傳統生發出來的嗎？

第二節　從援今文義說古文經到鑄古文經學為史學
——對章太炎早期經學思想發展軌跡的探討

章太炎是晚清經學古文派之領軍人物。其弟子錢玄同用「專宗古文，痛詆今文」的「純粹的古文家」[170]來概括其經學立場，可謂深得乃師成年期學術之大體。而其經學取向並非歷來如此。錢氏曾提示讀者，從早年的《春秋左傳讀》到後來的《春秋左傳讀敘錄》及《劉子政左氏說》到晚年所作《春秋左氏疑義答問》，章氏治《左傳》「前後見解大異」；「竊謂欲知先師治《左氏》學之意見之前後變遷，此三時

---

169 語出《膠旅割後，各國索地，吾與各省志士開會自保，末乃合全國士大夫開保國會，集者數千人。累被飛章，散會謝客，門可羅雀矣》（1898.04），見湯志鈞編：《康有為政論集》（上），242頁。

170 以上兩條引語出處分別見《論今古文經學及〈辨偽叢書〉書》、《論〈說文〉及壁中古文經書》，見《錢玄同文集》，第4卷，225、266頁，北京，中國人民大學出版社，1999。

期之四部書皆極重要」。[171]《左傳》學固為章氏學術思想之大本營，其經學思想的「前後變遷」以此為根底，而不以此為限。此後就有學者注意到章氏並非自始即是一位專宗古文的經學家，其早年經學多染今文義[172]，近來有學者對早年章太炎深受今文家說影響這一事實有更為徹底地揭發，併發展出一種極端之論，竟以某種流傳甚廣而並無實據的判斷尺度以為「章太炎早年並不是一個經古文學者」。[173]這樣，章太炎早年是不是一個經古文學者竟成為問題。無論如何，學者已認識到章太炎的經學思想經歷了一段與今文家言的艱苦抗爭過程[174]，但是，對他轉向專宗古文之重大關節仍不能有深入的討論。又有學者有見於「論者常把康、章之爭約化為經今古文之爭」的偏頗，進而主張康、章的政學分歧「不能用傳統的經今古文之爭來概括」[175]，研究者當然不能無視晚清經學的複雜學術思想背景與資源，但如此則不啻浪棄了從經學觀點來討論章氏之學術思想的取徑，這樣的見解離章氏本人之自我意識益遠矣，更不知其所謂「傳統的經今古文之爭」究何所指，不免因噎廢食。筆者不揣冒昧，意欲探究章太炎早期（截止《訄書》重訂本）經學思想「前後變遷」的軌跡。先釐清章氏早年的經學取向，再圍繞《訄書》的修訂探討其而立之年經學思想的激變和新古文經學揭竿而起的過程，分析其所以然並揭示意義，以就教於方家。

---

171 錢玄同：《與顧起潛書》，原載《制言》，第50期，1939。轉引自湯志鈞：《章太炎年譜長編》，32-33頁，北京，中華書局，1979。

172 比如湯志鈞：《辛亥革命前章炳麟學術思想評價》，載《文史哲》，1964（2）。《章太炎年譜長編》等書文就頗多留意及此。

173 張勇：《戊戌時期章太炎與康有為經學思想的歧異》，載《歷史研究》，1994（3）。

174 如王汎森所說：「經過與今文家數十年對壘後，其所宣揚的古文經內容，亦相對地改變了。大家都知道太炎是一個古文家，卻較少留意他不是一開始就以這樣或那樣的古文家出現。在與論敵長期纏鬥的過程中，他的思想也同時被論敵制約形塑成一個特殊的風貌。」參見氏著《章太炎的思想（1868-1919）及其對儒學傳統的衝擊》，59頁，臺北，時報文化出版事業有限公司，1985。

175 汪榮祖：《康有為章炳麟合論》，見「中研院」近代史研究所集刊》，第15期，1986。

一　章太炎早年的經學立場

1　今文學日趨風靡下的宗古的「學派」意識

　　據章氏自述，他從十八歲開始「壹意治經」，[176]其「始治經，獨求通訓詁知典禮而已；及從俞先生游，（1890年，章氏時年23歲。引者按）轉益精審，然終未窺大體。二十四歲，始分別古今文師說。」[177]

　　「始分別古今文師說」，此一治經學之「大體」之「窺」得，以及此後經學取向的定位，乃是章氏一生學術思想發展的重要關節，故《自定年譜》有鄭重的交代：

> 譚先生好稱陽湖莊氏，余侍坐，但問文章，初不及經義。與穗卿交，穗卿時張公羊、齊詩之說，余以為詭誕。專慕劉子駿，刻印自言私淑。其後遍尋荀卿、賈生、太史公、張子高、劉子政諸家左氏古義，至是書成（指1896年，《春秋左傳讀》完稿，引者按[178]），然尚多淩雜，中歲以還，悉刪不用，獨以《敘錄》一卷、《劉子政左氏說》一卷行世。

　　章氏復為追溯，當初乃師俞樾以康有為的《新學偽經考》相激勵，而章氏「贈幣」讚助康有為及其同志組織的強學會。

　　至是，有為弟子新會梁啟超卓如與穗卿集資就上海作「時報」，（中脫一「務」字，應為「時務報」，引者按）招余撰述，余

176　章炳麟：《太炎先生自定年譜》，載《近代史資料》，1957（1）。
177　章炳麟：《太炎先生自定年譜》，載《近代史資料》，1957（1）。
178　參見姚典中、董國炎：《章太炎學術年譜》，32頁，太原，山西古籍出版社，1996。

> 應其請，始去詁經精舍，俞先生頗不懌。然古今文經說，余始
> 終不能與彼合也。[179]

　　章太炎此番夫子自道，給人的強烈印象是他自始至終都是一位堅
定的古文經學家。也許不是有意的掩飾，而是成年以後愈益深刻的
門戶之見遮蔽了他早年習染今文經說的心路歷程。正如有學者指出
的，在一八九三年前寫成的、收於《詁經精舍課藝》七集的文字中，
章氏對今文經說尚未排斥、且加援用，並且認為「《左氏》可通於
《公羊》」[180]。戊戌前後章氏「以革政挽革命」的基本政治觀念，即
本於「《齊詩》五際之說」。《論學會大有益於黃人亟宜保護》一文中
就用了「大一統」、「通三統」等《春秋》公羊家言。[181]更有學者指出
章太炎早年在《膏蘭室札記・孝經本夏法說》以及《春秋左傳讀》中
多處，甚至贊成「孔子改制」說，而這是今文經說的重要觀念，也是
戊戌時康有為鼓吹今文經的核心所在。章氏曾在政治上追隨康、梁，
贊成「改制」，是以其學術上的見解為依據的。[182]

　　可見，章太炎對早年的古文經學立場作了自我誇張。他在早年對
「公羊、齊詩之說」，殊非「以為詭誕」，對康有為經今文說，亦非自
「始」「不能與彼合也」。事實上，深感變革之急迫而傾心於今文家
言，乃晚清之時代思潮。且不說，當時同信今文者之間就一人有一
義。即使不齒於「新學偽經」說者，對康有為以今文經學論政亦多有
諒解。如孫詒讓、宋恕、孫寶瑄等，大都如此。

　　但是，所謂「章太炎早年並不是一個經古文學者」的看法，卻

179 章炳麟：《太炎先生自定年譜》，載《近代史資料》，1957（1）。
180 湯志鈞：《章太炎年譜長編》，18-19頁。
181 參見湯志鈞：《辛亥革命前章炳麟學術思想評價》、《章太炎年譜長編》等書文。
182 張勇：《戊戌時期章太炎與康有為經學思想的歧異》，載《歷史研究》，1994（3）。

是不能成立的。不僅因為論者所持的標準，即周予同的看法值得商榷[183]；這一判斷還與一項基本的事實頗不相符合，即：章氏很早就對今古文之爭極為敏感，並自任以重振古文派的使命。

章門弟子沈延國《膏蘭室札記校點後記》有云：

> 第一卷首，有「札記」題端，右有「時辛卯仲春梅叔署於膏蘭室」一行。（據一九八〇年四月潘景鄭來書）……第二卷首，有先生自題「札記」，右有「時壬辰夏至梅叔署於膏蘭室」一行……第三卷首，有「札記」題端，右有「劉子駿私淑弟子」長方朱印，未署年月，按第二卷第三百八條下先生自注：以下癸巳十月下旬記。則《札記》為辛卯、壬辰、癸巳諸歲劄錄者也……《札記》所載，肄業詁經精舍第二年，即辛卯年仲春起，壬辰、癸巳繼之，隨日札記。是時，《春秋左傳讀》同時著述。[184]

眾所周知，漢代《公羊》家何休有「左氏膏肓」之見，章太炎蓋有激於晚清經今文派對古文經的衝擊，於一八九一年就自名其室為「膏蘭」，自誓與相抗爭。一八九一年開始撰寫的《春秋左傳讀》主要針對清代常州公羊學派重鎮劉逢祿而發，以期釜底抽薪。並至少於一八九三年，已「專慕劉子駿，刻印自言私淑」。此處提到的「『劉子駿私淑弟子』長方朱印」，似為已知文獻中記載的章太炎最早的用印證據。章氏後來又有《駁箴膏肓評》一文[185]，其旨趣與《春秋左傳

183 詳見後文。
184 《章太炎全集》（一），302-303頁，上海，上海人民出版社，1982。
185 湯志鈞將此文繫於1896年，見《章太炎年譜長編》，37頁；姜義華認為此文「撰於一九〇二年」，見《章太炎全集》（二）《春秋左傳讀校點說明》，2頁，上海，上海人民出版社，1982。

讀》一脈相承，而手稿封面上亦有「劉子駿私淑弟子」印章[186]。

　　章太炎立足古文的立場，甚至並不因與「康黨」在政學觀念上的親近而改變。一八九七年四月，章太炎與「康黨」鬧翻。原因固不單純[187]，但有經今古學之爭為糾結，實不可謂不明顯。孫寶瑄《忘山廬日記》丁酉（1897年）「三月甲辰」「十四日」條，有云：「章枚叔過談。枚叔以酒醉失言，詆康長素教匪，為康黨所聞，來與枚叔鬥辨〔辯〕，至揮拳……夜，觀章枚叔所著《春秋左傳讀》。」[188]《春秋左傳讀》很可能是章氏因此事的激發而拿來給孫氏看的，可見這一衝突的思想底蘊。同年「三月十九」（1897年4月20日），章氏致函譚獻，在談完與康爭鬥經過後，又說：「《新學偽經考》，前已有駁議數十條，近杜門謝客，將次第續成之。」[189]章氏曾將「駁《偽經考》數十事」就教於孫詒讓，正因為「炳麟素治《左氏春秋》，聞先生治《周官》，皆劉氏學」[190]。可見，康有為《新學偽經考》出後，章太炎即有「駁議」，此等學術思想上的分歧，正是他與「康黨」鬧翻的伏流，又因此事而加劇，章氏正因立足於「劉氏學」，固「終不能與彼合也」。從中可見他在「學派」宗主意識上的執著。

---

186 見《章太炎全集》（二）「《駁箴膏肓評》手稿封面」的照片。有關章太炎研究的諸多書文，提到章氏曾有「劉子政私淑弟子」的筆名，未知何所據。蓋承襲湯志鈞《章太炎年譜長編》第2頁之偶而筆誤而來。我們參見該譜第33頁，就未誤。而湯氏在《七略別錄佚文徵校點後記》中又將「劉子駿私淑弟子」誤為「劉子政私淑弟子」，見《章太炎全集》（一），381頁。

187 張勇：《也談〈新學偽經考〉的影響——兼及戊戌時期的「學術之爭」》，載《近代史研究》1999（3）；蔡樂蘇、張勇、王憲明：《戊戌變法史述論稿》，219-221頁，北京，清華大學出版社，2001；廖梅：《汪康年：從民權論到文化保守主義》，183-184頁，上海，上海古籍出版社，2001。

188 孫寶瑄：《忘山廬日記》（上），183-184頁，上海，上海古籍出版社，1983。

189 馬勇編：《章太炎書信集》，3-4頁，石家莊，河北人民出版社，2003。

190 章太炎：《瑞安孫先生傷辭》，見《章太炎全集》（四），224頁，上海，上海人民出版社，1985。

章氏早年又有《七略別錄佚文徵》之作，撰於「辛丑二月」
（1901年三四月間）的《七略別錄佚文徵序》中有曰：

> 余性好《春秋》古文之學，既為《左傳讀》及《賈子》校正，
> 復董理劉氏書，撰用《北堂書鈔》、《藝文類聚》、《初學記》、
> 諸經釋文正義釋疏、《文選注》、《太平御覽》，為《佚文徵》一
> 卷。以其父子同業，不可割異，故仍題《七略別錄》。[191]

綜上所述，其據守古文、自我振作的基本立場確實是由來已早，
歷久而彌堅。

2　援今入古、以古統今的經學取向

我們已經清楚地看到：早年的章太炎治經，一方面昭然雜糅今文
說，另一方面彰彰欲振古文學。這到底是怎麼回事呢？

章氏《自定年譜》在《春秋左傳讀》完稿之年（1896年），敘述
其與今文派的關係，可謂別具匠心，《春秋左傳讀》確可代表其早年
的經學見解。我們以此書為徑，試探其經學取向。

一八九六年二月，章氏致書譚獻說：「今輒呈《左傳讀》為別，
奉賜刊刻，令中權度。」其中概括了此書用力及用意所在：

> 嘗撢賾於荀、賈，徵文於遷、向，微言絕恉，迥出慮表，修舉
> 故訓，成《左氏讀》。志在纂疏，斯為屬草，欲使莊、孔解
> 戈，劉、宋弢鏃，則鯫生之始願已。

191　《章太炎全集》（一），360頁。

又論及《春秋左傳讀》之大義有云：

> 夫經義廢興，與時張弛，睹微知著，即用覘國，故黜周王魯之誼申，則替君主民之論起。然《左氏》篇首以攝詰經，天下為宦，故具微旨，索大同於《禮運》，籀遜讓於《書序》，齊、魯二傳，同入環內，苟暘斯解，則何、鄭同室釋甲勢冰矣。

何休當年曾感歎，「康成入吾室，操吾矛，以伐我乎！」章太炎所為亦不外乎此。「黜周王魯之誼」可通於《左氏》，「齊、魯二傳，同入環內」，如此則何、鄭不必有門戶之爭矣，何論莊、孔、劉、宋！

章氏尤以荀子為統合今古文義之樞紐：「大儒荀卿，照鄰殆庶，並受二傳，疆易無分。秉此說經，庶憖悒悔。」[192]

用章太炎一九○三年致劉師培信中的話來說，就是：「鄙人素治茲書，蓋嘗上溯周漢，得其傳人，有所陳義，則以孫卿、賈傅為本，次即子駿父子。」[193]

我們且來看《春秋左傳讀》在根本大義上如何以《荀子》為綱領來貫穿古今，以概其餘。

卷一「公羊以隱公為受命王」條（隱西元年）有云：

> 麟按：終以《公羊》為長。《荀子·解蔽》云：「孔子仁智且不蔽，故學亂術足以為先王者也。一家得周道，舉而用之，不蔽於成積也，故德與周公齊，名與三王並。此不蔽之福也。」周道，謂余五經也；一家，謂《春秋》也。則《春秋》非周道，

---

192 以上引文均見湯志鈞：《章太炎年譜長編》，30-31頁。
193 馬勇編：《章太炎書信集》，71頁。

《左氏》、《穀梁》皆同矣。且自號素王，則托王復何嫌乎？《孔子世家》云：「因史記作《春秋》，據魯，親（即新）周，故殷，運之三代。」史公極尊《左氏》，不治《公羊》，而其說如此，然則《左氏》家亦同《公羊》說也。且《春秋》改制，孔子已親行之。[194]

卷五「取郜大鼎於宋」條（桓公二年）有云：

按：《左氏》誼亦當然。《荀子‧正名》云：「後王之成名：刑名從商，爵名從周，文名從禮，散名之加於萬物者，則從諸夏之成俗曲期。遠方異俗之鄉，則因之而為通。」荀子兼治《左》、《穀》，所說散名，必二家之通誼也。從商、從周、從禮等說，乃《春秋》製作之大權，即此數語，括全經之旨矣。[195]

卷六「西狩獲麟」條（哀公十四年）有云：

《荀子‧正名》曰：「後王之成名，刑名從商，爵名從周，文名從禮。散名之加於萬物者，則從諸夏之成俗曲期。遠方異俗之鄉，則因之而為通。散名之在人者」云云。麟舊謂作《春秋》為後王法，荀子之論乃《左氏》家說，作《春秋》之微言，於茲益信。先商，而周，而禮，則禮非商、周之禮，必為《春秋》所制之禮矣。《公羊》有改制之說，實即《左氏》說也。三統迭建，救僿以忠，是以不言夏而夏即在禮中。《春

---

194 《章太炎全集》（二），64頁。

195 《章太炎全集》（二），120頁。

秋》制禮，參夏、商、周而酌之，故《春秋》正是禮書，語本
《荀子》。[196]

　　一葉知秋，將上述三條經解連繫起來看，我們不但能大體明白章
太炎治經的方法，且能得其經學旨趣之三昧。

　　雖然，唐代楊倞已解《荀子・解蔽》「一家得」為「謂作《春
秋》也」[197]。章氏似取用之。但楊倞解《荀子・正名》「文名從禮」
曰：「文名，謂節文、威儀。《禮》，即周之《儀禮》也。」清儒郝懿
行附和補充說：「其說是也。古無《儀禮》之名，直謂之《禮》，或謂
之《禮經》。」[198]章太炎的解說則與之絕異。他將「禮」解為「《春
秋》所制之禮」。

　　非常清楚，章太炎輕巧地（也可以說是創造性地吧）援用「《春
秋》改制」「三統迭建」等觀念來疏證《荀子》之《解蔽》、《正名》
諸篇，並以此來通解《左傳》，「大儒荀卿」才成為兼具《公羊》精義
的《左氏》先師。他以古文統攝今文的苦心，也就昭然若揭。

　　只有瞭解了這一點，我們才能摸清章太炎在晚清赫然「尊荀」的
奧秘。

　　在「丁酉五月同人擬定」（1897年）實為章太炎手筆的《興浙會
章程》中，章氏就指出：「至荀子則入聖域，固仲尼後一人。持衡諸
子，舍蘭陵其誰哉？」[199]

　　一八九七年九月七更為文尊荀子為「後聖」，以荀子來「統一」

---

196 《章太炎全集》（二），784頁。

197 參見〔清〕王先謙撰，沈嘯寰、王星賢點校：《荀子集解》（下），393頁，北京，
　　中華書局，1988。

198 參見〔清〕王先謙撰，沈嘯寰、王星賢點校：《荀子集解》（下），411頁。

199 朱維錚、姜義華編注：《章太炎選集》，17頁，上海，上海人民出版社，1981。

儒學：「同乎荀卿者與孔子同，異乎荀卿者與孔子異。」理由何在呢？「非佟其傳經也，其微言通鬼神，彰明於人事，鍵牽六經，謨及後世，千年而不能闡明者，曰《正名》、《禮論》。」根本在於荀子有「《禮論》以鍵六經，《正名》以鍵《春秋》之隱義。」[200]

　　荀子在先秦迄漢的儒學發展史上有重要的地位，司馬遷將其與孟子並稱，但後來逐漸被排斥於主流之外，唐人楊倞是難得一治荀書之士，至清代荀學才又彰顯，以汪中為代表的學者，推崇荀子，「佟其傳經也」，與他們不同，章太炎的「尊荀」自別有一套大道理，我們結合前面的討論，從《春秋左傳讀》的要旨，往下看，我們才清楚，這一番理論的核心就是，攝取今文之大義（如孔子改制、三統迭建、黜周王魯）來詮釋古文，以為己出；以荀子來統一儒學，無論今古。否則，我們真不能明白，章氏所謂「《正名》以鍵《春秋》之隱義」究竟何義！

　　由此，我們亦能理解，一年多後，章太炎對因戊戌變法失敗而流亡海外的康有為所表示的同情的聲援，自有其一貫的內在理據：

> 余自顧學術，尚未若給諫（指朱一新，引者按）之墨宋，所與工部論辯者，特左氏、公羊門戶師法之間耳。至於黜周王魯、改製革命，則未嘗少異也。（余紬繹周秦、西漢諸書，知左氏大義與此數語吻合），況旋乾轉坤以成既濟之業乎？[201]

　　朱一新「亦上窺兩漢古義，其說經誠與康氏絕異」[202]，但章太炎

---

200 湯志鈞：《章太炎政論選集》（上），37-39頁，北京，中華書局，1977。

201 《〈康有為復章炳麟書〉識語》，原載《臺灣日日新報》，1899.01.13，轉引自《復旦學報》（社會科學版），1982（3）。

202 《翼教叢編書後》（1899.10），見湯志鈞：《章太炎政論選集》上冊，97頁。

尚嫌其「墨宋」，意味著朱氏專執古文，對「黜周王魯、改製革命」
等大義未能融會，而此等經義，正是章氏能與康有為聲氣相通的思想
根源，而這也並不出他所理解的「左氏大義」之外；章氏更批評張之
洞「今於周秦諸子，無不醜詆，並西漢今文學派，亦皆憤如仇敵，是
其發源之地，固以孔光謹慎、胡公中庸為正鵠」。[203]亦可見他對「西
漢今文學派」相當包容，至少認為其境界絕非「孔光」、「胡公」可
攀，正如康有為絕非張之洞可比。

　　《今古文辨義》（1899年10月25日）辯駁「廖氏謂今文重師承，
古文重訓詁」之說，有曰：「今觀廖氏所論，其於《公羊》，則不取劭
公日月之說，即董生《繁露》，亦有不滿，且並王魯之說駁之，則大
義亦與先師迥異，而猶謂今文重在師承，恐己於今文，已不能重師承
矣。」[204]可見，即使同治《公羊》，且家有異說，僅就「王魯之說」
而論，章太炎與康有為反而是同道，甚至比廖平更接近康氏。

　　儘管如此，看起來更是入室操戈而絕不是改轍易幟，所以他還要
上紲「周秦、西漢諸書」，而「左氏、公羊門戶師法之間」的「論
辯」之防線，也是不能撤去的。但是，從這段頗能反映戊戌前後章太
炎與康有為的政學關係的重要聲明，確能看到章氏在今古文之間左支
右紲的矛盾心境，在未建立自己獨立成熟的經學見解之前，大概也只
有一種選擇了調合今古文之爭。

203　《黨碑誤鑿》，原載《臺灣日日新報》，1899.01.29，轉引自《章太炎旅臺文錄》，
　　見《中國文化研究集刊》，第1輯，362頁，上海，復旦大學出版社，1984。
204　《今古文辨義》（1899.12.25），見湯志鈞編：《章太炎政論選集》（上），114頁。

二 《訄書》初刻本所體現的經學思想
——章太炎對康有為今文經說的迎與拒

調停之論見《訄書》初刻本[205]《公言下》（下來我們主要從被《訄書》重訂本所刪的內容來看）：

> 上古以來，百王有政教，各持一端，而仲尼通之以三統，耘刈其繆戾，曰『為賢者諱』，非愛其人也，去其足以害教而已。是故道莫憮，而言曰公。漢之東建，有爭古今文，今益熾。苟徒以隸書、史籀書為辨，其爭則珊斯克利與波利之屬也。苟訂以法制，以新經之告成於赤爵，權輿眇慮，帝王不素有，壹不知因襲其纑，而纑之間乃特製矣！是故其陳於九《雒》者為一代，其陳於《后倉曲臺》者為一代。其陳於《周官》者為一代。三統之既通，則政法何異同之與有？[206]

就這樣，章太炎用「通三統」的觀念來彌和今古文。

關於《訄書》初刻本所見章太炎之受今文家說的影響，學者已有指出，章氏在《客帝》篇中「不但也談『素王』，還引《中候》和《春秋繁露》，說明他還末（應為『未』字之訛，引者）擺脫康、梁的思想影響」[207]。又如《尊荀》篇之「黑綠不足代蒼黃」，出自《孝經緯援神契》；《訂實知》篇所說「夫孔子吹律而知其姓」，出於《孝

---

205 關於《訄書》初刻本初次刊行的時間，約在1900年2月中下旬到4月上旬之間。參見朱維錚編校：《章太炎全集》，第三卷，前言3-8頁，上海，上海人民出版社，1984；章炳麟：《〈訄書〉初刻本、重訂本》，朱維錚所作《導言》第1頁，北京，生活‧讀書‧新知三聯書店，1998。

206 《章太炎全集》（三），17頁。

207 湯志鈞：《章太炎在臺灣》，載《社會科學戰線》，1982（4）。

經緯鉤命決》；《客帝》篇稱「吾讀《中候》」之《中候》，就是《尚書緯》，等等。[208]

但問題的關鍵是《尊荀》與《客帝》這兩篇關鍵性的文章的旨趣甚至最核心的理論根據都與康有為有密切的關係。

《尊荀》說：「《春秋》之作，以黑綠不足代蒼黃，故反夏政於魯，為新王制，非為漢制也。」可見，章太炎已放棄了他早年在《春秋左傳讀》中曾相信過的漢代今文家所謂孔子為漢製法的說法。接著，提綱挈領地指出：「荀子所謂後王者，則素王是；所謂法後王者，則法《春秋》是。」[209]

這一看法，當然是沿著我們已討論過的融攝了「三統迭建」等經義以荀子統一儒學的思路發展而來。但是，章太炎徑指《荀子》所謂「後王」為孔子，以往他似從未這樣提過，我們真不知其何所據而云然！不過，非常清楚的是，於一八九七年末初次付刊、次年春印行的康有為《孔子改制考》頗著此說。該書卷八「孔子為製法之王考」之「孔子為後王」條，開篇先引我們前引《荀子・正名》的那同一段話，然後加按語道：

> 當荀子之時，周德雖衰，天命未改，秦又未帝，而立爵名從周，與商並舉，則所謂「後王」者，上非周王，後非秦帝，非素王之孔子而何？孟子稱孔子為「先王」，荀子稱孔子為「後王」，其實一也。云「爵名從周」，而刑名、文名不從周，則所謂後王正名者，非孔子而何？然則以為禮名、刑名、文名為周人之舊，而非孔子所改制者，其誤不待言矣！

---

208 張勇：《戊戌時期章太炎與康有為經學思想的歧異》，載《歷史研究》，1994（3）。
209 《章太炎全集》（三），7頁。

「孔子為後王」條的結論是：

　　凡荀子稱「後王」者，皆孔子也。[210]

　　我們且不論康有為的說法是否武斷。我們可以說，章太炎雖以荀子來統合古今，但《尊荀》之理論架構不出於康氏之外，其稱《荀子》所謂「後王」為孔子，乃直接得之於康氏。

　　《尊荀》又有云：「所謂後王者，上非文武，下非始皇帝」[211]，則連表述也如出一轍了。[212]

　　不過我們又當理解，章太炎早年在與今文家的爭執中雖然無力，卻並非就是繳械投降。《春秋左傳讀》引《荀子・正名》那一段並做出與康有為相近的解釋，尚在《孔子改制考》刊佈之前，章氏之接受康說，可以說是理有必致。

　　不僅如此，《客帝》篇存在同樣的問題。此篇由於章太炎本人痛加「匡謬」，學者多知其與康有為在政學見解上之關聯。但此篇的理論根據所援引的經義與康有為之勾連，猶待彰顯。我們知道《客帝》的主旨是以孔子後裔為震旦（中夏）之共主，而讓清帝自降為客帝。讓「孔氏」領「神州之王統」，有何根據呢？最基本的根據在於《春秋》：

210　朱維錚編校：《中國現代學術經典・康有為卷》，529-530頁，石家莊，河北教育出版社，1996。《孔子改制考》刊佈時間，見編校說明。

211　《章太炎全集》（三），7頁。

212　小野川秀美已指出：「荀子所謂後王係指素王，此處所謂法後王係指法《春秋》。這種孔子改制的想法，或許是受康有為的影響。」惟未加證明。參見氏著：《章炳麟的排滿思想》，周陽山、楊肅獻編：《近代中國思想人物論──民族主義》，223頁，臺北，時報文化出版事業有限公司，1980。

　　昔者《春秋》以元統天，而以春王為文王。文王孰謂？則王愆
　　期以為仲尼是已。[213]

　　如此則孔子為中國大一統之王者、天下的共主。

　　這種看法與他以往的見解大不相同。《春秋左傳讀》卷一「元年
春王正月」（隱西元年）條，認為「王者，以一貫三，所書之王，本
兼三王說，非文王一人，亦非殷王一人，夏王一人」。[214]

　　《訄書》重訂本的看法又一變。《官統上》有云：「是故言『元
年』者，以『王』為文王，而擯箕子於海外營部之域，使無亂
統。」[215]又說：「則箕子之法，必不行於域中，而文王得持其元，故
曰大一統也。」[216]我們從上下文來看，可知章氏在此處所謂「文王」
即周文王。可以說是回到了《公羊傳》何休所注解的看法上來了。

　　如此說來，初刻本《客帝》以春王為文王以文王為孔子的說法，
乃一時之權言，為緣飾其政論而刻意採擇之經義。那麼，這一見解是
否就像我們表面所看到的僅僅是本於王愆期呢？（儘管王氏也是治
《公羊》的，不過與何休有異說而已[217]）

　　事實上，初刊於一八九七年冬[218]的《春秋董氏學》，早已引王愆
期之說而大加發揮了。其「受命改制」條，引董仲舒《春秋繁露·三
代改制》文，有康有為的按語云：

213　《章太炎全集》（三），65頁。

214　《章太炎全集》（二），63頁。

215　《章太炎全集》（三），247頁。

216　《章太炎全集》（三），251頁。

217　王氏之說，可參見《晉書·王接傳》；徐復：《〈訄書〉詳注》，3-4頁，上海，上海
　　古籍出版社，2000。又可參見《尚書·泰誓》疏所引王說。

218　《春秋董氏學》的刊佈時間，參見收入姜義華、吳根樑編校：《康有為全集》，第2
　　集，《春秋董氏學》編校者按語，628頁，上海，上海古籍出版社，1990。

《論語》：「文王既沒，文不在茲。」孔子已自任之。王愆期謂
「文王者，孔子也」，最得其本。人只知孔子為素王，不知孔
子為文王也，或文或質，孔子兼之。王者，天下歸往之謂。聖
人天下所歸往，非王而何？猶佛稱為法王云爾。[219]

　　而這一段話又被全文收入《孔子改制考》卷八「孔子為製法之王
考」之「孔子為文王」條。[220]

　　《春秋董氏學》「春秋作新王」條，康氏按語又有「王愆期以文
王為孔子」的援引。[221]它也被《孔子改制考》卷八「孔子為製法之王
考」之「孔子為製法之王總義」條採用。[222]卷十「六經皆孔子改制所
作考」亦道及之。[223]康有為可以說是於此反覆稱引了。[224]

　　以《春秋董氏學》與《孔子改制考》兩書傳佈之廣，章太炎難保
不是受了康有為的影響而援引王說以奠定「客帝」之論。[225]章氏關於

219　朱維錚編校：《中國現代學術經典・康有為卷》，210頁。
220　朱維錚編校：《中國現代學術經典・康有為卷》，526頁。
221　朱維錚編校：《中國現代學術經典・康有為卷》，211頁。
222　朱維錚編校：《中國現代學術經典・康有為卷》，535頁。
223　朱維錚編校：《中國現代學術經典・康有為卷》，573頁。
224　《春秋董氏學》卷七的「傳經表」之「傳公羊而不詳所受者表」中，列了王愆
　　　期，並特加「按」語云：「愆期稱文王為孔子，是嫡傳《公羊》者。見《尚書・泰
　　　誓》疏。」見朱維錚編校：《中國現代學術經典・康有為卷》，309頁。可知康氏說
　　　本《尚書・泰誓》疏。
225　與此等理論有密切關係，《訄書》初刻本《官統》開篇有云：「萬祀家天下之制，
　　　以宣父之嫡為辟王，而視旅機者猶霸主也。黜陟之柄，辟王勿與焉。」《章太炎全
　　　集》（三），69頁。這段話簡直是《客帝》的內容提要。章太炎寫於《訄書》初刻
　　　本《客帝》一文上的眉批顯示，他最初計劃要「著之以自劾錄」的《訄書》初刻
　　　本文字有3篇：即《客帝》、《分鎮》、《官統》。《分鎮》與《官統》之篇名後又用墨
　　　筆勾去。最後重訂本有《客帝》、《分鎮》兩篇的「匡謬」，而《官統》終於保留，
　　　修訂後分上、中、下3篇。上引這兩句話被刪去。筆者認為，這一段話，是章太炎
　　　一度要將《官統》「著之以自劾錄」的基本原因。要與康有為劃清界限，怎麼能留
　　　下此等文字呢？

《客帝》的眉批和《匡謬》的正文，均有「與尊清者遊」的悔恨與「棄本崇教」的反省[226]，如果我們從上述方面去理解所謂「棄本崇教」的指涉，大概雖不中，亦不遠吧。

不過，從《訄書》初刻本可知，章氏對康有為的今文家說亦有排斥，此最彰著者可於《獨聖》見之。學者多認為，《訄書》初刻本的思想體系以《尊荀》始以《獨聖》終，皆以孔子與荀卿並舉，未脫康有為尊孔之窠臼。此不免為皮相之談。我們似不可只注目於學者公然所張之旗幟，而猶當深究表態式的尊貶之所以然。如上討論所知，章氏《尊荀》，抬出荀子與今文家相頡頏，但思想架構卻恰取之於爭辯的對手。反之，章氏《獨聖》之尊孔貌似康有為，而他對孔子之所以「獨聖」的詮釋路線恰與康氏立異。他說：「有黃能無薏苡，有六天無感生，知感生帝之謬，而仲尼橫於萬紀矣。」「上古多禨祥，而成以五行，公旦弗能革也。病其怪神，植微志以紬之者，獨有仲尼。自仲尼之歷世摩鈍，然後生民之智，始察於人倫，而不以史巫尸祝為大故，則公旦又逡遁乎後矣！」[227]這一思路正是延續《儒術真論》而來：「按仲尼所以凌駕千聖，邁堯、舜軼公旦者，獨在以天為不明及無鬼神二事。」「惟仲尼明於庶物，察於人倫，知天為不明，知鬼神

---

226 《章太炎全集》（三），119-120頁。有學者將「教」解為「孔教」，參見章太炎著作編注組《章太炎詩文選注》（上），154頁，上海，上海人民出版社，1976；唐振常認為：「他在第二年（一九○○年）寫《〈客帝〉匡謬》，說自己『棄本崇教』，也包含了自責違背了素所尊奉的『春秋大義』的意思。」即「從古文經學得來的『春秋大義』：『尊王攘夷』，『嚴夷夏之大防』。」氏著《論章太炎》，載《歷史研究》，1978（1）；小野川秀美則指出：「所謂崇教，當係指以孔子子孫為二千年來之共主一事。」參見氏著：《章炳麟的排滿思想》，見周陽山、楊肅獻編：《近代中國思想人物論──民族主義》，222-223頁。

227 《章太炎全集》（三），103、104頁。《訄書》初刻本《榦蠱》中亦有類似的思想，如云：「孔氏之於祭宗禰，重之矣；其於上天及神怪祇鬼者，則皆擯之以為椎愚之言。」等等。《章太炎全集》（三），35頁。

為無，遂以此為拔本塞原之義，而萬物之情狀大著。由是感生帝之說
詘，而禽獸行絕矣。此所以冠生民橫大陸也。」[228]此種思想的緣起，
蓋面對佛教、基督教宗教世界觀的衝擊，章氏不滿於康有為等將儒學
宗教化的孔教運動，採擇西學中的新興科學知識與觀念，以返本復初
的取徑，對《墨子・公孟篇》進行疏證，來詮釋尚未被後世雜學所污
染的原始儒學中「無鬼神」、「儒以天為不明，以鬼為不神」等思想，
重新建構「儒術」之「真」義，開出了儒學理性化的新的詮釋路向，
以「作民氣」。[229]而《獨聖》正是沿此思路，進一步發揮《今古文辨
義》中已點到而未加詳說的「孔子自有獨至，不專在六經」[230]之義。
他並以此為標準來衡量今古文之優劣：如謂「《五經異義》：《詩》
齊、魯、韓、《春秋》公羊說，聖人皆無父，感天而生；左氏說，聖
人皆有父。按：《毛詩》亦古文，故與左氏同。此古文特勝今文之義
也。」而荀子則繼承了孔子凡「害教之事」務加「刊除」的精神：

---

228 《儒術真論》（1899年），見湯志鈞編：《章太炎政論選集》（上），120、121頁。

229 章氏早在1899年2月2日致梁啟超的信中已發此意：「抑儒者之說，多言無鬼神（見
太史公書）是秦漢古義固然，非自無鬼論始也。異於釋迦、基督之言靈魂者。夫
肢體一蹶，互萬世而不昭，則孰肯致死，民氣之懦，誠足不怪。然惟無鬼神，而
胤嗣之念乃獨切於他國，形家之說，至欲以枯骨所藏，福利後裔。今知不致死以
禦侮，則後世將返為蠻獠猩狒，其足以倡勇敢也明矣。然則儒者之說，固不必道
及無色界天、無間地獄，而後可作民氣也。」《答梁卓如書》，原載《臺灣日日新
報》，1899.02.05，轉引自《章太炎旅臺文錄》，載見《中國文化研究集刊》第1
輯，364頁。馬勇編：《章太炎書信集》，41頁。章氏本此意，草《儒術真論》並附
《視天論》與《菌說》，刊發於梁啟超所主編的《清議報》，第23-34冊（1899.08.
17-1900.02.10）。章氏對《儒術真論》頗為看重，先是請日人館森鴻「審定」（參見
謝櫻寧：《章太炎年譜摭遺》，北京，中國社會科學出版社，1987，13頁），後又於
1900年4月將此文與《訄書》初刻本一併請嚴復「糾正」（參見章氏致夏曾佑及嚴
復致章太炎的信，朱維錚、姜義華編注：《章太炎選集》，110、112頁），章氏如此
自重的緣由，固當從他對儒學的新詮釋、尤其與康有為分庭抗禮的新詮釋的路向
中去瞭解。

230 《今古文辨義》（1899.12.25），見湯志鈞編：《章太炎政論選集》（上），111頁。

「夫亟滌則異老成之故法，將無以取信於流俗；必故言之守，而又足以亂大從。於是則荀子為之隆禮義而殺《詩》、《書》。」章氏據此又在附注中對所謂「壁中之書皆歆、莽駕言偽撰者」等晚清今文家說加以批評。[231]

　　但是總的來說，這時的章太炎，仍沒有建立自己獨立的經學思想，還不能擺脫康有為的深刻影響。這可以從他對孔子的觀念就能看出來。我們知道，章太炎早就與康有為立異，即使是在與「康黨」的政學觀念最相契合的任職於《時務報》時期，他就不滿於「創立孔教」的觀念，認為「尊孔設教有煽動教禍之虞，不能輕於附和」[232]。這是日後與「康黨」鬧翻的一大因緣。可見他對康有為以孔子為教主、為神明的做法大不以為然，但對康有為以孔子為改制之王的觀念則心悅誠服且引為同道。章太炎在張之洞幕府時，應梁鼎芬問章氏是否聽說康有為欲做皇帝，章答曰：「只聞康欲作教主，未聞欲作皇帝。實則人有帝王思想，本不足異；欲作教主，則未免想入非非。」[233]其實所謂改制之王者的政治涵義不啻就是「帝王思想」，所以他用「改製革命」來概括他與康有為思想的相通處，決非無因。[234]他的《儒術真論》試圖開闢一個重建儒學的新方向，但是他引申公孟子所論及的「若使孔子當聖王，則豈不以孔子為天子哉！」之義，認為孔子是

---

231 《章太炎全集》（三），105-106頁。前段引文句讀作了調整。這一理性主義的思想基調，是章氏思想的一大特色。即使在對孔子施以最猛烈攻擊的《諸子學略說》中，他仍然以「變讖詳神怪之說而務人事」為一大「孔氏之功」，正是此類思想的發展的表徵。

232 馮自由：《中華民國開國前革命史》，第十四章《壬寅支那亡國紀念會》，轉引自湯志鈞：《章太炎年譜長編》，36頁。

233 馮自由：《中華民國開國前革命史》，第十四章《壬寅支那亡國紀念會》，轉引自湯志鈞：《章太炎年譜長編》，65頁。

234 他後來在《駁康有為論革命書》（1903）中，也說康有為曾「有志革命」。參見《章太炎政論選集》（上），208頁。

「以共主自任」的「玄聖素王」:「今觀此義,則知始元終麟,實以自王,而河圖不出,文王既喪,其言皆以共主自任,非圖讖妄言也。」[235]關於這一點,他在《訄書》初刻本之《尊荀》、《客帝》諸篇,又何嘗改變了呢?

三 《訄書》重訂本的經學思想之大變

《訄書》重訂本初刊於「共和二千七百四十五年（1904）四月」。[236]學者頗用力於將其與初刻本作比較研究,猶注重於政治觀念上從「改良」到「革命」的思想進程。[237]筆者從經學思想的角度來考察,《訄書》的修訂也反映了章氏經學觀念上的激變,他將古文經學改造為史學的基本傾向大體奠定,與康有為分道揚鑣的獨立的新古文經學基本觀念也作了初步的規劃。我們從下述三方面略加鉤沉,以明其旨。

1 孔子與六經的關係以及經儒之分合（孔子、儒家與六經的關係）

《訂孔》開篇就解構晚清今文家所津津樂道的所謂「六經皆孔子所作」的說法:

> 六藝者,道、墨所周聞。故墨子稱《詩》、《書》、《春秋》,多太史中秘書。女商事魏君也,衡說之以《詩》、《書》、《禮》、《樂》,從說之以《金版》、《六弢》。(《金版》、《六弢》,道家

---

235 《儒術真論》(1899年),見《章太炎政論選集》(上),119-120頁。

236 湯志鈞:《章太炎年譜長編》,199頁。

237 如湯志鈞:《從〈訄書〉的修訂看章太炎的思想演變》,載《文物》,1975(11);朱維錚:《〈訄書〉〈檢論〉三種結集過程考實》,載《復旦學報》,1983(1);等等。

太公書也，故知女商為道家。）異時老墨諸公，不降志於刪定
六藝，而孔氏擅其威。遭焚散復出，則關軸自持於孔氏，諸子
欲（「欲」，似應作「卻」字，引者按）走，職矣。[238]

　　前者《今古文辨義》已對廖平所蝎「六經皆孔子所撰」之說加以
駁斥，認為「孔子自有獨至，不專在六經；六經自有高於前聖製作，
而不得謂其中無前聖之成書」。[239]《獨聖》中亦認為，與孔子「獨
聖」之所在相比，「夫憲章其業，以為六藝，使其道不至於隊逸，則
猶史佚之於文、武也，亦庸能駕軼之乎？」[240]（「其」指「堯舜」，引
者按）可見其對孔子整理六藝的工作已看得相當之輕，不過「猶史佚
之於文、武也」。但尚認為「六經皆由孔子筆削，不止刪定而已」[241]。
在《訂孔》中，章氏則進一步論證，即使諸子如道、墨，亦皆與聞六
藝，而孔子所做的，不外是「老墨諸公」「不降志於」所為的「刪定
六藝」而已。

　　《清儒》與之相呼應，進一步提出「六藝」非儒家所獨「擅」的
觀點：

古之言虛，以為兩鑪之間，當其無鑪。（本《墨子・經上》。鑪
即櫨，柱上小方木也。）六藝者，（凡言六藝，在周為禮、
樂、射、御、書、數，在漢為六經。此自古今異語，各不相
因，言者各就便宜，無為甘辛互忌。）古《詩》積三千餘篇，
其它益繁，鱗觸無協，仲尼剟其什九，而弗能貫之以間。故

---

238 《章太炎全集》（三），134頁。
239 《今古文辨義》（1899.12.25），見湯志鈞編：《章太炎政論選集》（上），111頁。
240 《章太炎全集》（三），103頁。
241 《章太炎全集》（三），105頁。

曰：達於九流，非儒家擅之也。[242]

我們知道晚清的今文學運動是一種極端尊孔的運動，其神化孔子的努力主要表現為如廖平那樣認為「六經皆孔子所撰」、「諸子九流皆宗孔子也」（此等皆為《今古文辨義》對廖平看法的概括）等觀念，更為極端地表現在康有為以孔子統儒（又以七十子後學為得孔子真傳）、以儒統經、經儒合而為一的看法。康氏認為《周禮》為偽書，所以《周禮‧太宰》所謂「儒以道得民」等看法不足據，「儒」為孔子之教名，孔子以前不得有儒家；六經為儒家託古改制之作，離開孔子不得有六經；《漢書‧藝文志》分判「六藝」與「九流」，將儒家也列於「九流」，此為古文家的謬說，應將儒家以外的各家「宜為『異學略』附於《七略》之末」。[243]

與上述看法針鋒相對的是，章太炎實際上提出了將孔學與儒學相區分、經學與儒學相區分的看法，所以他說「六藝者，道、墨所周聞」、「達於九流，非儒家所擅之也」。章氏進而認為通行的《十三經》應當「財減」：

> 然流俗言「十三經」。《孟子》故儒家，宜出。唯《孝經》、《論語》，《七略》入之六藝，使專為一種，亦以尊聖泰甚，徇其時俗。六藝者，官書，異於口說。（六藝皆官書，這一看法，蓋本於章學誠「六經皆史」之論，引者按）禮堂六經之策，皆長二尺四寸。（《鹽鐵論‧詔聖篇》，二尺四寸之律，古今一也。《後漢書‧曹褒傳》：《新禮》寫以二尺四寸簡。是官書之長，

242 《章太炎全集》（三），154頁。
243 參見本書第三章《經、子易位：「諸子不出於王官論」的建立、影響與意義》。

周、漢不異。）《孝經》謙半之。《論語》八寸策者，三分居一，又謙焉。（本《鉤命決》及鄭《論語序》。）以是知二書故不為經，宜隸《論語》儒家，出《孝經》使傳《禮記》通論。（凡名經者，不皆正經，賈子《容經》，亦《禮》之傳記也）即十三經者當財減也。[244]

　　這種看法大體回到劉歆《七略》、《漢書・藝文志》的見解，而不以劉氏為止境。他將《孟子》從「經」中劃出而入「儒家」，固是循《漢志》之舊，但他批評「唯《孝經》、《論語》，《七略》入之六藝，使專為一種，亦以尊聖泰甚，徇其時俗」。認為「宜隸《論語》儒家，出《孝經》使傳《禮記》通論。」乃表達了一種別出心裁的返本復始的歷史觀念，我們可以稱為經儒分判的觀念。後《諸子學略說》（1906年9月）有云：「《周禮・太宰》言儒以道得民，是儒之得稱久矣……雖然，有商定歷史之孔子，則刪定《六經》是也；有從事教育之孔子，則《論語》、《孝經》是也。由前之道，其流為經師；由後之道，其流為儒家。」[245]此意，於此已引其端緒矣。

　　可以說，至《訂孔》、《清儒》諸篇，始基本確定了章氏關於儒家、孔子與六經關係的見解。

　　一九二二年六月十五日，章氏《致柳翼謀書》批評胡適《中國哲學史大綱》承襲今文家說曰：「六籍皆儒家託古，則直竊康長素之唾餘。此種議論，但可嘩世，本無實徵。且古人往矣，其真其偽，不過據於載籍，而載籍之真偽，則由正證、反證勘驗得之，墨家亦述堯、舜，並引《詩》、《書》，而謂是儒家託古，此但可以欺不讀書之人

244 《章太炎全集》（三），160-161頁。
245 湯志鈞編：《章太炎政論選集》（上），288頁。

耳。長素之為是說，本以成立孔教；胡適之為是說，則在抹殺歷史。推其所至，《十七史》之作者，骸骨亦已朽矣，一切稱為偽託，亦奚不可；而儒家孔子究竟有無其人，今亦何從質驗？轉益充類，雖謂我生以前無一事可信、無一人是真可也。此其流弊，恐更甚於長素矣。」[246]我們可以清楚地看出，近二十年後，章氏批評「六籍皆儒家託古」的論證方式乃正是從當年《訂孔》反駁「六經皆孔子所作」一脈相承下來，基本見解未有變化。以後觀前，我們對章氏當年反對今文家說的心志有更為通透的瞭解，章氏一以貫之地最所憂患的乃是其「抹殺歷史」、同時也就是顛覆「儒術」的雙重的客觀效應。用《今古文辨義》中頗具先見之明的話來說就是：「然則雖謂蘭臺歷史，無一語可以徵信，盡如蔚宗之傳王喬者可矣。而劉歆之有無，亦尚不可知也，嗚呼！廖氏不言，後之人必有言之者，其機蓋已兆矣。若是，則欲以尊崇孔子而適為絕滅儒術之漸，可不懼與？」[247]

我們在此必須略加申說此時章太炎對「儒術」的觀念，以瞭解章氏之「訂孔」是否反儒。他早就認識到「儒術之衰，將不能保其種族」，並自問自答：「其諸六藝之學，四術之教，無益於生民歟？惟不能合群以張吾學故。」[248]欲「張吾學」，固當「實」「吾學」：「由是觀之，空不足以持世，惟實乃可以持世……而況職志六籍實事求是之學乎？」[249]章氏所志猶在以荀子「統一」「儒者」之學[250]：「九流騰越，以蘭陵為宗；歷史汗牛，以後王為法。」[251]《訄書》初刻本對「儒」

246　湯志鈞編：《章太炎政論選集》（下），763-764頁。

247　湯志鈞編：《章太炎政論選集》（上），115頁。

248　《論學會大有益於黃種亟宜保護》（1897.03.03），見《章太炎政論選集》（上），9頁。

249　《實學報敘》（1987.8.12），見《章太炎政論選集》（上），28頁。

250　《後聖》（1897.09.07），見《章太炎政論選集》（上），39頁。

251　見章氏所撰《正學報》之《例言》（1898），見《章太炎政論選集》（上），62頁。

的態度可以《憂教》中之一言以概之：「儒雖弱，必瘉馬地矣，未可刈矣。」[252]《今古文辨義》所「懼」正在今文經學「欲以尊崇孔子而適為絕滅儒術之漸」，其欲振起「儒術」之志固極明顯，惟所操之術異耳。《訄書》重訂本，學者多舉《儒俠》新增「今之世，資於孔氏之言者寡也」一語與《訂孔》相參證，說明章氏的反孔非儒傾向，惟此句下文緊接有曰：「資之莫若十五儒，『雖危起居，竟信其志』；『引重鼎不程其力，鷥蟲攫搏不程勇』者。（凡言儒者，多近仁柔。獨《儒行》記十五儒，皆剛毅特立者。竊以孔書氾博，難得要領。今之教者宜專取《儒行》一篇，亦猶古人專授《孝經》也）」[253]章氏晚年推崇《儒行》，刊佈《儒行大義》，已於此發其先聲，可知其所慮在如何得其「要領」行「儒術」，決非一概排斥也。《訄書》重訂本《別錄乙》對歷史上的儒者、儒學有一扼要的考察與品評：「章炳麟曰：莊周有言：『儒以《詩》、《禮》發冢。』自宋人言道學，（宋人本稱道學，其後分言理學，最後復分心學。道學本該心理、修身、倫理三科，其名較二者為合。近世通言理學者，失之。）明儒述之。宋、明諸儒多迂介，（明末王學亦多披倡者，然只心學一部。）而清儒多權譎。元、清惟衡、象樞，尚慘怛思反本。自裔介而下，思不義以覆宗國，其公山不擾所恥也。唯行己亦仍世益庫，裔介恃齊給，而斌詐諼飾儉，至於光地外淫。何宋、明諸儒行誼之修，而今若是沽薄也？夫孫卿死而儒術絕，自明季五君之喪，（謂孫奇逢、王夫之、黃宗羲、顏元、李顒也）道學亦亡矣。」[254]章氏對歷世儒者之學行多有批評自不成問題，惟「夫孫卿死而儒術絕」一語，亦道出其期期自任的實在是重振以「孫卿」為楷模的「儒術」，此又何待言哉？

---

252 《章太炎全集》（三），93頁。

253 《章太炎全集》（三），141頁。

254 《章太炎全集》（三），346頁。

2 孔子為「良史」說的宣示及新的學統譜系的建立

　　《訂孔》篇的要旨是旗幟鮮明地宣佈了章太炎關於孔子的新觀念。在諸子學的視野下，孔子的形象即如上述。在儒家內部，孔子又如何定位呢？章氏認為：「《論語》者晻昧，《三朝記》與諸告飭、通論，多自觸擊也。下比孟軻，博習故事則賢，而知德少歉矣。」孔子更比不上荀子：「荀卿學過孔子」，「其視孔子，長幼斷可識矣。」如果我們將《訂孔》與《尊荀》、《獨聖》比較，可以看到章太炎對荀子的尊重可謂有過之而無不及。不過上述見解日後都大有變化，惟結尾部分雖寥寥數語，卻是點睛之筆、大定之論：

　　雖然，孔氏，古良史也。輔以丘明而次《春秋》，料比百家，若旋機玉斗矣。談、遷嗣之，後有《七略》。孔子死，名實足以伉者，漢之劉歆。[255]

　　學者由此已注意到章氏與晚清經今文家康有為之間的思想抗爭關係。[256]這很有助於我們瞭解章氏作為古文經學家的「學派」意識，但是以往的研究似不夠重視其正面的經學思想。

　　筆者想強調的是：這幾句話不啻是建立自己獨立的新古文經學的綱領。他不僅斬釘截鐵地提出孔子為「良史」之說，而且鮮明地亮出

255　《章太炎全集》（三），134-135頁。

256　唐振常指出：「章太炎的反孔，主要是反今文學派所舉的孔學旗幟，代表人物則是康有為。」氏著《論章太炎》，載《歷史研究》，1978（1）；小野川秀美也指出：「劉歆當然是古文派的始祖，左丘明則以《春秋左氏傳》聞名後世，重劉歆與丘明，意味著章炳麟已離開今文並斥退《春秋公羊傳》，換言之，他已拭除了康有為的影響。」參見氏著：《章炳麟的排滿思想》，周陽山、楊肅獻編：《近代中國思想人物論——民族主義》，224頁；王汎森認為：「表面上看他是在和康有為爭鋒，其實他的思維方法與康氏是一樣的。」參見《章太炎的思想（1868－1919）及其對儒學傳統的衝擊》，62頁；朱維錚也說：章太炎的「邏輯」「就是把康有為的論點推向反面」。參見《求索真文明——晚清學術史論》，273頁。

了學脈傳承的譜系。

　　首先，我們必須瞭解，章氏將孔子與《左傳》的作者左丘明緊緊連繫起來，認為孔子「輔以丘明而次《春秋》，料比百家」為後世之楷模。提示了《春秋》為一部史書，應通過《左傳》去瞭解孔子《春秋》之學的重要觀念。其尊《左傳》的古文經學立場也得到了明確的表達。這與《訄書》初刻本《尊荀》篇以「三統迭建」、「孔子改制」等觀念來詮釋「法《春秋》」的做法相比，其經學思想的變化，不可謂不大。進而，我們甚至不能僅以《左氏》一傳來小看了左丘明。《訄書》重訂本又有《尊史》一篇，與之相呼應，論及左氏道：「非通於物化，知萬物之皆出於幾，小大無章，則弗能為文明史。蓋左丘明成《春秋》內外傳，又有《世本》以為肱翼，近之矣。」[257]章氏不僅認為左丘明撰有《左傳》、撰有《國語》，《世本》亦為左氏所作，左丘明可謂章氏此時正費心致力的以「種界異聞」為重要內容的「文明史」[258]的大宗師。撰於一九〇二年而初刊於一九〇七年《國粹學報》上的《春秋左傳讀敘錄》亦曰：「故知《經》、《傳》相依，共為表裡。《傳》非一書，《內傳》、《國語》、《世本》三者，皆《春秋》之傳也。不知《世本》而言《春秋》，猶擿埴而索途也。（《世本》有《居篇》、《作篇》，見種族、權力、器械、質文之變，此於史書至重。太史獨舉世諡，略言之爾。）」[259]考慮到《世本》實乃《訄書》

---

257 《章太炎全集》（三），313頁。

258 1902年8月，章太炎在給梁啟超的信中說：「頃者東人為支那作史，簡略無義，惟文明史尚有種界異聞，其餘悉無關閎旨。要之彼國為此，略備教科，固不容以著述言也。」湯志鈞編：《章太炎政論選集》上冊，168頁。可見「種界異聞」為「文明史」之重要內容，章氏蓋亦不滿於（當然同時也借資於）「東人為支那作史」而發憤「著述」也。

259 《章太炎全集》（二），818-819頁；關於《春秋左傳讀敘錄》的撰、刊時間的說明，見姜義華：《春秋左傳讀點校說明》，2頁。

重訂本《序種姓》篇之大本營[260]，則我們由「不知《世本》而言《春秋》，猶擿埴而索塗也」等說法可知，章氏實際上開始將《春秋》視為中國民族史之開山經典，而孔子即使尚不是中華民族也是漢族的歷史之父。章氏用「良史」來稱呼孔子，絕非漫為之語，撇開「辨章氏族」這一面向，幾乎是不能得其真解的。

而要貫徹「尊史」的精神，晚清今文家的讕言是必須斥退的：

> 世儒或喜言三世，以明進化。察《公羊》所說，則據亂、昇平、太平，於一代而已矣。禮俗革變，械器邊訛，誠弗能於一代盡之。（《公羊》三統指三代，三世指一代。三統文質迭變，如連環也。三世自亂進平，如發鏃也。二者本異，妄人多混為一。）[261]

章氏此時服膺「不言金火之相革，而文化進退已明昭矣」的「左氏《作篇》之學」，對自己一度受其影響的晚清今文家的「三世」、「三統」說加以反省。[262]他的方法還是返本復始，將「世儒」雜糅並

---

260 《序種姓》有曰：「夏后興，母系始絕，往往以官、字、諡、邑為氏，而因生賜姓者寡。自是女子稱姓，男子稱氏，氏復遠跡其姓以別婚姻。故有《帝系》、《世本》，掌之史官，所以辨章氏族，旁羅爵里，且使椎鳥言之族，無敢干紀，以亂大從。」《章太炎全集》（三），171頁。

261 《章太炎全集》（三），320頁。

262 孫寶瑄記章氏於丁酉十二月十二日（1898.01.04）論及：「今人皆悟民主之善，平等之美，遂疑古聖賢帝王所說道義，所立法度，多有未當，於是敢於非聖人。自據亂、昇平、太平三世之說興，而後知古人有多少苦衷，各因其時，不得已也，《春秋》公羊家之所以可貴。」又於十二月十八日（1898.01.10）的話中有云：「孔子能通三統、張三世；堯、舜知有一統、一世而已。其不及者，殆如此耳。」孫寶瑄：《忘山廬日記》（上），158、159頁。由此可見章氏「迷於對山之妄語」之又一斑。

發揮出來的義理，一一返還分析到《公羊》的原初義。章氏的批評，用他本人更為明快的表述就是：「三統迭起，不能如循環；三世漸進，不能如推轂。」[263]這裡體現的正是作為「良史」的「徵信」精神。

　　至於章氏之尊《七略》、崇劉歆，固為彰顯古文經學派的宗派意識，而其內在的精神，一言以蔽之，實為「尊史」。《尊史》之後，《訄書》重訂本有《徵七略》。其中有云：「余舊樂史官秘文之學，竊省《春秋》，孫卿以為『亂術』（《解蔽》篇。注：「亂，雜也。」），《法言》亦云左氏『品藻』。（《重黎》）眾庶曰品，（《說文》）雜採曰藻。（《玉藻》注）劉氏比輯百家，方物斯志，其善制割、綦文理之史也。亦以餘暇，慮綴佚文，用父子同業不可割異，故仍題《七略別錄》。」[264]《徵七略》為撰於「辛丑二月」（1901年三四月間）的《七略別錄佚文徵序》的修訂稿，此段文字由原序下文所改：「余性好《春秋》古文之學，既為《左傳讀》及《賈子》校正，復董理劉氏書，撰用《北堂書鈔》、《藝文類聚》、《初學記》、諸經釋文正義釋疏、《文選注》、《太平御覽》，為《佚文徵》一卷。以其父子同業，不可割異，故仍題《七略別錄》。」[265]非常清楚，從左氏「品藻」到劉氏《七略》，凡章氏所臚列，皆「《春秋》古文之學」，其古文經學的系譜頗為明朗，章氏治學的一貫旨趣亦甚顯白。重訂本《訄書》的改動，則意味著章氏對「《春秋》古文之學」建立起更為明確的觀念，即將它視為歷史之學，用他自己的話說就是「史官秘文之學」。章氏於一九〇一年初為日本友人館森鴻《拙存園叢稿》所作《後序》中有曰：「余少以小學治理，自漢儒及近世諸師之說，略茹飲之矣。卒治左氏，上規荀、賈。故言史則好《世本》、《七略》，雖鄭樵之志尚

263　章太炎：《徵信論》（1901），見《章太炎選集》，131頁。
264　《章太炎全集》（三），322頁。
265　《章太炎全集》（一），360頁。

焉。」[266]（「理」字疑為「經」字之訛，引者）這是章氏而立之年一段頗為扼要的學術自述。將其少治經古文之學，成年歸趣於「史」的歷程，說得明明白白。

由此，我們也不能疏漏了《訂孔》所提到的「談、遷嗣之」一語，它當然是指《史記》之學，這也是章氏所建構的學術譜系的重要一環。上文引及《春秋左傳讀》有云：「《孔子世家》云：『因史記作《春秋》，據魯，親（即新）周，故殷，運之三代。』史公極尊《左氏》，不治《公羊》，而其說如此，然則《左氏》家亦同《公羊》說也。」我們且不論章氏的論斷是否屬實[267]，就憑他「史公極尊《左氏》，不治《公羊》」的觀念，將史記劃入「《春秋》古文之學」系統是毫不困難、理所當然的。問題的關鍵還在於，他將《史記》列入其中，則孔子歷史之學的系統才算大體完備，更不用說他還從《史記》反觀孔子，可以說其義互足。正如其日後所說：

> 僕以素王修史，實與遷、固不殊，惟體例為善耳。百工製器，因者易而創者難，世無孔公，史法不著。《尚書》五家，年月闊絕，周魯舊記，棼雜失倫。宣尼一出，而百國寶書，和會於左氏。邦國殊政，世襲異宗，民於何居？工自誰作？復著之《國語》、《世本》。紛者就理，暗者得昭。遷、固雖材，舍是則無所法，此作者所以稱聖也。何取三科、九旨之紛紛者乎？舊國舊都，望之暢然！不見古人，我心蘊結。則故書雅記之所以當治，非謂是非之論，盡於斯也。[268]

---

266 謝櫻寧：《章太炎年譜摭遺》，12頁。

267 例如阮芝生認為《史記》「義」採《公羊》、「事」取《左傳》，參見氏著《論史記中的孔子與春秋》，載《臺大歷史學報》，第23期，1999。

268 《與人論樸學報書》（1906），見馬勇編：《章太炎書信集》，158-159頁。

　　《訄書》重訂本除《雜誌》有「自素王之興，吾以知諸夏之無是患也。王者代替而孔不代喪，當其無君，則裹成之胄為里尹。雖有戎狄，以盜我九鼎，誠無若共主何？」[269]云云，與《客帝》篇一樣，明顯屬於裁汰未盡的理應「匡謬」的讕言，其它如《學蠱》（「玄聖素王」）[270]、《訂文》（「若乃素王十翼」）[271]、《哀清史》（「固非謂素王刪定以後」）[272]等處與上引文一樣仍以「素王」稱孔子[273]，而皆不再以改制之王者、天下的共主視孔子。

　　章太炎終於擺脫康有為的影響，建立起自己以孔子為「良史」的

269　《章太炎全集》（三），335頁。

270　《章太炎全集》（三），147頁。

271　《章太炎全集》（三），219頁。

272　《章太炎全集》（三），331頁。

273　當然，仍以「素王」稱孔子，未必就受今文家康有為的影響。更不能將是否以孔子為素王作為判分今古文經學派的根據。杜預《春秋序》有云：「或曰：《春秋》之作，《左傳》及《穀梁》無明文，說者以為仲尼自衛反魯，修《春秋》，立素王。丘明為素臣。」孔穎達《正義》：「……言孔子自以身為素王，故作《春秋》，立素王之法。丘明自以身為素臣，故為素王作左氏之傳。漢魏諸儒，皆為此說。董仲舒對策云：『孔子作《春秋》，先正王而係以萬事，是素王之文焉。』賈逵《春秋序》云：『孔子覽史記，就是非之說，立素王之法。』鄭玄《六藝論》云：『孔子既西狩獲麟，自號素王，為後世受命之君制明王之法。』盧欽《公羊序》云：『孔子自因魯史記而修《春秋》，制素王之道。』是先儒皆言孔子立素王也。《孔子家語》稱『齊大史子歟美孔子，言云「天其素王之乎！」』素，空也。言無位而空王之也。彼子歟美孔子之深，原上天之意，故為此言耳，非是孔子自號為素王。先儒蓋因此而謬，遂言《春秋》立素王之法。左丘明述仲尼之道，故復以為素臣。其言丘明為素臣，未知誰所說也。」《春秋左傳正義》卷一，見《十三經注疏》下冊，1708頁上欄，北京，中華書局，1980。是《正義》引述董仲舒、賈逵、鄭玄、盧欽等人之述「孔子立素王」說，確是「漢魏諸儒，皆為此說」。又引《孔子家語》中的說法，則早有此說。可見，持論者不論宗今宗古，後世儒者承襲此說，也沒有如學者所分析的那樣上綱上線。至於「素王」概念的緣起與演變以及在文獻中的運用情況，可以參見葛志毅：《玄聖素王考》，收入《譚史齋論稿》，哈爾濱，黑龍江人民出版社，2002。

孔子觀[274]，以及從孔子（《春秋》）、左丘明（《左傳》、《國語》、《世本》）、司馬氏父子（《史記》）、劉氏父子（《七略別錄》）等「《春秋》古文之學」亦即孔子歷史之學的譜系，與康有為將儒學宗教化的方向截然對立，章太炎舉起了經學史學化[275]的大旗。正是在這一意義上，我們說《訂孔》是章氏新古文經學的獨立宣言。[276]

3 「六藝皆史」論的發軔

「六藝皆史」論，可以說就是「經學史學化」的一個經典理論。章太炎日後多次盛讚章學誠「六經皆史」的看法為有見，承認自己關

---

274 也許正是有見於這一看法的原創性及重要性，所以《章氏叢書》對其早年「詆孔」的代表作《諸子學略說》力加刊削，而《訄書》重訂本之《訂孔》篇只作修訂而根本不容砍去的。《檢論》、《訂孔》（下）的一段話似道出了個中的緣由，該文檢討原《訂孔》所謂孔子「道術」不及孟子、荀子的看法說：「懷是者十餘年，中間頗論九流舊聞。上觀莊生，為《齊物論釋》。又以閒暇，質定老聃、韓非、惠施諸書。方事改革，負纍東海，獨抱持《春秋》，窺識前聖作史本意，卒未知其道術崇庳也。」掉轉話頭來說，原《訂孔》篇尚「未知其道術崇庳」但「方事改革，負纍東海」之時，已然「獨抱持《春秋》，窺識前聖作史本意」，所謂「前聖作史本意」用該文緊接著的話來說似乎就是：「夫不學《春秋》，則不能解辮髮，削左衽」（以上引文見《章太炎全集》（三），425-426頁）。這是他絕不止於「十餘年」一貫的看法，怎麼可以刊削呢？章氏之古文經學，即其民族主義史學，皆根於此一觀念，故《訂孔》與其說是抑孔之開篇，不如說是開闢了章氏尊孔的新方向。

275 「經學的史學化」這一概念，是筆者採用余英時《錢穆與新儒家》一文中的說法：「清代經學專尚考證，所謂從古訓以明義理，以孔、孟還之孔、孟，其實即是經學的史學化。」參見《錢穆與中國文化》，34頁，上海，上海遠東出版社，1994。余氏的觀察是有道理的。柳詒徵就說過，乾、嘉「諸儒治經，實皆考史」（柳詒徵編著：《中國文化史》（下），747-748頁，上海，東方出版中心，1988），從方法論的觀點來看，尤其是如此。不過，從方法論到整體觀念將經學視為史學並付諸實踐，章太炎可以說是晚清學術思想史上的中心人物。

276 正是有了上述基本觀念，才有「孔氏之教，本以歷史為宗」等說法，這當然是本於「春秋古文之學」而作的現代詮釋。參見《答鐵錚》（1907.06.08），見馬勇編：《章太炎書信集》，179頁。

於六經的觀念受其影響。[277]而他首次系統闡發「六藝皆史」的理論，卻是在《訄書》重訂本的《清儒》篇。我們必須指出的是，章太炎雖然在觀念上受章學誠的啟發，其理論實質與章學誠絕不可等量齊觀，更不可不加分別。

他說：「六藝，史也。上古以史為天官，其記錄有近於神話（《宗教學概論》曰：『古者祭司皆僧侶。其祭祀率有定時，故因歲時之計算，而興天文之觀測；至於法律組織，亦因測定歲時，以施命令。是在僧侶，則為曆算之根本教權；因掌歷數，於是掌紀年、歷史記錄之屬。如猶太《列王紀略》、《民數紀略》並例入聖書中。日本忌部氏亦掌古記錄。印度之《富蘭那》，即紀年書也。且僧侶兼司教育，故學術多出其口，或稱神造，則以研究天然為天然科學所自始；或因神祇以立傳記，或說宇宙始終以定教旨。斯其流浸繁矣。』案：此則古史多出神官，中外一也。人言六經皆史，未知古史皆經也。）學說則駁。」

章太炎援引日人姊崎正治的《宗教學概論》，將「六藝」與《舊約》之《列王紀略》、《民數紀略》篇，日本忌部氏（亦稱齋部氏）所掌古記錄，以及印度之《魚富蘭那》等紀年書相比況[278]，從比較宗教學的角度，得出「上古以史為天官，其記錄有近於神話」、「古史多出神官」、「古史皆經」的論斷，這與「言六經皆史」的章學誠確有不同。

順此思路，下來他就以古「希臘學派」畢達哥拉斯的數理來比擬

277　比如：諸祖耿《記本師章公自述治學之功夫及志向》記章氏云：「余幼專治《左氏春秋》，謂章實齋『六經皆史』之語為有見。」原載《制言半月刊》，第25期，1936，見陳平原、杜玲玲編：《追憶章太炎》，86頁，北京，中國廣播電視出版社，1997，等等。

278　參見徐復：《〈訄書〉詳注》，134頁。

「《易》之為道」；又認為：「《詩》若《薄伽梵歌》，《書》若《富蘭那》神話，下取民義，而上與九天出王。惟《樂》，猶《娑馬》（吠陀歌詩）、《黑邪柔》（吠陀贊誦祝詞及諸密語，有黑白二邪柔。）矣」。惟「《禮》、《春秋》者，其言雅馴近人世，故荀子為之隆禮義，殺《詩》、《書》。」

於是，章太炎就又連接上《訄書》初刻本《獨聖》的思路加以發揮，認為荀子對上古「近於神話」的記錄加以匡清，至「西京之儒」又一變：「齵差失實，猶以師說效用於王官，製法決事，茲益害也。」至「杜、賈、馬、鄭之倫作」，對「西京之儒」復為反動：「即知『摶國不在敦古』，博其別記，稽其法度，覈其名實，論其社會以觀世，而『六藝』復返於史。」他們真有擊濁揚清之功，卻又「亂於魏、晉，及宋、明益蕩」，然後「繼漢有作，而次清儒」。[279]

章氏綜述清儒對六藝的看法其實正是他本人的新詮釋：

> 傳記通論，闊遠難用，固不周於治亂。建議而不仇，誇訛何益？魑鬼、象緯、五行、占卦之術，以宗教蔽六藝，怪妄！執與斷之人道，夷六藝於古史，徒料簡事類，不曰吐言為律，則上世社會污隆之跡，猶大略可知。以此綜貫，則可以明進化；以此裂分，則可以審因革。[280]

由上述對章太炎「六藝」觀念的歷史考察，可知其思想特色有以下幾個方面：

（1）由比較文化學的角度，他觀察到，上古視「六藝」近於神話，乃人類處於未開化階段的非理性現象。

---

279 以上引文見《章太炎全集》（三），154-155頁。
280 《章太炎全集》（三），158-159頁。

（2）由以「進化」論的學理為依託的「社會」學的角度，他認為應該建立「夷六藝於古史」的理性觀念，不可「以宗教蔽六藝」。

這種思想，與他誓不兩立的「務為瑰意眇辭，以便文士」的晚清今文經學家的經學觀是很不一樣的，與歷史上不同程度存在「理想化古代」傾向的古文經學家的經學觀也不可同日而語，與其直接的思想淵源者章學誠那帶有非常濃厚的權威主義色彩的「六經皆先王之政典」的觀念[281]也有上下之別（章太炎接受章學誠思想的影響，主要在認為六經為上古三代之史這一點上）。與他自己早年尊崇「聖經」的思想相比也有相當大的變化（章氏尊經崇聖的態度，最明顯地表現在《膏蘭室札記》、《春秋左傳讀》等早期作品中）。誠如學者所指出的，章太炎的經學具有將「六經歷史文獻化」的傾向。[282]我們要說的是，其基本觀念早在《訄書》重訂本的《清儒》篇就萌芽了。

行文至此，必須交代一下在判斷章氏經學立場轉變時筆者所持的標準。討論晚清經學，涉及今古文之爭有不如人意者，往往不盡在於掌握事實之不周而更在於學派劃分的根據之不確。推源論之，晚清學人出主入奴的今古文門戶之見，實啟後學之迷思。錢穆《劉向歆父子年譜》認為，所謂漢代經學以今文為一派古文為一派，道一風同，勢同水火的說法，乃晚清今文家張惶過甚之論，並無實際。[283]也就是說，漢代今古文之爭是一回事，晚清今古文之爭是另一回事。筆者以為，這一見解，是治漢代經學史和晚清經學史的學者都須重視的。錢玄同《重論經今古文學問題》亦曾系統批駁了近人劃分今古文界限的

281　關於章學誠「六經皆史」觀念中的「權威主義」傾向，參見余英時：《論戴震與章學誠——清代中期學術思想史研究》，56頁，北京，生活・讀書・新知三聯書店，2000。

282　參見王汎森：《章太炎的思想（1868-1919）及其對儒學傳統的衝擊》，第6章第3節。

283　參見本書第五章《〈劉向歆父子年譜〉如何結束經學爭議》。

種種謬說：如以「文字之差異」、「經說」派別之對立、「微言大義」
（今）與「訓詁名物」（古）之別、「六經皆史」（古）與《六經》皆
孔子所作」（今）之異等。[284]錢玄同於《古史辨》第五冊之「最後一
頁」更指出：「友人周予同兄之《經今古文學》，我也以為不對，因為
他的見解是『廖傾』的，而且他不僅要析漢之今古文『學』，還要析
清之今古文『學』；而且他竟認所謂清之今古文『學』與所謂漢之今
古文「學」是一貫的：這都是弟所反對的。」諸說均頗有理據。尤其
是認為清代的今古文之爭不可與漢代的今古文之爭同條共貫，而應嚴
加區分的見解，尤為精審。李學勤近有《〈今古學考〉與〈五經異
義〉》[285]諸文重新檢討廖平立論的根據，廓清至今廣有影響的清代今
古文之爭遺留的門戶之見，也很值得參考。所以我們所提到的今古文
經學立場之異，主要就學者所根據的知識與思想資源而論，尤其著眼
於其本人的自我意識。比如筆者非常贊同錢玄同的一個觀點：「或謂
『《六經》皆史』係古文說，這是完全錯誤的。劉歆諸人何嘗說過什
麼『《六經》皆史』！為此說者，殆因章太炎師亦云『《六經》皆史』
之故。其實是今文學者的龔定庵與古文學者的章太炎師皆採用此章實
齋之新說而已。」[286]然而，章太炎「以其（指龔自珍，引者按）附經
於史與章學誠相類，亦由其外祖段氏『二十一經』之說，尊史為經，
相與推移也。」故認為「龔自珍不可純稱『今文』」[287]可見，章氏本
人是將「《六經》皆史」作為古文說，並以此為標準判斷龔自珍是否
屬於純今文的。正是考慮到這一點，加上該學說是章氏與晚清今文家

---

284 見《古史辨》，第5冊，上海，上海古籍出版社，1982。

285 見李學勤：《古文獻叢論》，上海，上海遠東出版社，1996。

286 錢玄同：《〈左氏春秋考證〉書後》，見《錢玄同文集》，第4卷，306頁。

287 支偉成：《清代樸學大師列傳》，書首之「章太炎先生論訂書」，3頁，長沙，岳麓
　　書社，1998。

對峙的中心理論，故上文將「六藝皆史」說的發軔作為表徵章氏獨立的新古文經學的奠基的一大觀念。也就是說，「《六經》皆史」固絕不可能是漢代古文家言，更不能以此等後出之論為標準去「析」自漢迄清的所謂「一貫」的今古文之爭，但我們不能否認它是晚清古文經學家章太炎的中心理論，不管這種理論的來源為何，我們完全有理由以此為一個座標，考察晚清的今古文之爭。總之，筆者不取沒有事實根據的「析」「學」，但也不迴避作充分照顧語境的學派劃分，唯求不悖於歷史的觀念而已，其中權度之得失，謹就教於讀者諸君。

四 結語

　　章太炎身處晚清面臨「三千年未有之變局」的時代，他的青少年階段就籠罩在風起雲湧的經今文學運動的知識氣候中，他的老師如俞樾、譚獻對經今文學都抱開放的態度，他自己的政治改革傾向也使他對經今文學的微言大義頗有會心，但他的樸學修養使他決不能接受今文派對古文的粗暴攻擊，以重振古文學自命，奮起抗爭。他早年致力於對今文派攻擊的焦點——《左傳》的研究，主要著作就是《春秋左傳讀》，其中包含兩方面的工作，一是考證《左傳》傳授之有據，以推翻今文家所謂《左傳》為劉歆偽造的說法。他對他的這一成績比較滿意，日後「獨以《敘錄》一卷、《劉子政左氏說》一卷行世」。也是比較有說服力的。[288] 二是在經義的疏通上，章太炎採用援今入古的方

---

288 可以參見李學勤：《章太炎論〈左傳〉的授受源流》，見《當代學者自選文庫·李學勤卷》，合肥，安徽教育出版社，1999。要論它的影響，結束晚清民國經今古文之爭的錢穆《劉向歆父子年譜》，其一部分之取徑即本此而來。錢穆雖未見過《春秋左傳讀》，但《國學概論》曾援引《春秋左傳讀敘錄》，見《劉向歆父子年譜》考證劉歆以前《左傳》授受源流的做法似即秉承章太炎。而同樣看過《春秋左傳讀敘錄》的錢玄同卻終不敢苟同乃師之說，參見王汎森：《章太炎的思想（1868-

法，以古文統攝今文。這樣做的結果，卻是更深地陷入經今文學的牢籠，是比較無力的，用他自己的話來說「尚多淩雜，中歲以還，悉刪不用」。在相當長的時期內，章太炎雖與康有為為代表的晚清今文家說相抗爭，但很難脫其窠臼。只是當對政學思想有大的反省併勇於自樹的《訄書》重訂本問世時，這種情況才有了根本的改變，章太炎才開始為其獨立的新古文經學在觀念上作意義重大的奠基工作。它主要表現在《訂孔》──新古文經學的獨立宣言，所提出的孔子為「良史」說，並以歷史之學的學統統合從孔子、左丘明、司馬談及司馬遷父子到劉歆之學；《清儒》首次提出的章太炎的「六藝皆史」等重要的經學思想。

我們可以看到這一重大的轉折就發生在《訄書》修訂時期，這一發展演變的軌跡可以用一句話來表述：從援今文義說古文經到鑄古文經學為史學。我們分析其所以然，可知這一過程與下述因素密切關聯。

首先是跨越「紀孔、保皇二關」的政治反思，有以促之。庚子國變、「聯軍之陷宛平」使他認識到，「滿洲弗逐，欲士之愛國，民之敵愾，不可得也。浸微浸削，亦終為歐美之陪隸已矣。今弗能昌言自主，而以責宣尼之主祏，面欺！」[289]也就是說要在大方面實現民族主義的目標，使「民」有「國」可「愛」，不至於「終為歐美之陪隸已矣」，必須「逐」「滿」，即「昌言自主」，提倡和實行「光復主義」。這就需要在思想本源上，徹底告別旨在「尊崇孔氏，以息內訌」的不切實際的政治幻想的理論基礎──康有為的今文經學說，進而重建小

1919）及其對儒學傳統的衝擊》，49、64頁。王氏用錢玄同對《春秋左傳讀敘錄》的反應，來說明「在這一階段章氏與今文家對壘的成績是無力而又失據的」，似為稍過。

289 《章太炎全集》（三），120頁。

而言之是「光復主義」大而言之是「民族主義」的知識根據與理論基礎，在這方面，他所堅守的「春秋古文之學」恰可提供豐厚的知識與思想資源。

　　第二，真正與他的新古文經學立場密切相關的還不是「革命」的政治傾向，而是「民族主義」的學理建構。我們知道，章太炎在《訄書》初刻本《原人》篇中已經有「餘秩乎民獸，辨乎部族，故以《雲門》之樂聽之（原文有注，此略，引者按），一切以種類為斷」[290]的觀念，而他根據西方「族民」與「國民」之辨，首次明確提出「歷史民族」主義的思想就在《訄書》重訂本的《序種姓》篇中。其中「余以姓氏分際，貞之《世本》，旁摭六藝故言，而志《姓譜》」[291]一語，可謂道出了其經學與「歷史民族」主義的關係。我們前已交代了《世本》與「春秋古文之學」的關係，「六藝故言」也是非常鄭重的用語，是與「吐言為律」的今文家說對待為辭的。這一「歷史民族」主義的思想正是稍後《與康有為論革命書》的理論基礎，也是更後來反對疑古說的遠淵。章氏的《序種姓》，也是根據了王夫之那種姓「可禪、可繼、可革，而不可使異類間之」的思想，主要仿傚的還是顧炎武的《姓氏書》。[292]因此，不難理解章氏在《謝本師》之前對俞樾說的話：「今之經學，淵源在顧寧人，顧公為此，正欲使人推尋國性，識漢虜之別耳」[293]，非常明顯，章氏之經學，是用「民族主義」學理對「淵源在顧寧人」的清代經學做了改造發揮，從而使自己的經學具有了為「民族主義」提供知識基礎的功能。

　　第三，章氏新古文經學的基本致力方向是「經學的史學化」，這

290　《章太炎全集》（三），24頁。

291　《章太炎全集》（三），182頁。

292　《章太炎全集》（三），172頁。

293　章炳麟：《太炎先生自定年譜》，載《近代史資料》。1957（1）。

與他當時有志於「中國通史」的編撰也是息息相關的。正是「中國通史」的草創，使他對清代經學有了新的瞭解：「覺定宇、東原，真我師表，彼所得亦不出天然材料，而支那文明進化之跡，藉以發見」，「試作通史，然後知戴氏之學，彌綸萬有，即小學一端，其用亦不專在六書七音。頃斯賓薩為社會學，往往探考異言，尋其語根，造端至小，而所證明者至大。何者？上世草昧，中古帝王之行事，存於傳記者已寡，惟文字語言間留其痕跡，此與地中僵石為無形之二種大史。中國尋審語根，誠不能繁博如歐洲，然即以禹域一隅言，所得固已多矣。」[294]「社會學」等新學理的攝入，使經學的舊途徑順理成章地通向「史」，於是通史之作「必以古經說為客體，新思想為主觀」。[295]從而經學具有了為新的「中國通史」提供「天然材料」的史學功能。

所有這些立場、傾向、努力，匯合為章氏新經學的出發點與歸宿，用他本人後來一段頗為經典的話來說就是：

> 僕以為民族主義，如稼穡然，要以史籍所載人物制度、地理風俗之類，為之灌溉，則蔚然以興矣。不然，徒知主義之可貴，而不知民族之可愛，吾恐其漸就萎黃也。孔氏之教，本以歷史為宗，宗孔氏者，當沙汰其干祿致用之術，惟取前王成跡可以感懷者，流連弗替。《春秋》而上，則有六經，固孔氏歷史之學也。《春秋》而下，則有《史記》、《漢書》以至歷代書志、紀傳，亦孔氏歷史之學也。若局於《公羊》取義之說，徒以三世、三統大言相扇，而視一切歷史為芻狗，則違於孔氏遠矣！[296]

---

294 《致吳君遂書》（1902.8.8），見湯志鈞編：《章太炎政論選集》（上），173頁。

295 《章太炎全集》（三），331頁。

296 《答鐵錚》（1907.06.08），見馬勇編：《章太炎書信集》，179頁。

　　「孔氏」早已沒入歷史大化中，章氏亦已成為「史籍所載人物」
久矣，其所謂「孔氏之教，本以歷史為宗」，質諸夫子，未知以為然
否。我們知道，這一論斷的獲得，是他多年研究「春秋古文之學」的
心得，也是與以康有為為代表的晚清今文家說苦鬥的成果，更是他用
諸如「民族主義」、「社會學」等外來學理溫故知新的結晶。所以從歷
史的觀點來看，真是一代有一代的經學。知識背景的複雜或思想資源
的多元，是我們必須注意的經學發展的時代特點，而不應該成為我們
放棄「經學」這一觀察角度的理由。「經學史」的研究在某個年代曾
被視為「檢驗糞便」，這還是一種科學家似的客觀態度，要抵抗徹底
砸爛它的暴力。在我們身處的這個時代，像章太炎似的將「經學」或
「經學史」的研究作為「灌溉」「稼穡」的肥料，那種質樸的農夫的
態度，就真的那麼不可企望嗎？

第三節　康有為、章太炎經學今古文之爭的「知識轉型」

　　晚清經今古文之爭，是中國近代學術思想史上的重要議題。處理
此議題至少有互相關聯的兩重麻煩，一是清人所析之今古文之分是否
有當於漢人之實際，這是一個問題；二是清人出主入奴的門戶之見，
至今影響學者對此議題的看法，尤其在判分今古文經學派的標準上引
申失當，致使治絲而棼，這是又一個問題。

　　這一節還無法提供有關晚清經學今古文之爭的系統研究，但從其
中最有代表性、最有影響的人物康有為、章太炎經學立場的建立過
程，或可以讓我們略窺晚清今古文經學爭議的若干面向。

　　康有為經學思想之前後轉折，一般被描述為從早年到晚年的古今
文之爭。這主要基於對如下事實的分析：《教學通義》所表述的尊周

公、崇周禮的思想,與《新學偽經考》、《孔子改制考》所確立的專宗今文、全面排擊古文的立場大相徑庭。但是深入的研究可以發現,康有為早年的經學觀念實本於章學誠「六經皆史」諸說所表達的經世思想,而這是今文家與古文家都可以接受的見解。所以就像清代經學的發展有這麼種趨勢:「清初諸人講經治漢學,尚無今古文之爭。自今文家以今文排斥古文,遂有古文家以古文排斥今文來相對抗」[297],就個人康有為而言,其宗派意識也是後起的。大體來說,康氏治經,歷經「記誦之學」、分辨今古文而今古兼採並用、專宗今文而全面攻擊古文幾個階段。早年對周公的尊崇接受了章學誠「六經皆史」觀念的啟發,同時他也開始受常州公羊學派的影響而對「孔子改制」有一定的理解。「通變宜民」的「變政」的觀念使他既能尊崇周公也能欣賞孔子,但是借最高王權變法的思想又使他的取法對象更是「有德有位」的周公而非「有德無位」的孔子。對腐敗現實政治的經學反思以及向最高當局露布變革主張的失敗,促使他調整得君行道的上行路線,而開闢了以匹夫自任「合民權」以保國、保種、保教的新的理論與策略,與這種思想相表裡的是對孔子的新詮釋與今文經學立場的確立。在康有為基於經世的觀念而今古文兼採的階段,廖平似不可能影響到他,但是在由於時局的激蕩而衝破舊的經學思想格局之際,廖平的「闢劉之議」尤其是對《周禮》的處理方式很可能刺激了康有為的新思路。康氏經學研究的特點既然是「借經術以文飾其政論」,所以「經世」觀念是理解他的經學思想發展演變的一把鑰匙。

如果我們不能切實把握「康學」的經世精神,很容易品評失當。

作為一個今文經學家,他的地位很大程度上,就在於恢復了西漢

---

297 章太炎:《清代學術之系統》,見馬勇編:《章太炎講演集》,104頁,石家莊,河北人民出版社,2004。

公羊學「通經致用」的精神，「借經術以文飾其政論」，鼓動天下之士干預世運。梁啟超揭示由康氏發起的「今文學運動」的特點，說是「有為所謂改制者，則一種政治革命、社會改造的意味也」，[298]那完全不是什麼偏私之論。章太炎晚年在盤點清代學術系統時說：「至於康有為以《公羊》應用，則是另一回事，非研究學問也。」[299]章氏也已能平心指出論敵康有為「以《公羊》應用」的精神，儘管我們似不能取其過於褊狹的「學問」觀而將康氏的經學排除在「學術」之外。

　　事實上，正是這種經世致用的實踐，使今文經學在晚清聲名鵲起、毀譽紛至。廖平與康有為之間關於《新學偽經考》與《孔子改制考》的「著作權」爭議，就是在此背景下展開的。由於梁啟超的交代，學者很難否認康有為在確立今文經學立場的過程中深受廖平的啟發，但是我們也無法迴避一個基本的事實，套用一句時髦的話來說，畢竟主要是由康有為一派將某種地方性的知識考辨提升為一種全國性的話語實踐。過分膠著於抄襲與否的公案而又過度推延，也許會帶來不少麻煩。如果《新學偽經考》的「著作權」如此成問題以致不能收入康氏著作集，然則此書能不能列入諸如《中國近代學術名著》叢書也就很棘手；如果再加上像《教學通義》這樣更早的著作就已抄襲過廖平的《今古學考》，那麼這位剽竊成性的妄人，並沒有多少真知灼見，冒著弄不好就要被砍頭的危險，竟能迷惑那麼多人，掀動改革運動維新風潮。光是偷，就偷得來這樣的歷史效應嗎？基於某種特定的也許很當代的學術觀念，用章句小儒的尺度來衡量像康有為那樣有抱負有野心有經濟之志的儒生，是否合適呢？與今日極少數無視學術規範潛心炮製偽劣產品來評職稱當教授的學者比較起來，康有為恐怕還

298　梁啟超：《清代學術概論》，見《梁啟超論清學史二種》，65頁，上海，復旦大學出版社，1985。

299　章太炎：《清代學術之系統》，見《章太炎講演集》，104頁。

有不少貌同心異之處吧。

當代學者對康有為的批評當然不限於「剽竊」一端，有不少學者，尤其是一些對古史研究中的「疑古學派」的「疑古」傾向有比較自覺的反省意識的學者，常常會追溯到晚清的今文經學，尤其集矢於康有為的《新學偽經考》、《孔子改制考》兩書。從「辨章學術，考鏡源流」的觀點來看，這是理所當然、勢有必至的。[300] 不過，我們在這裡也需下一轉語，極端「疑古」的觀點，實本於「經世」的精神，至少在康有為那裡是如此。有不少學者形成了一種共識，康有為的思想是廖平經學二變見解的極端化。問題是，廖平有《周禮》為劉歆偽造的觀念，也有《左傳》為六經總傳的觀念，極端化的思路也應該不止一個方向，就像廖平本人日後的經學數變，變得也更能包容古文經學，變得也能得古文經學家如章太炎的欣賞。為什麼康有為的今文經學非到「劉歆遍偽群經」未有底止呢，為什麼會有如此乾脆而簡單的極端化呢？為什麼有如此極端的「疑古」呢？如果不歸究於「經世」運作的政治實用主義，是很難得其確解的。康有為本著學術決定國運的觀念，反思國勢衰敗的根源，他看到本朝學者士大夫出主入奴的所謂「漢學」、「宋學」皆不足以經世，所以大聲疾呼：直到目前士子們尚沉湎其中而非大力不能推倒的「漢學」和「宋學」不過是「偽經」「新學」，只是亡國之學。並非他所首先看到的所謂新莽朝亡於古文經學這一意象，就被他推延為以劉歆為鼻祖的古文經偽學必須為「二千年」來的不如人意的、其實是晚近西方衝擊下益顯突出的疲敝現狀負責。凡對古文經傳不利的證據都加以殷勤的收集，至於是不是引自原書，就不必過於在意了，時間也很急迫，不少還是學生幫著編起來

---

300 可惜的是，有學者在這樣做的過程中，也出現了偏蔽，諸如幾乎將一切錯失的根源盡歸「疑古」之一念，甚至連古史研究中的理性批評的精神也一併浪擲。

的，要讓「劉歆遍偽群經」諸觀念徹底建立起來，《史記》中的證據只能任意棄取，而《漢書》的著作權也不得不歸到劉歆名下。這哪裡是在搞考據，簡直在羅織政治罪名。只有唯政治的一元論的思維方式才能得出如此驚世駭俗的明快結論。錢穆說「康氏之新考據」可謂之「考證學中之陸王」，描述得頗為逼真。不過從考證學的觀點看到的主觀武斷，其實皆根源於他認定足以經世濟民的源於《公羊》的「孔子改制」諸說為「政治正確」的主張。一切壓抑了它或與之相背的東西只能是「偽」的其實最要害的乃在於是「無用」的，依此功利的標準，「疑辯」才會無所不至。康有為實在是初不以「疑古」為宗旨，結果卻的確如章太炎所看到的為「疑古之史學」提供了思想動力。只是其間的界限也是必須看到的，像錢玄同、顧頡剛等「疑古學派」的代表人物對康有為的考證精神與政治意識作了幾乎是異口同聲的區分，用錢玄同《重印〈新學偽經考〉序》和《重論經今古文學問題》一再引用的顧頡剛的話來說：「康有為為適應時代需要而提倡『孔教』，以為自己的變法說的護符，是一件事；他站在學術史的立場上打破新代出現的偽經傳又是一件事實。」但這兩者在康有為那裡卻縉合得親密無間，或者說本不可分。所以，可以說錢玄同、顧頡剛等民國學人將「康學」作了取捨更準確地說是轉化，康氏今文經學的「經世」精神及其由此產生的功利主義變成了史學上的理性精神與懷疑主義。這是綿延至民國學術思想史上的一個重要趨勢即「經學的史學化」的一個側面和一部分意義。

　　這裡我們不能不談到「康學」經世精神的一體兩面性。一方面，「通經致用」的精神，的確具有巨大的政治功能與文化意義。沒有這種精神，就不可能產生有如楊向奎所說的康氏「造經」、「造史」的英特作為。康有為的新經學，為戊戌前後國人的政治文化能動性提供了思想資源與行動楷模，這是連經學立場與之距離很遠的不少士人對他

都有一定程度的包容甚至欽服的原因。也是他之所以成為晚清公羊學、今文經學家第一人的理由，因為正是在這種政治與文化的功利主義的激盪之下，確立其專宗今文全面排擠古文的鮮明立場。另一方面，康有為之「造經」、「造史」，固然是「以《公羊》應用」，其後果則不但是對古文經學的嚴重打擊，更是對國史的嚴重搗亂。康氏或許自以為將孔、孟所謂「其義則竊取之」的精神發揮得淋漓盡致了，然他的功利主義總不免強「史」就「義」，這對中國歷史文化所造成的傷害也是一言難盡的。

於是就有章太炎的新古文經學與之對抗，其大義可以一言以蔽之：捍衛國史的尊嚴，以國史經世。短期看是為「種族革命」，長遠看更是為抗禦列強，合而言之，為「民族主義」提供理論根據。

章氏「始分別古今文師說」於一八九一年，正是康有為《新學偽經考》初刊的那一年，很可能與此有關，章太炎有激於晚清公羊學派對《左傳》的衝擊，一八九一年開始撰寫《春秋左傳讀》，主要針對清代常州公羊學派重鎮劉逢祿而發，以期釜底抽薪。並至少於一八九三年，在其《膏蘭室札記》上已經出現「劉子駿私淑弟子」印章。章氏之「專慕劉子駿，刻印自言私淑」，頗能象徵其治經學的取向與宗主。章太炎的本家章學誠，在《校讎通義》中早已樹起「宗劉」的大旗，不過那是在「校讎心法」的取徑上專推劉氏父子，且頗有與乾嘉時的經學考據相頡頏的意味。章太炎的「私淑」劉歆，乃是在今文家認定劉歆為偽竄古文經尤其是《左傳》的罪魁禍首的語境下，在「余性好《春秋》古文之學」的意義上，經學「學派」自覺的自我認定。

不過，章氏早年並不是一個純粹的古文經學家，說經多染公羊家說。「《左氏》可通於《公羊》」、「孔子改制」諸義多見於其著述。章氏在《自述學術次第》中總結說：「余初治《左氏》，偏重漢師，亦頗傍採《公羊》」，道出一部分所以然之故，即循漢人治經舊軌；另一方

面實在也是在晚清公羊學派甚囂塵上的氣氛下，既與之抗爭，又不能不受其影響：不服其攻擊古文經傳的武斷裂滅，又對其經學研究得出的政治變革的呼聲不能不產生共鳴。章太炎一度採用「尊荀」的方式來處理今古文之爭，也許可以稱為「援今入古、以古統今」吧。

學術與政治的複雜糾葛也許是通過章太炎與康有為理解晚清今古文之爭的一個難解的結。無疑，正是在康有為身上恢復起來的《公羊》學及其推延出來的極端的今文經學的「通經致用」的參與精神，激發了章太炎的政治意識，並促使他走出詁經精舍。與這種影響比較起來，章太炎在任職於《時務報》時期與康門弟子的「鬥辨」不過是一個小小的插曲。這類糾紛當然是有意義的，雖然不免夾雜些文人的意氣，多少表示了對「康黨」「創立孔教」的觀念「不能輕於附和」的理性精神，但是他的「學派」對立意識並沒有強烈到必須決裂的地步。章太炎在對因戊戌變法失敗而流亡海外的康有為所表示的同情的聲援的公開信中說：「所與工部論辯者，特左氏、公羊門戶師法之間耳。至於黜周王魯、改製革命，則未嘗少異也。（余紬繹周秦、西漢諸書，知左氏大義與此數語吻合），況旋乾轉坤以成既濟之業乎？」[301]這段話頗能概括他們之間共通的政治意識，從中也反映出「門戶師法」與「黜周王魯、改製革命」諸學理政見不能一以貫之的內在緊張。他後來在《駁康有為論革命書》（1903年5月）中，也說康有為曾「有志革命」，這決不可視為章氏對論敵的栽贓。事實上，從《公羊》學最能引申出「改製革命」的政治結論。康有為在《孔子改制考》等書中也並不諱言「革命」，張之洞之所以抵制「孔子紀年」也是害怕革命，康門弟子如梁啟超等一度非常激越的「革命」傾向也不

---

301 《〈康有為復章炳麟書〉識語》，原載《臺灣日日新報》，1899.01.13，轉引自《復旦學報》（社會科學版），1982（3）。

能排除師承去理解，儘管康氏本人幾經調整的思想與其激進弟子們的越來越不合拍了。

我們在這裡強調康有為式「孔子改制」思想與「革命」思潮的連續性，一方面是為了說明，以康有為為代表的今文經學不僅主導了戊戌前後「變法維新」的潮流，也啟發了「革命」的思想。另一方面是想揭示，章太炎與康有為之間展開的經學今古文之爭的界限基本上不在於「革命」與「改良」之別，而是經學的史學化與儒學的宗教化、民族主義與孔教主義的分道揚鑣。

章太炎比較徹底地擺脫康有為的政、學觀念的影響，而建立起獨立的古文經學思想，大體上要從《訄書》重訂本（初刊於1904年）開始。總的來說，章太炎的經學立場經歷了從「援今入古、以古統今」到「專宗古文」的演變，而《訄書》的修訂正是其經學思想大轉折的關鍵期。孔子為「良史」說的宣示，從孔子、左丘明、司馬談、遷父子到劉歆之學一脈相承的「歷史之學」的新譜系的建構，「六藝皆史」論的發軔，意味著章太炎獨立的新古文經學的奠基。其前後變遷呈現出「從援今文義說古文經到鑄古文經學為史學」的清晰軌跡。這與章氏跨越「紀孔、保皇二關」的政治反思、「民族主義」的學理建構、「中國通史」的編撰所體現出來的「經學的史學化」的努力等因素息息相關。

就相對短的時段來看，尤其集中於戊戌前後，從「改良」到「革命」的政治路線的抉擇取捨，確實是章太炎經學思想走向成熟與獨立的重要背景和關鍵契機，但是他並沒有局限於、更沒有止步於為反清的「種族革命」提供理論基礎。就像康有為的今文經學也並不是僅僅是為清王朝的「變法」出謀劃策作輿論準備而已。

從《新學偽經考》的刊佈（早在1897年梁啟超作《〈新學偽經考〉敘》就提醒人們注意乃師此書「其非與考據家爭短長」而旨在為

建立「孔教」開闢道路的良苦用意。）[302]，到贏得光緒皇帝信任後將刪去激進鋒芒的《孔子改制考》上達天聽，從《大同書》的成書，到民國建立後依然固執地推動「孔教」運動，一幕又一幕，演出的是康有為的孔教主義的興起、行進、頓挫、遊蕩的連續劇。在「體制」創新意識的建立上，在某種較為開放的「華夷」觀念的恢復與轉換上，在「進化論」思維方式的銜接上，在從「小康」到「大同」的社會理想的規劃上，康有為的孔教主義在中國近現代的思想進程中，留下了深刻的印記，當然是憑藉了種種複雜的資源、在種種複雜的語境之下的知識建構與思想創新，但從經學的觀點來看，這一切難道不是康有為的今文經學歸根到底是其《公羊》學的推演與展開嗎？

一定意義上，正是與晚清的今文學家尤其是康有為之將儒學宗教化的趨向抗爭的結果，章太炎走了一條根基於「《春秋》古文之學」的經學史學化的道路。與康有為之歸宗「孔教」主義不同，章太炎揭櫫的是「民族主義」。

章氏有一段非常重要的陳述扼要概括了他的新經學的綱領與趨向，值得再引述如下：

> 僕以為民族主義，如稼穡然，要以史籍所載人物制度、地理風俗之類，為之灌溉，則蔚然以興矣。不然，徒知主義之可貴，而不知民族之可愛，吾恐其漸就萎黃也。孔氏之教，本以歷史為宗，宗孔氏者，當沙汰其干祿致用之術，惟取前王成跡可以感懷者，流連弗替。《春秋》而上，則有六經，固孔氏歷史之學也。《春秋》而下，則有《史記》、《漢書》以至歷代書

---

302 梁啟超《〈新學偽經考〉敘》，見《飲冰室合集》1《飲冰室文集》卷2，62頁，北京，中華書局，1989。

志、紀傳，亦孔氏歷史之學也。若局於《公羊》取義之說，徒以三世、三統大言相扇，而視一切歷史為芻狗，則違於孔氏遠矣！[303]

正是不滿於「局於《公羊》取義之說，徒以三世、三統大言相扇，而視一切歷史為芻狗」的今文家說，而開拓出其古文經學的主張：「孔氏之教，本以歷史為宗」。這裡所勾勒的「孔氏歷史之學」的系譜也很清晰，其「尊史」的理念在這裡表達得尤為強烈。他還旗幟鮮明地揭示，所謂「孔氏歷史之學」——其實就是他所詮釋的新古文經學的道德、政教功能，就在於宣揚「民族主義」。

我們要強調的是，這不是在呼一呼一時即興的革命口號，而是極其精練地表達了章氏的「主義」、章氏的「學」。

章氏早在《今古文辨義》中就著力批評今文家言必將導致「雖謂蘭臺歷史，無一語可以徵信」的後果，並指出其危害在於：「欲以尊崇孔子而適為絕滅儒術之漸」。這種思路，一直到他在二十多年後批評康有為的「六籍皆儒家託古」觀念及其影響下的以胡適為代表的「疑古之史學」，還在延續著。章氏最所憂患的乃是「抹殺歷史」動搖國本的嚴重後果，表明他對民族史的維護是歷久而彌堅的。在行將就木的前一年（1935），他在演講中說：

經籍之應入史類而尤重要者，厥維《春秋》。《春秋》三傳雖異，而內諸夏外夷狄則一，自有《春秋》，吾國民族之精神乃固……[304]

---

303 《答鐵錚》（1907.06.08），見《章太炎書信集》，179頁，石家莊，河北人民出版社，2003。

304 章太炎：《論讀經有利而無弊》，見《章太炎講演集》，211頁。

　　章氏講這類話時，正在日本侵華的嚴峻關頭。

　　從「所與工部論辯者，特左氏、公羊門戶師法之間耳。至於黜周王魯、改製革命，則未嘗少異也。（余紬繹周秦、西漢諸書，知左氏大義與此數語吻合），況旋乾轉坤以成既濟之業乎？」，到「若局於《公羊》取義之說，徒以三世、三統大言相扇，而視一切歷史為芻狗，則違於孔氏遠矣！」，再到「《春秋》三傳雖異，而內諸夏外夷狄則一」，放寬視野，我們也許可以更多體會出一些章太炎與康有為之間在經學今古文之辨上之相爭與不爭的意味吧。

第三章

經、子易位：「諸子不出於王官論」及其效應

　　從中國學術大格局在晚近發生結構性裂變的視野來看，不但經學之王座被史學所「強取豪奪」，子學也大造其反。經典之傳統歷史定位，為「子學時代」所取代。子書不但成為「哲學史」、「思想史」的優先素材，還產生了一種更為嚴重的趨勢，用顧頡剛的話來說，就是：「經竟變成了子的附庸。」

　　胡適的「諸子不出於王官論」在其中扮演了至關重要的角色，起到近乎奠基的作用，其效應綿延了很長的時間。此說不能成為定論，但是涉及中國學術之變局，影響頗為深遠。從中我們可以看到，「中學」內部的動力還是如此強勁，「西學」的參與則如鹽化入水般地無形而有效。胡適是中國現代西化派知識分子的代表人物，此說是其自負所掀起「哥白尼式革命」的重要一環，具有鮮明的「典範」價值和深刻的象徵意義，其出於留學生的「補課」心態，雖不無「崇洋」的色彩、「比附」的弊病，但在「安身立命」的意義上，仍然源本於「反求諸己」的中國精神。

　　本章通過對「諸子不出於王官論」的建立、影響與意義的個案分析來考察：在中國傳統學術的轉型與中國現代人文學術的建立過程中，胡適所起的「但開風氣不為師」的作用。

　　作為《中國哲學史大綱》的骨架的「諸子不出於王官論」，是胡適的一個具有廣泛而深遠影響的創說。它為推倒學術史上長期佔據統

治地位的、見之於《漢書・藝文志》的「九流出於王官說」而發。胡適取尊經崇古、重官學輕私學的舊說而代之的，是一種根於「進化論」觀念、以「歷史的眼光」得來的全新的歷史解釋模式以及一種「疑古」的取向，這是有重大意義的範式創新。從「哲學方法的性質」角度探討「中國之所以缺乏科學研究」的問題意識，決定了它的中心根據——所謂「古無『名家』之名」說的提出；以康有為為中心的晚清經今文家說對《漢志》劉、班舊說及其相關根據的經古文家說的破壞，為其準備了觀念的前提；對西方文化史的研究心得，使胡適獲得了創造性解釋「諸子不出於王官」問題的「比較參考的材料」，杜威式的實用主義則起了含而不露的「組織部勒」的作用。此說開創了關於諸子學起源的自由解釋之風氣，對二十世紀二三十年代史學界中的「疑古」、「釋古」、「信古」各派均有影響；通過嚴格考辨文獻的著述年代來確定學術思想史的脈絡，通過瞭解思想家的生活的「時代」來探討思想學術發生發展的原因，乃是二十世紀哲學史、學術思想史研究中非常重大而有影響力的範式更新；在使「經學」從屬於「子學」、使「諸子學」成為「中國哲學史」、「中國思想史」的源頭的潮流中，胡適做出了決定性的貢獻，這種見解大大改變了人們對中國文化格局的傳統看法，長期支配著後人在這個問題上的認知。

一　引言

自從余英時的《中國近代思想史上的胡適》借用庫恩（Thomas S. Kuhn）的科學革命理論，解釋胡適的《中國哲學史大綱》在中國近代史學革命上的中心意義，關於學術轉型或範式更新的討論逐漸蔚為風氣。所謂「典範」或「範式」，據余氏對庫恩理論的概括，有廣狹兩義：前者涉及全套的信仰、價值和技術的改變；後者指具體的研究

成果所起「示範」的作用，即一方面開啟了新的治學門徑，而另一方面又留下了許多待解決的問題。此書從學術思想史的廣闊背景和內在理路清楚解釋了胡適在中國近代思想史上的中心地位，其中自然包括《中國哲學史大綱》的典範意義。[1]可謂綱舉目張、點到為止。

　　我們所要討論的是與《中國哲學史大綱》密切相關而又獨立成篇的「諸子不出於王官論」。

　　余英時在《中國近代思想史上的胡適》一文中，論及胡適的「考據文字」對當時「上層文化」的衝擊時，已特舉「諸子不出於王官論」為例加以說明：

> 他的「暴得大名」雖然是由於文學革命，但是他能進北京大學任教則主要還是靠考據文字（原文有注，此略——引者）。其中「諸子不出於王官論」成於一九一七年四月，離他動身回國不過兩個多月。這篇文筆（「文筆」疑為「文字」或「文章」之訛——引者）是專為駁章炳麟而作的，也是他向國學界最高權威正面挑戰的第一聲。所以，就胡適對上層文化的衝擊而言，「諸子不出於王官論」的重要性決不在使他「暴得大名」的「文學改良芻議」之下。[2]

1　余英時：《中國近代思想史上的胡適》，臺北，聯經出版事業公司，1984。該書共收三篇文章：《中國近代思想史上的胡適》；及「附錄」：一、《〈中國哲學史大綱〉與史學革命》；二、《年譜學與現代的傳記觀念》。與本章相關的是前兩文。有關學術轉型或範式更新的較近而又較有新意的討論，可參見陳平原：《中國現代學術之建立——以章太炎、胡適之為中心》，北京，北京大學出版社，1998，以及吳展良對該書所作非常中肯且頗有理致的評論：《重省中國現代人文學術的建立——陳平原著〈中國現代學術之建立〉述評》（臺灣大學歷史學系主編：《臺大歷史學報》，第27期，187-211頁；又見羅志田：《大綱與史：民國學術觀念的典範轉移》，載《歷史研究》，2000（1）。

2　余英時：《中國近代思想史上的胡適》，38頁。

　　這段文字，旨在強調「諸子不出於王官論」、「就胡適對上層文化的衝擊而言」所具有的「重要性」，頗為有見。但余英時認為「這篇文筆是專為駁章炳麟而作的」，此說不確。試比較胡適於一九一七年四月十一日與十六日所作兩則日記，[3]可知：此文為推倒學術史上長期佔據統治地位的見之於《漢書‧藝文志》的劉、班舊說而作，所以擬文之初並未考慮要對章太炎有所批駁。因為對仍固執此說且系統發揮此說的當時學術權威章太炎不能置之不理，後來才特意安排了那一節，並在文章的開頭就直點章太炎的大名。[4]胡適素以「國人導師」自期，[5]

3　前則（標題為「九流出於王官之謬」）主要內容為：

　「此說出自班固，固蓋得之劉歆。其說全無憑據，且有大害，故擬作文論其謬妄。今先揭吾文之大旨如下：

　（一）劉歆以前之論周末諸子者皆不作如此說……

　（二）學術無出於王官之理。

　（1）學術者，應時勢而生者也。（《淮南‧要略》）

　（2）學術者，偉人哲士之產兒也。

　（三）以九流為出於王官，則不能明周末學術思想變遷之跡。

　（四）《藝文志》所分九流最無理，最不足取……」

後則（標題為「作《論九流出於王官說之謬》」）全文如下：

　「作《論九流出於王官說之謬》成，凡四千字：

　（一）劉歆以前無此說也。

　（二）九流無出於王官之理也。

　（三）《七略》所立九流之目皆無徵，不足依據。

　（四）章太炎之說亦不能成立。

　（1）其所稱證據皆不能成立。

　（2）古者學在官府之說，不足證諸子之出於王官。

　（五）結論。

　此文寄與秋桐（即章士釗——引者）。」

　　參見胡適：《胡適留學日記》（下），498-499頁，合肥，安徽教育出版社，1999。

4　即「今之治諸子學者，自章太炎先生而下，皆主九流出於王官說。」也許正是這兩點加深了學者們認為此文「專為駁章炳麟而作」的誤會。

5　參見1915年5月28日的留學日記，胡適：《胡適留學日記》（下），95頁。

懷抱著「如今我們已回來，你們且看分曉罷」[6]的新一代歸國留學生的強烈自信，他的《諸子不出於王官論》，確可認作「向國學界最高權威正面挑戰的第一聲」，但是若將該文視為「專為駁章炳麟而作的」，則不但不能成立，而且仍不免小看了「諸子不出於王官論」在學術思想史上的意義。[7]

筆者關心的是，「諸子不出於王官論」在學術思想史上的價值與影響何在，此項創說為什麼不是由別人而恰恰是胡適提出的，他是如何建立新說的，通過此說創建、影響、意義的分析，我們是否可以加深胡適在現代學術範式建構中的作用的認知，並從一個側面增進對故國學術、文化轉進翻新之歷程的瞭解。

胡適常以龔自珍「但開風氣不為師」的名言自喻，這是這位近代學術思想史上的中心人物的自謙還是自負呢？在筆者看來，他早年引此頗能顯示其銳意開拓的奮發意氣，日後則更多藉以暗示了開風氣者不被理解的無奈。這句話恰當地點出了胡適之所以不斷自我肯定和解釋其工作成效的心理狀態，對於他的學術貢獻在近代學術思想史上之

6　此為胡適經常引用的一句洋詩，曾在刊於1917年6月《留美學生季報》夏季第2號的「江上雜記」中鄭重引譯為中文，並「深有所感」：「念吾國留學生不當人人作如此想耶」。見歐陽哲生編：《胡適文集》9，「早年文存」，744頁，北京，北京大學出版社，1998。胡適在1917年3月8日的日記，已將此洋詩譯為「如今我們已回來，你們請看分曉罷。」並認為「此亦可作吾輩留學生之先鋒旗也」。胡適：《胡適留學日記》（下），477-478頁。待譯文發表，將「請」字改為「且」字，一字之易，那種取而代之、舍我其誰的氣勢表達得更為淋漓盡致！

7　自余英時將「諸子不出於王官論」視為「專為駁章炳麟而作」之論出，學者多沿襲其說。參見姜義華：《胡適學術文集總序》，6頁，見《胡適學術文集・中國哲學史》（上），北京，中華書局，1991；歐陽哲生：《新文化的源流與趨向》，276頁，長沙，湖南出版社，1994；羅志田：《再造文明之夢——胡適傳》，222頁，成都，四川人民出版社，1995；等等。王汎森亦認為《諸子不出於王官論》是「胡適為駁章太炎寫的」，參見王汎森：《古史辨運動的興起——一個思想史的分析》，275頁，臺北，允晨文化實業股份有限公司，1987。

作用的性質來說，也不失為一種頗為客觀的自況。

陳寅恪在《馮友蘭〈中國哲學史〉審查報告一》中鄭重道及：「凡著中國古代哲學史者，其對於古人之學說，應具瞭解之同情，方可下筆……」這一近來引用率極高的史學箴言，確可擴展開來奉作治史者的一般性律令。轉換研究的對象，我們不僅要對「古人之學說」，而且對已作「古人」的胡適，也不能不表示一種「瞭解之同情」。此雖極不易，而不能不懸為我們所試圖致力的基本方向。

筆者深感，如果不是對象胡適這樣的中國近代學術思想史上的中心人物的工作有周到把握與合理定位，則探討中國傳統學術的轉型與中國現代人文學術的建立這樣一個複雜而有意義的論題，將會舉步維艱。在這一過程中，自不免有、更要歡迎多元觀點的參與，不管它是「現代」取向的或帶有「後現代」色彩的。無論如何，「瞭解之同情」的態度是值得提倡的。而所謂「瞭解之同情」，不僅要對「古人」而且要對近人，更不能限於某家某派。中國學術、文化正是在不同傾向、立場之學派的相激相蕩中進展的，《老子》所謂「相反相成」、大《易》所謂「天下同歸而殊途，一致而百慮」是也。

二 「九流出於王官說」與胡適批駁此說的意義

九流出於王官說，是有關追溯諸子學說淵源的一套系統看法，此說始見於《漢書‧藝文志》，蓋本於劉歆的《七略》。其說大略如下：

> 儒家者流，蓋出於司徒之官……道家者流，蓋出於史官……陰陽家者流，蓋出於義和之官……法家者流，蓋出於理官……名

家者流，蓋出於禮官……墨家者流，蓋出於清廟之守。[8]……
縱橫家者流，蓋出於行人之官……雜家者流，蓋出於議官……
農家者流，蓋出於農稷之官……小說家者流，蓋出於稗官……

以上「諸子十家，其可觀者九家而已」。其言雖殊，而相滅相生、相反相成；各有長短，而「合其要歸，亦《六經》之支與流裔[9]」[10]。

此說有三大要點頗值得注意，胡適的駁論相應在這三方面有舉足輕重的意義：

1.《漢志》諸子十家九流之分說為司馬談以「六家」分諸子說之擴展，確立了諸子分家的正統觀念。

誠如呂思勉所言：

> 先秦諸子之學，《太史公自序》載其父談之說，分為陰陽、儒、墨、名、法、道德六家。《漢書·藝文志》益以縱橫，雜，農，小說，是為諸子十家。其中去小說家，謂之九流。[11][12]

8　楊樹達《漢書窺管》：守，疑官字之誤。余嘉錫《四庫提要辯證》，守字者官字之誤，志敘諸子十家，皆出於某官，不應墨家獨作守。參見陳國慶編：《漢書藝文志注釋彙編》，144頁，北京，中華書局，1983。(《四庫提要辯證》，應為《四庫提要辯證》——引者)

9　師古曰：「裔，衣末也。其於《六經》，如水之下流，衣之末裔。」

10　(漢)班固撰、〔唐〕顏師古注《漢書》，1728-1746頁，北京，中華書局，1962。

11　《漢志》曰：「諸子十家，其可觀者，九家而已。」《後漢書·張衡傳》：上疏曰：「劉向父子，領校秘書，閱定九流。」注：「九流，謂儒家，道家，陰陽家，法家，名家，墨家，縱橫家，農家，雜家。」劉子《九流篇》所舉亦同。此為呂氏原注，此注將《後漢書·張衡傳》原注先「雜」後「農家」的次序倒置了，其實《漢書·敘傳》敘《藝文志》著述緣由中已有明文：「劉向司籍，九流以別。」應劭注曰：「儒、道、陰陽、名、墨、縱橫、雜、農，凡九家。」見(漢)班固撰、〔唐〕顏師古注：《漢書》，4244-4245頁。

12　呂思勉：《先秦學術概論》，15頁，上海，東方出版中心，1985。

張舜徽將司馬氏之創說標舉得尤為顯赫：

> 司馬氏以前，論列諸子流別者，若《莊子・天下篇》、《荀子・非十二子篇》、《呂氏春秋・不二篇》、《淮南子・要略篇》，皆但稱舉同異，提挈綱要，而不命之曰某家某家。諸子分家，實自史談始也。其後劉向、劉歆，領校群書，撰定《七略》，別諸子為十家。《漢書・藝文志》因之。後世簿錄諸子者，又本《漢志》而略有出入耳。[13]

合而觀之，呂、張兩氏之說將司馬談分定「六家」至劉氏父子「閱定九流」的進展關節交代得一清二楚。

故而當胡適力駁《漢志》所分「九流」說，勢必追及司馬談所分「六家」說，將其一併推倒。

胡適在《中國古代哲學史臺北版自記》中，對自己工作的立場與方法、目標與成績有頗為清醒的認知：

> 我這本書的特別立場是要抓住每一位哲人或每一個學派的「名學方法」（邏輯方法，即是知識思考的方法），認為這是哲學史的中心問題……所以我這本哲學史在這個基本立場上，在當時頗有開山的作用。可惜後來寫中國哲學史的人，很少人能夠充分瞭解這個看法。
>
> 這個看法根本就不承認司馬談把古代思想分作「六家」的辦法。我不承認古代有什麼「道家」、「名家」、「法家」的名稱。我這本書裡從沒有用「道家」二字，因為「道家」之名是先秦

---

13 張舜徽：《〈太史公論六家要指〉述義》，見《周秦道論發微》，北京，中華書局，1982；又收入《張舜徽學術論著選》，395頁，武漢，華中師範大學出版社，1997。

古書裡從沒有見過的。[14]我也不信古代有「法家」的名稱，所以我在第十二篇第二章用了「所謂法家」的標題，在那一章裡我明說：「古代本沒有什麼『法家』。——我以為中國古代只有法理學，只有法治的學說，並無所謂『法家』。」至於劉向、劉歆父子分的「九流」，我當然更不承認了。

這樣推翻「六家」、「九流」的舊說，而直接回到可靠的史料，依據史料重新尋出古代思想的淵源流變：這是我四十年前的一個目標。我的成績也許沒有做到我的期望，但這個治思想史的方法是在今天還值得學人的考慮的。[15]

「抓住每一位哲人或每一個學派的『名學方法』（邏輯方法，即是知識思考的方法），認為這是哲學史的中心問題」，是胡適有其「不得不如是之苦心孤詣」（借用陳寅恪語）的特見，「推翻『六家』、『九流』的舊說」與之有密切的關聯（此不贅述，詳見下文）。但後學很少接受這樣的見解。所謂「道家」、「名家」、「法家」等名目，為漢代學者整理以往諸子學術思想進行分家分派的方便設施，未必定要在先秦古籍中出現過才名正言順，所以追隨胡適擯棄此等稱謂的學者亦不多。但是，不拘泥於「『六家』、『九流』的舊說」，「而直接回到可靠的史料，依據史料重新尋出古代思想的淵源流變」，這一「方法」，實在是被後來直至今日治先秦學術思想史的學者奉為圭臬、謹守不失的。在這一層次上，胡適開山的作用也許比他本人所認識到的還要大，只是此類的新範式如今已被普及至日用而不知的地步，反而不易為人所瞭解了。

---

14 引者按：在《諸子不出於王官論》中，胡適尚沿襲「道家」之稱。

15 胡適：《中國古代哲學史臺北版自記》，見胡適：《中國哲學史大綱》（卷上），「附錄二」13-14頁，上海，商務印書館，1919年2月初版，1987年2月影印第1版。

2. 在處理「六經」與「諸子」的源流關係上，具有強烈的尊經抑子觀念。

「九流」乃正相對於大本大源的「六經」而言，所謂「會其要歸，亦六經之支與流裔」也。[16]此等觀念，在中國學術思想史上可謂源遠流長。《莊子・天下》篇已引其端緒：

> 古之人其備乎！配神明，醇天地，育萬物，和天下，澤及百姓，明於本數，繫於末度，六通四闢，小大精粗，其運無乎不在。其明而在數度者，舊法世傳之史尚多有之。其在於《詩》、《書》、《禮》、《樂》者，鄒魯之士搢紳先生多能明之。《詩》以道志，《書》以道事，《禮》以道行，《樂》以道和，《易》以道陰陽，《春秋》以道名分。其數散於天下而設於中國者，百家之學時或稱而道之。
> 天下大亂，賢聖不明，道德不一，天下多得一察焉以自好⋯⋯是故內聖外王之道，闇而不明，鬱而不發，天下之人各為其所欲焉以自為方。悲夫，百家往而不反，必不合矣！後世之學者，不幸不見天地之純，古人之大體，道術將為天下裂。[17]

又《莊子・天運》篇有云：

> 孔子謂老聃曰：「丘治《詩》、《書》、《禮》、《樂》、《易》、《春

---

16 《漢志》下文有曰：「仲尼有言：『禮失而求諸野。』方今去聖久遠，道遠缺廢，無所更索，彼九家者，不猶癒於野乎？若能修六藝之術，而觀此九家之言，舍短取長，則可以通萬方之略矣。」

17 〔清〕郭慶藩撰、王孝魚點校：《莊子集釋》，第4冊，1067-1069頁，北京，中華書局，1961。

秋》六經……」[18]

　　《莊子》可謂已明白提示諸子「百家」淵源於「六經」說。至經學尊崇的漢代，劉歆、班固明確以「九流」本於「六經」說將其固定化、正統化，此後長期獨霸中國學術思想史。直到《四庫全書總目》「子部總敘」還說：

> 然儒家本六藝之支流……其餘雖真偽相雜，醇疵互見。然凡能自名一家者，必有一節之足以自立。即其不合於聖人者，存之亦可為鑒戒。[19]

　　余英時引此語，作按語道：「這顯然是通過訓詁而重新發現了諸子思想以後所發展出來的見解。」[20]其說良是。儘管如此，諸子中且就儒家而論，雖然說「儒家尚矣」，但是「儒家本六藝之支流」閒閒一語，道盡了劉、班以降學者尊經抑子之成見，其餘諸子勿論矣，誠所謂根深而蒂固也。
　　明乎此，我們才能理解胡適的辯駁：

> 哲學家的時代，既不分明，如何能知道他們思想的傳授沿革？
> 最荒謬的是漢朝的劉歆、班固說諸子的學說都出於王官；又說「合其要歸，亦六經之支與流裔」[21]諸子既都出於王官與六

18　《莊子集釋》，第2冊，531頁。
19　〔清〕永瑢等撰：《四庫全書總目》，769頁，北京，中華書局，1965。
20　余英時：《中國近代思想史上的胡適》，79頁。
21　《漢書・藝文志》。看胡適《諸子不出於王官論》太平洋雜誌第一卷第七號。(此為胡適原注——引者)。

經，還有什麼別的淵源傳授可說？[22]

它的價值與意義，正如蔡元培當即指出的「平等的眼光」，也即胡適後來自認的「革命」功效：「〔不分『經學』、『子學』〕把各家思想，一視同仁。」[23]胡適還追述說：

在中國文化史上我們真也是企圖搞出個具體而微的哥白尼革命來。我們在學術研究上不再獨崇儒術。任何一項有價值的學問，都是我們的研究對象……[24]

胡適並沒有在晚年誇大他早年的抱負，像《先秦名學史》，就是旨在引進導致西方文化史重大變革的「《方法論》和《新工具》」，在先秦名學史中為現代中國的文化革命尋找思想方法的根據或曰掘培「土壤」而作的。按照胡適的理解，他的「努力」又是與「新儒學」為回應佛學的衝擊而進行「邏輯方法」的革新是一脈相承的，或者可以說是完成其未盡的志業。這樣一種關懷，決定了他必須把主要精力投注到「恢復」與他所理解的西學的最新成果（主要是達爾文的進化論及其科學根據、杜威式的實驗主義科學方法論尤其是「用歷史或者發展的觀點看真理和道德」的觀念）。較能相通又便銜接而久被壓抑的「非儒學派」（尤其是胡適所謂的「別墨學派」）上。[25]所以打破尊經崇儒之格局，乃是他不能不做的事。[26]作為該書之擴展和進一步系

22 胡適：《中國哲學史大綱》（卷上），11頁。
23 唐德剛譯注：《胡適口述自傳》，210頁，上海，華東師範大學出版社，1993。
24 唐德剛譯注：《胡適口述自傳》，249頁。
25 參見胡適：《先秦名學史》，「導論」，上海，學林出版社，1983。
26 胡適於1915年7月14日致韋蓮司的信中就提到所擬博士論文題為「《古代中國非儒家的哲學家》」——即後來的《先秦名學史》（博士論文正式題名為：《A Study of The

統化的著作《中國哲學史大綱》(卷上),以及與之血肉相連的「諸子不出於王官論」,無不深深地打上著這樣的問題意識的烙印。當然,我們今天有便利瞭解胡適的不光是他想做的,而且還有確實做到了的東西。「諸子不出於王官論」對於尊經崇儒之見的深切勇猛的衝擊與破壞,就是一個例子。

3.「九流出於王官說」的基本內容是將諸子一一分別歸本於各具職守的王官,其中蘊涵了鮮明的尊「官學」輕「私學」與「理想化古代」的價值取向。

我們可以看到,前兩點均有所本,較明顯的,或沿自司馬談《論六家要指》,或承之於《莊子》。此點則多創闢,而其條貫卻近於「機械」。即馮友蘭所謂:「劉歆於九流十家,皆為指一『官』以為其所自出,蓋由於漢人好系統,喜整齊之風尚。」[27]

關於此說在學術史上的影響,顧頡剛有扼要的介紹:

> 自從劉歆在《七略》中規定了諸子有九家,每家都出於一個官守,學者信為真事,頻加援引。鄭樵的《校讎略》,章學誠的《校讎通義》,尤為宣傳的中堅。[28]

至於此說在清代以降學者中引起的反響,張舜徽更有詳盡的說明:

Development of Logical Method in Ancient China》即:《中國古代哲學方法之進化史,參見《胡適留學日記》下冊,504頁。)之最初標名。周質平編譯:《不思量自難忘——胡適給韋蓮司的信》,68頁,合肥,安徽教育出版社,2001。可見其「非儒家」的意識由來已久。

27 馮友蘭:《原名法陰陽道德》,原載《清華學報》,第十一卷,第二期,又見《三松堂學術文集》,335、385頁,北京,北京大學出版社,1984。

28 顧頡剛:《古史辨》,第4冊《顧序》(1933.02.12),17頁,上海,上海古籍出版社,1982。

清儒如章學誠、汪中、龔自珍，近代若章炳麟、劉師培，皆推闡劉《略》班《志》之意而引申說明之。以為古者學在官府，私門無著述文字。自官學既衰，散在四方，而後有諸子之學。不悟百家競興，各有宗旨，與王官所掌，不能盡合。大抵諸子相因而生，有因前人之學而引申發明者，有因他人之說而相攻甚力者。如謂王官之學衰而諸子興，猶可也；必謂諸子之學一一出於王官，則不可也。清末惟長沙名儒曹耀湘不信劉班諸子出於王官之說，載所見於《墨子箋》中，最為通達。曹氏年輩，遠在章炳麟、劉師培之前，而所見則在章劉之上，可謂有識！近人胡適，有《諸子不出於王官論》，亦有理致，皆發前人所未發也。[29]

張氏與胡適一樣，是「服膺」《淮南子要略篇》所論「諸子之學，皆起於救世之弊，應時而興」的，故於抑揚之間有此評衡。其對兩派見解的概括亦頗為允當。照張氏所說，其鄉先輩曹耀湘誠得胡適「諸子不出於王官論」之先聲，而曹說之影響固絕不如胡適之論也。

清儒中持「九流出於王官說」者頗不乏人，而胡適特以章太炎為駁論對象，可以說當年胡適確有不可遏制的「向國學界最高權威正面挑戰的」強烈自我意識。那麼，他最不滿意章說的是什麼呢？

章太炎以為，古之學者多出王官。胡適則認為古者學在王官是一事，諸子之學是否出於王官又是一事。即令此說而信亦不足證諸子出於王官。「蓋古代之王官定無學術可言」。徒以古代為學皆以求仕，故智慧之士或多萃於官府。當周室盛時，教育之權或盡操於王官。王官

---

29 張舜徽：《諸子與王官》，原載《學林脞錄》卷4，見周國林編：《張舜徽學術文化隨筆》，100-101頁，北京，中國青年出版社，2001。

之教「其視諸子之學術,正如天地之懸絕」,諸子之學不但決不能出於王官,果使能與王官並世,亦定不為所容而必為所焚燒坑殺。此如歐洲教會嘗操中古教育之權,及「文藝復興」之後,「私家學術」隆起,而教會以其不利於己,乃出其全力以抑阻之。故教會之失敗,歐洲學術之大幸也。王官之廢絕、保氏之失守,先秦學術之大幸也。[30]

且不論古代之王官究竟有無學術、王官之權柄作為是否與中古歐洲教會同其倫比,[31]胡適的見解透露出鮮明的抑「王官」、揚「諸子」、輕「官學」、尊「私學」的價值取向。《七略》、《漢志》表達的是一種典型的「理想化古代」的看法:「以為由在官專家世官世祿之制度變為在野專家,以自由職業謀生之制度,為一種錯亂。」[32]胡適針鋒相對的新見不能不說是一種前所未有的挑戰與衝擊。而且它充分

---

30 胡適:《中國哲學史大綱》(卷上),「附錄」《諸子不出於王官論》,6-8頁。

31 柳詒徵在此類問題上就力駁胡適之說,參見氏著:《論近人講諸子之學者之失》,原載《史地學報》,第1卷,第1期,1921;後覆錄於《學衡》,第73期,1931;柳曾符、柳定生選編:《柳詒徵史學論文續集》,據《學衡》收入此文。柳曾符、柳定生選編:《柳詒徵史學論文續集》,上海,上海古籍出版社,1991。(筆者將三者細加校勘,後出之本殊少改易,本章所涉及的引文部分幾無更動,方便起見,引據《柳詒徵史學論文續集》。)繆鳳林發揮引申柳詒徵的看法,對胡適的見解作了進一步的批駁,參見繆鳳林:《評胡氏諸子不出於王官論》,見《學衡》,第4期,1922。呂思勉的批評,見《先秦學術概論》,16頁。

32 引語為馮友蘭對劉、班之說的現代概括,所謂「理想化古代」這類表述,均為「諸子不出於王官論」出臺後才會有的看法。馮友蘭:《原名法陰陽道德》,見《三松堂學術文集》,384頁。此前,傅斯年亦認為「九流出於王官,皆古文家之ideals,雖非信論,然正betray西漢末儒家思想之趨勢」。對此,王汎森下按語道:「此處betray一字是不經心地顯露之意;也就是說九流出於王官之說正好無心地流露了漢代古文家的理想。」參見王汎森:《思想史與生活史有交集嗎?——讀《傅斯年檔案》》,見《中國近代思想與學術的系譜》,324頁,石家莊,河北教育出版社,2001。又馮友蘭:《先秦諸子之起源》,見《三松堂學術文集》,373頁,有云:「劉歆又以為王官易為諸子是退步的表現。」用「錯亂」與「退步」來表述劉歆對「王官易為諸子」的價值判斷,雖出於馮友蘭的現代概括,頗有帶著「進化論」的眼鏡看問題之「成見」,但大體近之。

表達了胡適本人從西洋得來的學術民主與思想自由的觀念及其以「私家學術」孕育中國的「文藝復興」的現實關懷。今天看來，諸如「諸子不出於王官論」就是胡適當年及身發起和參與的中國的「文藝復興」的重要一環。

胡適很不能同意的還有章太炎的如下見解：「是故九流皆出王官。及其發抒，王官所不能與。官人守要，而九流究宣其義，是以滋長。」胡適認為，此亦無徵驗之言，其言「官人守要而九流究宣其義」大足貽誤後學。夫義之未宣，便何要之能守。學術之興，由簡而繁、由易而難，其簡其易，皆屬草創不完之際，非謂其要義已盡具於是也。胡適以為諸子自老聃、孔丘至於韓非，皆是憂世之亂而思有以拯濟之。故其學皆應時而生，與王官無涉。諸家既群起，乃交相為影響，雖明相攻擊，而冥冥之中已受所攻擊者之薰化。胡適在扼要鋪陳完自己胸中的諸子學源流生變史之後，結語反詰道：「若謂九流皆出於王官，則成周小吏之聖知定遠過於孔丘、墨翟。此與謂素王作《春秋》為漢朝立法者，其信古之陋，何以異耶？」[33]

很明顯，在《漢志》中定型化而到章太炎猶固執之的「九流出於王官說」，是一種具有強烈的崇古傾向的學術思想史解釋模式。就將諸子學一一分別溯源於不同的王官來說，具有「機械論」的穿鑿附會色彩；就「合其要歸，亦六經之支與流裔」以及「官人守要而九流究宣其義」等核心觀念來看，具有歷史解釋的「退步」論的「理想化古代」取向。胡適取而代之的是一種根於「進化論」觀念、以「歷史的眼光」得來的全新的歷史解釋模式，以及一種既不同於「謂素王作春秋為漢朝立法者」的漢代經今文家，也不同於以《七略》、《漢志》的見解為代表的漢代經古文家，甚至不同於仍不脫「信古之陋」的晚清

---

33 胡適：《中國哲學史大綱》（卷上），「附錄」《諸子不出於王官論》，8-10頁。

經古文家章太炎的取向——「疑古」的取向。胡適的新範式，在以西學補助和融會中學方面，也有穿鑿附會色彩，對漢代學者的工作，也有缺少「瞭解之同情」的地方。但是，在中國學術由傳統向現代轉型的歷程中，在由此而涉及的世界觀與方法論的轉換等諸多重要面相所起的作用，是決不可等閒視之的。他的「諸子不出於王官論」，就不僅涉及全套的信仰、價值、和技術的改變，而且在具體的研究成果方面起了「示範」的作用。

三 「諸子不出於王官論」的建立
——有關的根據、要素、過程的分析

在略知胡適大力突破「九流出於王官說」的革命性價值與意義以後，讚歎之餘，我們自然也會發生疑問：何以不是別人正是胡適做出了如此「開風氣」的業績呢？這樣的問題，顧頡剛早在七十年前就提出了：

> 諸子既是同出王官，原在一個系統之下，如何會得互相攻擊？儒墨固常見於戰國書中，何以其它的家派之名竟無所見，而始見於漢代，甚至到了《七略》才露臉？這些問題，不知從前人為什麼提不出來。[34]

以前不成問題的，為什麼到胡適那裡發生了問題，還大刀闊斧地提出了創說？顧頡剛並沒有提供答案。在筆者看來，這可以到胡適建立「諸子不出於王官論」的過程中去瞭解。這就必須覆按他立說的根

---

34 顧頡剛：《古史辨》，第4冊《顧序》，17頁。

據、揭示他所承受的學術思想資源、分析他將「舊學和新知配合運用得恰到好處」[35]的綜合創新能力。我們不能面面俱到，而只就最重要的幾個環節加以探討。

1 「諸子不出於王官論」的中心根據——所謂「名家」之名目不能成立說

前引《中國古代哲學史臺北版自記》胡適所謂「我不承認古代有什麼『道家』、『名家』、『法家』的名稱。」確為他「根本就不承認司馬談把古代思想分作『六家』的辦法」、「更不承認」、「劉向、劉歆父子分的『九流』」的關鍵。也確實是他的非常個人化的見解。

其中最重要的是所謂先秦無名家說。《諸子不出於王官論》對此有扼要的說明：

> 古無名家之名也。凡一家之學，無不有其為學之方術。此方術即是其「邏輯」。是以老子有無名之說，孔子有正名之論，墨子有三表之法，「別墨」有墨辯之書，[36]荀子有正名之篇，公孫龍有名實之論，尹文子有刑名之論，莊周有齊物之篇，皆其「名學」也。古無有無「名學」之家，故「名家」不成為一家之言。[37]惠施、公孫龍皆墨者也。觀《列子・仲尼》篇所稱公孫龍之說七事、《莊子・天下》篇所稱二十一事、及今所傳《公孫龍子》書中《堅白》、《通變》、《名實》諸篇，無一不嘗見於墨經。[38]皆其證也。其後學術散失，漢儒固陋，但知掇拾

---

35 余英時：《中國近代思想史上的胡適》，89頁。
36 即今墨子書中之經上下經說上下大取小取諸篇。（此為胡適原注——引者）
37 此說吾於所著先秦名學史中詳論之，非數言所能盡也。（此為胡適原注——引者）
38 晉人如張湛、魯勝之徒，頗知此理。至於惠施主兼愛萬物、公孫龍主偃兵，尤易見。（此為胡適原注——引者）

諸家之倫理政治學說，而不明諸家為學之方術。於是凡「苛察繳繞」[39]之言，概謂之「名家」。名家之目立，而先秦學術之方法淪亡矣。劉歆、班固承其謬說，列名家為九流之一，而不知其非也。[40]

　　胡適見解的新穎別致之處在於：把《漢志》繫於「名家」的惠施、公孫龍之學說，判歸墨家後學——即胡適所謂「別墨學派」，而不承認由司馬談、劉歆、班固所建立的「名家」之名目。這是怎麼回事呢？

　　這當然緣於胡適治先秦名學、哲學史的「特別立場」，即「抓住每一位哲人或每一個學派的『名學方法』（邏輯方法，即是知識思考的方法），認為這是哲學史的中心問題」。用《中國哲學史大綱》中的話來說就是：「名學便是哲學的方法」，[41]「古代本沒有什麼『名家』。無論那一家的哲學，都有一種為學的方法。這個方法，便是這一家的名學（邏輯）……因為家家都有『名學』，所以沒有什麼『名家』。」[42]這又源於胡適早年作《先秦名學史》時的基本觀念：「哲學是受它的方法制約的，也就是說，哲學的發展是決定於邏輯方法的發展的。」[43]以及特殊的懷抱：「就我自己來說，我認為非儒學派的恢復是絕對需要的，因為在這些學派中可望找到移植西方哲學和科學最佳成果的合適土壤。關於方法論問題，尤其是如此。」[44]

39　司馬談語。（此為胡適原注——引者）

40　胡適：《中國哲學史大綱》（卷上），「附錄」5頁。

41　胡適：《中國哲學史大綱》（卷上），390頁。

42　胡適：《中國哲學史大綱》（卷上），187-188頁。

43　胡適：《先秦名學史》，4頁。

44　胡適：《先秦名學史》，9頁。

　　在這一系列「成見」支配下，在他所要「恢復」的「非儒」學派之中，胡適所謂「別墨學派」是最為重要的：「別墨是偉大的科學家、邏輯學家和哲學家……別墨作為科學研究和邏輯探討的學派，大約活躍於西元前三二五至二五〇年期間。這是發展歸納和演繹方法的科學邏輯的唯一的中國思想學派。它還以心理學分析為根據提出了認識論。它繼承了墨翟重實效的傳統，發展了實驗的方法。」[45]而「惠施與公孫龍不是形成『名家』的孤立的『辯者』，而是別墨學派合法的代表人物」。這是因為「惠施、公孫龍的所有反論都能在這六篇（指墨子書中之經上下經說上下大取小取諸篇——引者）中找到輔助說明。而且，只有在這些輔助說明的啟迪下，我們才能理解這些反論。這是中國邏輯史不能置之不理的事實」。總之，「這一學派繼承了墨翟倫理的和邏輯的傳統，並在整個中國思想史上，為中國貢獻了邏輯方法的最系統的發達學說」。[46]這一派的哲學與科學成就在「自老子至韓非」的「古代哲學」（「這個時代，又名『諸子哲學』。」）[47]中具有中心的意義：「中國古代的哲學莫盛於『別墨』時代。看《墨辯》諸篇所載的界說，可想見當時科學方法和科學問題的範圍。無論當時所造詣的深淺如何，只看那些人所用的方法和所研究的範圍，便可推想這一支學派，若繼續研究下去，有人繼長增高，應該可以發生很高深的科學，和一種『科學的哲學』。」[48]不料這一學派以及由此而來的發展「科學」與「科學的哲學」的健康的趨勢，由於懷疑主義的名學、狹義的功用主義、專制的一尊主義、方士派的迷信，而使古代哲學「中絕」了。[49]

---

45 胡適：《先秦名學史》，57、58頁。

46 胡適：《先秦名學史》，110-111頁。

47 胡適：《中國哲學史大綱》（卷上），6頁。

48 胡適：《中國哲學史大綱》（卷上），389頁。

49 參見胡適：《中國哲學史大綱》（卷上），第十二篇《古代哲學之終局》，第三章《古代哲學之中絕》。事實上，如果不是以諸如「別墨」學派的「科學」與「科學的哲

　　治中國先秦學術思想史者一般願意承認胡適發掘墨學之功，而不能容忍其抓不住中國學術思想史特色的毛病。比如呂思勉能稱讚「胡適《中國哲學史大綱》上卷，亦以論墨經一章為最善」。但卻說：「然則辯學由墨子而傳，而其學實非墨子所重。今之治諸子學者，顧以此稱頌墨子，則非墨子之志矣。」[50]其言甚為平允，然則不解胡適「之志矣」！

　　至少從留學美國時起，胡適就擔當了並畢生致力於一項非常宏大的使命。第一步，他要解釋「中國之所以缺乏科學研究」的「原因」——這一中國文化面對西方文化的衝擊才產生並顯得頗為尷尬窘迫的問題，也就是自晚清以降至今一直困擾著中國知識分子的「李約瑟難題」。胡適研究的結論是：「哲學方法的性質是其中最重要的原因之一。」[51]（用後來的話來說是「知識思考的方式」——引者）第二步，他要為中國文化的科學化而「努力」：在固有文化傳統中找到「移植西方哲學和科學最佳成果的合適土壤」，並身體力行宣揚「科學的方法與精神」、建設「科學的哲學」。他後來在清代考證學中發掘「科學的方法與精神」並將其系統化和普及化，他通過《戴東原的哲

學」為「諸子哲學」（即「古代哲學」）的中心內容，就根本不會發生中國古代哲學的「中絕」問題。正是本著對胡適「瞭解之同情」的立場，筆者不接受在《馮友蘭〈中國哲學史〉審查報告》中陳寅恪對胡適隱隱的然而卻是嚴厲的批評、也不接受金岳霖那直率的批評。中國文化的特點或優點，即使胡適不否認，也不是他關注的焦點。中國文化的問題在哪裡，他需要從外國文化中吸取什麼養分以求現代化從而再造新文明，才是他一生的志業所在。胡適從其留學時代開始不斷強化的是一種文化的「自責主義」與自我擴充主義，這在《先秦名學史》、《中國哲學史大綱》（卷上）等早期著作中已有充分的表現。因此筆者就更不能接受陳平原《中國現代學術之建立——以章太炎、胡適之為中心》第六章用「以西學剪裁中國文化」來概括其「學術思路」，儘管牽強附會為胡適學術的最大弊病。毋寧說，他在早年先秦名學、哲學史研究中就已經表現出一種非常鮮明的取向——採援西學，推陳出新。

50　參見呂思勉：《先秦學術概論》，105、121頁。

51　胡適：《先秦名學史》，6頁。

學》發揮「純粹理智」的哲學（即「科學的哲學」）[52]，他晚年的重要
論文《中國哲學中的科學精神與科學方法》，都是這一努力的表現。
所有這一切又都深深根源於他早年的先秦名學、哲學史研究。

正是這樣的問題意識，一般地說決定了余英時所說的胡適思想中
那種「把一切學術思想以至整個文化都化約為方法」的「非常明顯的
化約論（reductionism）的傾向」[53]，特殊地說還決定了其「諸子不出
於王官論」廢除漢儒所立「名家」名目這一具體論斷。正是在這一問

---

52 參見周昌龍：《新思潮與傳統——五四思想史論集》，第二章《戴東原哲學與胡適的
　　智識主義》，臺北，時報文化出版企業有限公司，1995。以及本書第四章第一節：
　　「試從『科玄論戰』看梁啟超、胡適有關『戴震』研究之異同離合。」

53 余英時：《中國近代思想史上的胡適》，49頁。余氏揭出這一點，是很有見地的，他
　　舉了很多例子來討論胡適的思想來源，也很有啟發性。筆者要強調的是，胡適作為
　　一個中國留學生所面對的由中西文化比較而產生的問題，即「中國之所以缺乏科學
　　研究」的「原因」，實際上也就是中國文化在近代何以落後的大問題，支配了他一
　　生的思考方向；由此而特別關心「哲學方法的性質」（或者說是「知識思考的方
　　式」）的取向，決定了他的思維方式。正是這一問題意識將來自古今中外的思想資
　　源組織了起來，對於胡適那種「把一切學術思想以至整個文化都化約為方法」的
　　「非常明顯的化約論（reductionism）的傾向」的形成，起了決定性的作用。從「發
　　生學」的意義上來說，胡適所謂「古無『名家』之名」說，是一大關鍵。余英時
　　說：「所以他在《中國哲學史大綱》中認定古代並沒有什麼『名家』，因為每一家都
　　有他們的『名學』，即『為學的方法』。後來他更把這一觀念擴大到全部中國哲學
　　史，所以認為程、朱和陸、王的不同，分析到最後只是方法的不同。」（見《胡適
　　文存》第一集，《清代學者的治學方法》，383-391頁；《中國古代哲學史》，臺北版
　　「自記」〔臺灣「商務印書館」，1961年〕，3-4頁。——此為余英時原注，正文及注
　　釋均見余英時：《中國近代思想史上的胡適》，49頁，引者。）」。事實上，早在《先
　　秦名學史》的「導論」中，胡適已經從「哲學方法」或者說「邏輯方法」的角度討
　　論程、朱和王陽明的異同，並得出結論說：「近代中國哲學（『近代中國』，就哲學
　　和文學來說，要回溯到唐代。——此為胡適原注，正文及注釋均見胡適《先秦名學
　　史》，7頁，引者。）與科學的發展曾極大地受害於沒有適當的邏輯方法。」胡適本
　　人要做的工作就是，變改宋、明「新儒學」所走不通的途徑，以其特殊的身份與地
　　位，採擇西學，「恢復」、「非儒學派」，另闢蹊徑而為之。瞭解這一點，對本章所涉
　　及的論題的討論來說，是至關重要的。

題意識的激發之下，他摒棄了漢儒那「但知掇拾諸家之倫理政治學說」為分「家」基點的分派標準，而首重「諸家為學之方術」之異同。正是在這一新視野之下，並且在借助於西洋邏輯學與哲學才對中國固有而又久被埋沒的類似學問有了全新的瞭解的情況下，歷史上並無直接關係的墨家後學與惠施、公孫龍被聯結為一個「偉大的」、「唯一的」、「科學的」學派——「別墨學派」，並被認為原來就是如此：

> 不料到了漢代，學者如司馬談、劉向、劉歆、班固之流，只曉得周秦諸子的一點皮毛糟粕，卻不明諸子的哲學方法。於是凡有他們不能懂得的學說，都稱為「名家」。卻不知道他們叫作「名家」的人，在當日都是墨家的別派。[54]

不管被稱作什麼，如果這些先秦諸子地下有知，他們必會產生重見天日的興奮和被人瞭解的欣慰，不過也會為必須負擔如此沉重的重振「科學」的責任而哭笑不得吧！

胡適此說，確是別有幽懷，然殊不足以服人。

其一，「名學」之作為譯名，正是嚴復考慮到西洋邏輯學與中國歷史上的「名家」的學術有相近處，才立此名，[55]胡適竟謂諸子「皆

---

54 胡適：《中國哲學史大綱》（卷上），188頁。

55 蔡元培：《五十年來中國之哲學》（1923.12）中指出：「嚴氏於《天演論》外，最注意的是名學。彼所以譯Logic作名學，因周季名家辨堅白異同與這種學理相近。」高平叔編：《蔡元培全集》，第4卷，352頁，北京，中華書局，1984；清末黃摩西所編：《普通百科新大辭典》之「論理學（名學）」條曰：「研究思想形式規則之學（概念、判斷、推論）。西語謂之邏輯，日人譯作論理學，我國初譯，謂之名理探。侯官嚴氏，則謂近於古之名家，又定為名學（惟論理學通行最廣）。論理學，有時亦與認識論並稱……」鍾少華編：《詞語的知惠——清末百科辭書條目選》，135頁，貴陽，貴州教育出版社，2000。其實不單嚴復所定之「名學」，即「我國初譯，謂之名理探」，何嘗不是「因周季名家辨堅白異同與這種學理相近」呢。

有名學」而「古無名家」，追本溯源、循名責實，胡適的見解之內裡頗
為自相矛盾，至少透露了表述的不嚴謹、概念運用的混亂。此其一。

其二，學者若不按或不盡限於胡適分派的標準與根據，固別有
他說。

章士釗就批評胡適：

> 其最大誤處，在認施、龍輩為別墨……諸家徒震於兩子說事之
> 同，所含義理，復格於問學，未暇深考……名、墨兩家「倍譎
> 不同」，決非相為「祖述」。[56]

章太炎同意章士釗的分析，並以更為明晰的表述回到劉、班「九
流分科」之舊說：

> 名家大體，儒墨皆有之，墨之經，荀之正名，是也。儒墨皆自
> 有宗旨，其立論自有所為，而非泛（「泛」字原訛為「訊」，經
> 校正——引者）以辯論求勝；若名家則徒求勝而已。此其根本
> 不同處。弟能將此發揮光大，則九流分科之旨自見矣。[57]

---

56 章士釗批評胡適的要害在於，指出胡適因為墨學與施、龍輩討論問題的內容相近即
「說事之同」而輕為「比附」、而不深究兩家「義理」的不同。比如惠子言「一尺
之椎，日取其半，萬世而不竭」；墨子言「非半弗，則不動，說在端」；凡注墨者，
率謂此即惠義，而不悟兩義相對，一立一破，絕未可同年而語也。且以詞序徵之，
似惠為立而墨為破。（《墨經》非墨子手著之書）。又謂：別墨之名雖出於《莊子‧
天下》篇，然魯勝序《墨辯注》中有「以正別名顯於世」一語，可知，別者別墨，
而正者正墨。既有正墨之稱，別墨乃以蔽罪他家無疑。非胡適所謂墨者以之自號、
示別於教宗之墨家也。可見亦不同意筆者下文要討論的胡適所建新名目「別墨學
派」之說。詳參「論墨學」，《胡適文存》第2集卷1，見《胡適學術文集‧中國哲學
史》（下），720-721頁。

57 姜義華主編：《胡適學術文集‧中國哲學史》（下），722頁。

其三，胡適建立的新名目「別墨學派」之文獻根據亦不足。

「別墨」，語出《莊子·天下》篇：

> 相里勤之弟子五侯之徒，南方之墨者苦獲、已齒、鄧陵子之屬，俱誦《墨經》，而倍譎不同，相謂別墨；以堅白同異之辯相訾，以觭偶不仵之辭相應；以鉅子為聖人，皆願為之屍，冀得為其後世，至今不決。[58]

胡適於《先秦名學史》中就截取「別墨；以堅白同異之辯相訾，以觭偶不仵之辭相應」一句，並自負「莊子這段話始終未能得到正確的理解。我研究了《墨子》第三十二至三十七篇，使我瞭解到那就是別墨關於心理的和邏輯的學說」[59]。胡適在《中國哲學史大綱》（卷上）中譜成其定論：胡適不取前人將墨子書中之經上下經說上下大取小取六篇視為墨子自著（即《莊子·天下》篇所謂「《墨經》」）的看法，而認為：後來的墨者都誦習《墨經》——《兼愛》、《非攻》之類，都奉墨教，但「由於墨家的後人於『宗教的墨學』之外，另分出一派『科學的墨學』。這一派科學的墨家所研究討論的，有『堅白同異』、『觭偶不仵』等問題。這一派的墨學與宗教的墨學自然『倍譎不同』了，於是他們自己相稱為『別墨』。[60]別墨即是那一派科學的墨學」。並據晉人魯勝曾替《經上下》、《經說上下》四篇作注名為《墨辯注》，而將墨子書中之經上下經說上下大取小取六篇統稱為《墨辯》，以別於墨教的《墨經》。胡適又援引孫詒讓的看法：這幾篇的

---

58 〔清〕郭慶藩撰、王孝魚點校：《莊子集釋》，第4冊，1079頁。

59 胡適：《先秦名學史》，56-57頁。

60 別墨猶言「新墨」。柏拉圖之後有「新柏拉圖學派」，近世有「新康德派」、「新海智爾派」。（此為胡適原注——引者）

「堅白同異之辯，則與公孫龍書及《莊子・天下篇》所述惠施之言相
出入」、「據《莊子》所言，則似戰國時墨家別傳之學，不盡《墨子》
之本指」，而論定：「《墨辯》諸篇若不是惠施、公孫龍作的，一定是
他們同時的人作的。」[61]

　　且不論前人所謂《墨經》或如胡適所謂《墨辯》諸篇是否為墨子
自著，胡適以「別墨」為墨家後學一派（包括惠施、公孫龍輩）之名
確屬牽強。此點不僅前述章士釗指出之，章氏又謂「任公不認適之別
墨即新墨學說，所見已進一步」。然則即使與胡適一樣主張「施、龍
之學『確從《墨經》衍出』」的梁啟超亦不能苟同胡說。[62]主張「《墨
經》為翟所自作」的張煊，也說「別墨二字，實三墨互相稱道之名，
而非一學派之名也」。諸多駁胡之說中，又以唐鉞《論先秦無所謂別
墨》最為徹底，他的結論是「近來有許多人對胡適施、龍為『別墨』
之說表示異議。但他們雖然不承認施、龍為『別墨』，而卻承認先秦
實有一個墨家的特派叫做『別墨』的；我覺得這似乎近於『不揣其本
而齊其末。』我的淺見以為我們實有理由可以說先秦並沒有什麼墨家
的新派叫作『別墨』的；至於誰是『別墨』，誰不是『別墨』的問
題，更是『毛將安傅』的了」。文中亦強調「『別墨』明明是墨家之任
一派用以挖苦其它墨的綽號」。[63]至少在這一點上，諸家均非無據而雲
然也，而胡適之論則是典型的「創造性誤讀」。

61　胡適：《中國哲學史大綱》（卷上），185-187頁。

62　參見姜義華主編：《胡適學術文集・中國哲學史》（下），720頁。

63　參見張煊：《〈墨子經說〉作者考》，此文為《墨子經說新解》之一節，原載《國
　　故》，第2期，1919.04.20，收入《古史辨》，第4冊；唐鉞：《論先秦無所謂別墨》，
　　原載《現代評論》，第2卷，第32期，1925.07.18。又1926年9月《國故新探》以此篇
　　及伍非百的《何謂別墨》、唐鉞的《先秦「還是」無所謂別墨》，合為《論先秦無別
　　墨》，由唐鉞略加改動，收入《古史辨》，第4冊。羅根澤編著：《古史辨》，第4冊，
　　238-248頁。引文依次見第244、248、247頁。

　　要而論之，胡適把《漢志》繫於「名家」的惠施、公孫龍之學說判歸「別墨學派」、而不承認由司馬談、劉歆、班固所建立的「名家」之名目的創說，亦非開天闢地、毫無所本。其將施、龍之學說判歸「別墨學派」的見解吸收了魯勝[64]、孫詒讓的看法[65]；其重視名學方法並將其普泛化的傾向很可能受到了蔡元培所指出的「嚴氏覺得名學是革新中國學術最要的關鍵。所以他在《天演論》自序及其它雜文中，常常詳說內籀外籀的方法」[66]。──嚴復的取向──的影響，以及章太炎《諸子學略說》中所謂「凡正名者，亦非一家之術，儒、道、墨、法，必兼是學，然後能立能破……」[67]之類觀念的啟發；而其留學美國，研究西洋文化史的心得以及西洋哲學、邏輯學的訓練，使他具備了超越前賢的「新工具」，最後也最為重要的是，作為一個中國留學生所面對的文化衝突的問題與「再造文明」的使命，則起了畫龍點睛的作用──將自己的問題意識明確化：研究「中國之所以缺乏科學研究」的「原因」，因此而特別關注「哲學方法（或者說是

64　正如章士釗所指出：「夫施、龍祖述墨學，其說創自魯勝，以前未嘗有聞。」姜義華主編：《胡適學術文集・中國哲學史》（下），720頁。

65　胡適1921年8月12日的日記，記其讀孫德謙《諸子通考》（宣統庚戌，江蘇存古學堂印的）的讀後感，有云：「但此書確有許多獨立的見解。如（1）論《墨子・經上下》、《經說》上下四篇為名家之說，即《莊子》所云『別墨』者（一，頁九）：此說遠在我之前，大可為我張目。」中國社會科學院近代史研究所中華民國史研究室編：《胡適的日記》，184頁，香港，中華書局香港分局，1985。可見，胡適的部分見解已有人先發在前，而胡適那綜合性的創說的影響掩過前賢，故唐鉞等紛紛以胡適為論辯的對象。從中也可以看到新範式引起的反響與一二賢者不成系統的孤明先發之論的影響力之差別。前文提到的「清末惟長沙名儒曹耀湘不信劉班諸子出於王官之說」，亦先胡適而發卻聲光遠不如之，是又一個值得比較的生動例子。

66　蔡元培：《五十年來中國之哲學》，見《蔡元培全集》，第4卷，352頁。

67　章太炎：《諸子學略說》，原載《國粹學報》第二年丙午第八、第九號，1906年9月8日、10月7日出版，署名「章絳」。湯志鈞編：《章太炎政論選集》（上），300-301頁，北京，中華書局，1977。

『知識思考的方式』）的性質」，並著力挖掘移植與發展現代「科學」
所必須具備的中國固有的「科學」因素。所有這些「舊學和新知」的
「恰到好處」的——雖然不是沒有問題的——「配合運用」，竟將
《漢志》繫於「名家」的惠施、公孫龍之學說，與見之於《墨子》書
中之經上下經說上下大取小取六篇的學說，匯合為一個「科學的」學
派，還冠之一個從《莊子・天下》篇「創造性誤讀」出來的美名「別
墨學派」。以之作為一個中心根據又去推翻司馬談、劉歆、班固所建
立的「名家」之名目，由此為起點還發展出了一套足以震動一世之視
聽的「九流不出於王官論」的創說。正如古語所云：「其作始也簡，
其將畢也巨！」[68]

　　筆者在這個問題上如此不惜筆墨，並不是要借後起之說揭發胡適
所創新說中存在的問題。此類問題當然也不容迴避，就此而言，胡適
的很多「開風氣」工作確如其有時非常自省的那樣是：「吾輩建設雖
不足，搗亂總有餘。」[69]筆者更為關心的倒在於：「但開風氣不為師」
如胡適者，致力於建立新範式的過程及其所以然。其中的曲折，不是
很發人深省的嗎？

2 「諸子不出於王官論」所藉重的主要「中學」資源——晚清經今文家尤其康有為之說

　　胡適後來深感要打破歷史上累積起來的舊說，非「大力漢」不堪
此任。此言可謂亦道盡了「開風氣」者的不易。可以補充一點的是，
「開風氣」者決非平地起驚雷，而必須因勢利導、因利乘便，如此就

---

68 語出《莊子・人間世》，見〔清〕郭慶藩撰、王孝魚點校：《莊子集釋》，第1冊，
　　158-159頁。
69 1921年5月13日，胡適對吳虞語。見《吳虞日記》（上），599頁，成都，四川人民出
　　版社，1984。

不能不有所憑藉。以「諸子不出於王官論」這一創說而論，就大大得
力於晚清經今文家尤其康有為對經古文家說的破壞。胡適憑其得自西
洋邏輯學哲學的訓練對先秦名學哲學的研究，使他擁有了摒棄「司馬
談、劉歆、班固之流」舊說的自信，然而孤證總是乏力的；巧的是，
以康有為為中心的晚清經今文家言早就提出了對《漢志》「九流出於
王官說」及其相關根據的經古文家說的不信任案，為「諸子不出於王
官論」的面世準備了觀念的前提；胡適的貢獻恰在於自覺承受了康有
為等的晚清經今文家說，對「九流出於王官說」有乘風破浪之妙。

　　關於這一點，將《新學偽經考》視同仇寇而以「劉子駿私淑弟
子」自任的章太炎，是最為敏感的。柳詒徵《論近人講諸子之學者之
失》一文，以批駁章太炎、梁啟超、胡適為主，對胡適則尤集矢於
《中國哲學史大綱》與《諸子不出於王官論》，然而卻未點出胡適的
見解與經今文家說的關聯。章太炎則以釜底抽薪之慨將之揭露無遺：

　　　　胡適所說《周禮》為偽作，本於漢世今文諸師；《尚書》非信
　　　　史，取於日本人；（原文有注，此略。——引者）六籍皆儒家
　　　　託古，則直竊康長素之唾餘……長素之為是說，本以成立孔
　　　　教；胡適之為是說，則在抹殺歷史……此其流弊，恐更甚於長
　　　　素矣……[70]

　　章氏所論，頗有未為「平情之論」者。如所謂「《尚書》非信
史，取於日本人」，此前稍早日本人固盛倡「堯舜禹抹煞論」，[71]而胡

70　章太炎：《致柳翼謀書》（1922.06.15），原載《史地學報》，第1卷，第4期，1922；
　　收入湯志鈞編：《章太炎政論選集》（下），763-764頁。

71　參見嚴紹璗：《日本中國學史》，「白鳥庫吉史學與堯舜禹抹煞論——中國史學的奠
　　基性成果」一節，323-334頁，南昌，江西人民出版社，1991。

適的見解乃得自他自己對《尚書》「爾」、「汝」等「代名詞」所作的「文法」研究；[72]胡適治古史表現出強烈的疑古取向且大有疑古過頭的弊病是一回事，主觀上是否旨在「抹殺歷史」則是另一回事，不可混為一談。但是他指出胡適的一系列見解包括其疑古的治學取向，與以康有為為中心的晚清經今文家說有一脈相承的關係，則堪稱是學術史眼光如炬的大論斷了。

而「諸子不出於王官論」之承受以康有為為中心的晚清經今文家說，主要表現在以下兩個方面：

第一，《新學偽經考》對《漢書・藝文志》的「辨偽」，為胡適破除劉、班舊說掃清了障礙。

胡適《諸子不出於王官論》分四部分論證「九流出於王官說」之不能成立，其第一大要點即為：「劉歆以前之論周末諸子學派者，皆無此說也。」只要是對康有為的論證方式與表述方式略有瞭解的，就不難發現胡適的此類學術觀點是如何得益於那位在政治上已大大落伍、思想上也「太舊」[73]的前輩了。[74]在《新學偽經考》中，劉歆是「遍偽群經」的罪魁禍首和種種古文經說的始作俑者，康有為述學的基本方式是將劉歆以前的文獻（如《史記》）與滲透了劉歆見解的文獻（如《漢書》）對校，以前者為據推倒後者，若前者中有見解不合

---

72 參見胡適1916年6月7日的留學日記，胡適：《胡適留學日記》（下），335頁；胡適：《四十自述》，23-24頁，合肥，安徽教育出版社，1999。

73 胡適：《歸國雜感》（1918.01），見《胡適文存》，第1集卷4，880-881頁，亞東圖書館，1921年12月初版，1940年8月19版。

74 王汎森已敏感及此：「康氏的《偽經考》是這場爭論最早的伏筆，而胡適為駁章太炎寫的『諸子不出於王官論』則是較近的引子。胡文自然受了康有為否定《漢書藝文志》的影響，所以他會在『諸子不出於王官論』（民國六年十月）上說：『劉歆（案：指漢書藝文志）以前之論周末諸子學派者，皆無此說也』。」王汎森：《古史辨運動的興起——一個思想史的分析》，275頁。

自己脾胃的內容，則悍斷以為鐵定被劉歆所竄亂篡改。是故書裡充滿了諸如「劉歆以前無此說也」、「西漢以前無此說也」之類的論調。胡適的《諸子不出於王官論》，從取徑到措辭與之如出一轍。

　　且不論康有為旨在引導士人從當時霸居主流的「漢學」與「宋學」（統統不過是「偽經」、「新學」——只會導致亡國的王莽「新」朝之學）中解放出來之意圖的歷史合理性與影響的深遠，就此而論，康有為同樣堪稱「大力漢」；也不談康氏「往往不惜抹殺證據或曲解證據」之學風的主觀武斷；[75]在這裡值得注意的是：其取徑之大體恰恰符合了中國學術思想史「以復古為解放」的潮流的內在要求，並構成啟導中國文化下一輪騰越翻新（胡適是代表人物）的不可或缺的一環。胡適的《諸子不出於王官論》與《新學偽經考》的歷史連繫從大處著眼似當如此來理解。

　　具體來看，《諸子不出於王官論》尤其深受《新學偽經考》之《漢書藝文志辨偽第三下》一節的影響，而胡適所受影響，又輾轉從康有為的弟子梁啟超的學術思想史名篇《論中國學術思想變遷之大勢》（尤其是第三章「全盛時代」之第二節「論諸家之派別」）得來。其中最重要者是：《諸子不出於王官論》第三大要點為：「《藝文志》所分九流，乃漢儒陋說，未得諸家派別之實也。」[76]而梁啟超《論中國學術思想變遷之大勢》（胡適在《四十自述》中坦陳此文給予自己深刻影響[77]）早已明言「《藝文志》亦非能知學派之真相者也」。梁氏立論的四條根據，多本於乃師《新學偽經考》之《漢書藝文志辨偽第三下》一節關於「諸子略」的討論，在此不能細論。僅以其所舉《藝文志》的第一大「疵」來看：「既列儒家於九流，則不應別著『六藝

75　朱維錚校注：《梁啟超論清學史二種》，64頁，上海，復旦大學出版社，1985。

76　胡適：《中國哲學史大綱》（卷上），「附錄」4頁。

77　胡適：《四十自述》，50-51頁。

略』;（詰按：此正可見六藝統貫諸家。[78]——此為柳詰徵對梁說所下的按語，引者）既崇儒於六藝，何復夷其子孫以儕十家？[79]（詰案：劉歆胸中並無儒家專制統一之念。[80]——此亦為柳詰徵對梁說所下的案語，引者。）」梁啟超此番質疑直承康有為下述見解：「且『儒』者，孔子之教名也。既獨尊孔子之《六經》，而忽黜其教號，弟子與衰滅之教並列……有是史裁，豈不令人發笑哉！」康氏認為：「夫儒家，即孔子也。七十子後學者，即孔子之學也。其中如《繫辭》、《喪服傳》、《公羊傳》之類，附經已久，七十子之書與孔子不能分為二學也。以七十子之學僅出於司徒之一官，足以順陰陽、明教化而已，則是孔子之教，六經之學，僅得司徒一官，少助教化，其它則無補。而十家之術，雖縱橫、小說反覆鄙瑣，亦得與孔子之道猶水火之相生而相滅，仁義之相反而相成，宜各舍短取長，折衷之以備股肱之材。不知歆何怨何仇於孔子，而痛黜之深如此？」因而康有為根本否棄革除「劉歆以儒平列九流之逆說」，認為應將儒家以外的各家「宜為『異學略』，附於《七略》之末」，而絕不該如劉歆所為「別儒家於諸子而敘七十子於其中」。這樣，劉歆以降，「自荀勖《中經簿錄》，隋、唐《經籍》、《藝文志》以下，至國朝《四庫全書總目》」因循不變的舊說，遭到前所未遇的大攻擊。[81]梁啟超對《漢志》的質疑，不過承其師說而已。

而康梁師徒與柳詰徵的分歧，反映了晚清經今文家言與古文家說的對峙。劉、班將儒家列為九流之首即所謂「於道最為高」者，然並

---

78 柳詰徵：《論近人講諸子之學者之失》，見《柳詰徵史學論文續集》，533頁。

79 梁啟超：《論中國學術思想變遷之大勢》（夏曉虹導讀），24頁，上海，上海古籍出版社，2001。

80 柳詰徵：《論近人講諸子之學者之失》，見《柳詰徵史學論文續集》，533頁。

81 參見康有為著、朱維錚、廖梅編校：《新學偽經考》，120-122頁，北京，生活・讀書・新知三聯書店，1998。

不將六藝獨歸儒家，更不認為六經皆為孔子所作（康有為所謂《漢志》「獨尊孔子之《六經》」的說法，乃是康氏站在晚清經今文家立場上對《漢志》帶有根本性偏見的解讀。《漢志》誠然「獨尊」「《六經》」，然而在《漢志》的觀念裡，「《六經》」決非康有為所謂「孔子之《六經》」），而是認為「六藝」為包括儒家在內的九流的總根源，故尊六藝於「九流」之上，即柳詒徵所謂「此正可見六藝統貫諸家」。具體來說「墨家時時稱舉《詩》、《書》，多有與今日所傳之《詩》、《書》相同者……《莊子‧天下篇》盛稱六藝，謂其散於天下，設於中國百家，時或稱道。此豈儒家私有之物耶」[82]？也就是章太炎強調的：「墨家亦述堯、舜，並引《詩》、《書》，而謂是儒家託古，此但可以欺不讀書之人耳。」[83]而康梁師徒的見解中蘊涵的前提性觀念諸如「六籍皆儒家託古」、「六經皆孔子所作」等，都是風起雲湧的晚清經今文學運動發展出來或系統化起來的，決非劉、班等漢代的經古文家、甚至也不是「漢世今文諸師」所能夢見的。康有為等之尊孔（進而言之，實尊「七十子之學」，即所謂經今文學）可謂登峰造極，而其開啟的自由解釋之風則更加如火如荼，其後果竟有出乎先導者之意表者。

更新一代的俊秀如胡適者，正好承其流而起、應其勢而變。尊孔崇經之觀念，當然為胡適所不取，但確如章太炎所說，胡適採納了康有為「六籍皆儒家託古」的觀念來展開對古書的辨偽，也正是接受了上述諸觀念，《諸子不出於王官論》才會提出「儒家之六籍，多非司徒之官之所能夢見」的見解，認為儒家無出於司徒之官之理。[84]康梁師徒對《漢志》的掃蕩無疑直接為「諸子不出於王官論」對劉、班舊

---

82 柳詒徵：《論近人講諸子之學者之失》，見《柳詒徵史學論文續集》，524頁。
83 章太炎：《致柳翼謀書》，見湯志鈞編：《章太炎政論選集》（下），763頁。
84 胡適：《中國哲學史大綱》（卷上），「附錄」3頁。

說的質疑鋪平了道路。而胡適則走得更遠，梁啟超雖然「於班、劉之言，亦所不取」，但尚認《太史公論六家要指》「分類之精，以此為最」，[85]而胡適則一併以為皆是「漢儒陋說」。正如上文已交代過的，這裡就包含更多胡適本人的研究心得了。

第二，「《周禮》為偽作」之見，動搖了「九流出於王官說」的根基。此說成為「諸子不出於王官論」的重要支點。

《周禮》之是否為偽作，與「九流出於王官說」之成立與否的關係至深且巨。其首要者，《周禮》為「九流出於王官說」所涉及的周王朝的重要「王官」（比如司徒之官）的基本文獻根據。《周禮》若偽，周世「王官」之職守即無據，「九流出於王官說」就不攻自破了。

以《周禮》為劉歆偽作的康有為，對《漢志》「九流」之說與《周禮》的關係就特為敏感：

> 考歆終日作偽，未必有甄綜九流之識，蓋為操、莽之盜漢，非為金、元之滅宋也。特自偽《周官》，欲託身為周公以牢牢一切，故兼收諸子，以為不過備我學一官一職之守。因痛抑孔子，以為若而人者，亦僅備一官守，足助順陰陽、明教化而已。陽與之，實所以奪之者，至矣。[86]

且不論康有為所說是否屬實，他認為《周禮》為劉歆偽作的見解，確為胡適打破自劉歆至章太炎的「九流出於王官說」提供了最具威力的炮彈。

《諸子不出於王官論》第二大點論「九流無出於王官之理也」，首及儒家出於司徒之官說：「《周官》司徒掌邦教，儒家以六經設教。

---

85 梁啟超：《論中國學術思想變遷之大勢》，24、25頁。
86 康有為：《新學偽經考》，121頁。

而論者遂謂儒家為出於司徒之官。不知儒家之六籍，多非司徒之官之所能夢見。此所施教，固非彼所謂教也。此其說已不能成立。」[87]我們已經看到，此說實多本於諸如上引《新學偽經考》中的見解，只是尚未明言《周官》之偽。而所謂「論者」，於近人尤指章太炎，其《諸子學略說》就以《周官》為據論儒家之起源道：「《周禮·太宰》言儒以道得民，是儒之得稱久矣。司徒之官，專主教化，所謂三物化名。三物者，六德、六行、六藝之謂。是故孔子博學多能，而教人以忠恕。」[88]胡適反駁說：「古者學在王官是一事，諸子之學是否出於王官又是一事。吾意以為即令此說而信亦不足證諸子出於王官。蓋古代之王官定無學術可言。《周禮》偽書本不足據。[89]即以《周禮》所言『十有二教』及『鄉三物』觀之，皆不足以言學術。」[90]顯然，爭辯的焦點就在《周禮》是否足據。

　　這裡必須考察一下胡適早年對《周禮》性質及成書年代的看法的演變。早在一九一六年三月二十九日的留學日記中，胡適已經指出「近人所謂『託古改制』者是也」，實即接受了康有為那「六籍皆儒家託古」的觀念，並自覺與當時接觸的西學概念「烏托邦」相融會，還援引漢儒林孝存、何休的說法，認為《周禮》「乃世間最奇辟之烏托邦之一也」、「乃戰國時人『託古改制』者之作」，「決非『周公致太平之跡』也」。[91]當時胡適的看法，正相當於章太炎所指出的「胡適所說《周禮》為偽作，本於漢世今文諸師」，尚不是像晚清之今文家如康有為者認為是劉歆偽造。但是，僅僅一年以後，完成於一九一七年

---

87 胡適：《中國哲學史大綱》（卷上），「附錄」3頁。
88 章太炎：《諸子學略說》，見《章太炎政論選集》（上），288頁。
89 無論如何，周禮決非周公時之制度。（此為胡適原注──引者）
90 胡適：《中國哲學史大綱》（卷上），「附錄」7頁。
91 胡適：《胡適留學日記》（下），281頁。

四月的《先秦名學史》卻認為「有西周法律意義的《周禮》確實是一個烏托邦式的計劃。它是非常晚的時代或許遲至西元前一世紀才寫成的」。[92]影響一個像胡適那樣的學者對這一學術公案的判斷的因素可能是很多的，比如他從洋人那裡學來的「高級批判學」之類就可以使他改變原有的學術判斷，但是《周禮》作於「遲至西元前一世紀」（這就很接近康有為所謂劉歆「遍偽群經」的時代了），這樣的著作年代斷限，如果不是接受了康有為見解的影響是說不過去的。由此我們再回過頭來看與《先秦名學史》同月寫成的《諸子不出於王官論》的相關見解：「《周禮》偽書本不足據（無論如何，周禮決非周公時之制度）。」很清楚，胡適對《周禮》之「偽」的程度之認知，實在是大大超乎章太炎所意料的，而這一切均為章氏之頭號論敵康有為誘導所致。[93]

《諸子不出於王官論》還有數語掃及《周禮》：

> 如雲縱橫之術出於行人之官。不知行人自是行人，縱橫自是縱橫，一是官守，一為政術，二者豈相為淵源耶？《周禮》嘗有

---

92 胡適：《先秦名學史》，142頁。

93 1919年11月到1920年間，胡適與廖仲愷、胡漢民、季融五、朱執信等展開「井田辨」，在上古史料運用上涉及經今古文問題。胡適雖自稱「我對於『今文』『古文』之爭，向來不專主一家。」但他認為「《周禮》是偽書，固不可信」、「漢代是一個造假書的時代，是一個託古改制的時代」、「劉歆造假書」等以致懷疑井田制的存在，他甚至自我否定了留學期間所持的《周禮》為戰國時之書的見解，而歸之於劉歆的偽造。參見《胡適文存》一集卷2之《井田辨》，卷二第272、278-280頁，亞東圖書館，1925。從胡適學術思想的前後發展脈絡來看，寫作《先秦名學史》與《諸子不出於王官論》時的胡適，在對《周禮》的看法上，深受晚清經今文家尤其康有為的影響，是無疑的。當然，在錢穆的《劉向歆父子年譜》面世之後，胡適的見解又有很大的變化，由劉歆「偽造」（《周禮》）說退到了「改作」說。詳參本書第五章：「經學的史學化：《劉向歆父子年譜》如何結束經學爭議」。

掌皮之官矣,豈可謂今日製革之術為出於此耶?[94]

更值得注意的是,初刊於《太平洋》雜誌的《諸子不出於王官論》一文,緊接此段文字是的這樣一句至關重要的話:

吾意《周禮》本劉歆偽書,[95]歆特自神其書,故妄以諸子之學為皆出於周官耳。[96]

這三十三個字,不見於初版於一九一九年二月的《中國哲學史大綱》附錄之《諸子不出於王官論》、不見於《胡適文存》一集卷二所收之《諸子不出於王官論》、不見於《古史辨》第四冊所收之《諸子不出於王官論》、不見於此後諸種版本之《諸子不出於王官論》,顯然是為胡適本人所刊落的未定之見(至少於1919年2月已被刪去)。從《諸子不出於王官論》建立之思路來看,正是先接受了所謂「《周禮》本劉歆偽書」的以康有為為主的晚清經今文家言,才提得出「歆特自神其書,故妄以諸子之學為皆出於周官耳」的大論斷。這一點是非常重要的,自那三十三個字被刪除後,似頗不易了然了。

這個問題,很有值得深入研討的餘地。柳詒徵就指出:

---

94 胡適:《中國哲學史大綱》(卷上),「附錄」4頁。

95 舊有此說(此為胡適原注,顯指康有為等的今文家說——引者)。

96 胡適:《諸子不出於王官論》,3頁,初刊《太平洋雜誌》,第1卷,第7號,1917.10.15,筆者將各種版本的《諸子不出於王官論》細加校勘,初刊本與後出各本最大最重要的差異,就在於初刊本有此一句而他本均無。筆者在撰成此章定稿後,覆按初刊本,才得此條鐵證。筆者不徑以初刊本為據直截了當得出結論,而附於幾經推論之後。一以志原作假設精確之喜,一以志研究之始不查初刊本之過。記此以存個人修業成學進展之跡也。

諸子之學發源甚遠，非專出於周代之官，章氏專以周代之官釋之……胡氏亦據《周官》以相訾謷……按《七略》原文，正未專指《周官》。如羲和、理官、農稷之官之類，皆虞夏之官。但據《周禮》尚不足以證其發源之遠，而《周官》之偽撰與否，更不足論矣。[97]

且不論所謂「羲和、理官、農稷之官之類，皆虞夏之官」的文獻根據在胡適看來是否可「疑」，諸如「《尚書》非信史」。柳氏看到「《七略》原文，正未專指《周官》」。此見頗為明銳，大有跳出晚清以降經今古文之爭門戶之見的通識。而「《周官》之偽撰與否」這個問題，實是不可存而不論的。[98]

---

97 柳詒徵：《論近人講諸子之學者之失》，見柳曾符、柳定生選編：《柳詒徵史學論文續集》，520-521頁。

98 王爾敏對近人之討論儒家起源問題，有過小結：

「關於儒家起源問題，經過多人探討審察，大致已予人一新的概念。基於人類文化發展線索推斷，儒家出於官守，由官守而發展為職業，是自然的趨勢。基於故籍所載，特別是周官的記載，儒是由師保身份而來，特別是師儒即師保的瞭解。大抵較新派學者，不取信周官，而多主職業說。較守傳統之學者，則重視周官說法，仍本官守說。此外又有不依歷史線索而純就思想立場作說者，即以孔子為儒家起源。

考察眾說，雖各有立場，但仍可歸趨於一體，第一說雖合理，但孔子以前並無確據，無論如何，均須將孔子以後之禮記與左傳作為重要參考方可，既然必須依據左傳和禮記，自無須歧視周禮，實則周禮出戰國末年，去古未遠，其說自有所本。（史景成：《周禮成書年代考》云：『周禮當成於呂氏春秋後，始皇統一之前。蓋作者目睹周室已亡，天下即將統一之局勢下，而寫此建國方略，以供新王行政之大典。因其成書之晚，又兼秦室統一，旋即亡亂，故不見先秦文獻。』大陸雜誌，32卷，五至七期。錢穆則主張周官和呂氏春秋為同一時代。見《燕京學報》，十一期，錢穆：《周官著作時代考》。此為王氏原注──引者）若合各書共觀，則諸說合一，證據更多。何況諸人在訓詁方面又均用更晚的漢代的說文。」

王爾敏：《當代學者對於儒家起源之探討及其時代意義》，見《中國近代思想史論》，510-511頁，臺北，華世出版社，1977。

《周禮》究出何時代？討論諸子起源所要涉及之文獻根據，固不可避而不談也。

　　事關重大，這當然不是一言或一文可決的。柳詒徵在他給章太炎致他的信（即前引章太炎點出了討論背後的經今古文之爭這一大關鍵的那一封）的回信中，在對今文家影響下「疑經蔑古」的風氣痛下針砭之前，但能平情地指出：「今古文之聚訟，由於古籍湮沉，非待墜簡復出，蔑能斷案。」[99]其態度與「中年以後，古文經典篤信如故」[100]的章太炎還是有所區別的，儘管在三四年後刊出的《中國文化史》中，對《周禮》的看法傾向於古文家說。要而論之，取證於地下，這是民國以降古史研究的康莊大道，這也是中國近代學術史上一個具有中心意義的潮流——經學的史學化的一個必然趨勢。時至今日，簡牘、銘彝、甲骨之出土多矣，學術界對《周官》之著作年代及該書之性質卻未有定讞，這類問題的解決尚假時日。不過，學術界已很少有人接受「劉歆遍偽群經」之類的看法了，學術界對晚清今文家說的流弊的認識也日趨明朗。[101]但是有一點是肯定的，若不是康有為等人《周禮》為劉歆偽造說燃之於前，就不會有胡適的「諸子不出於王官論」的橫空出世。進而言之，像「諸子不出於王官論」這樣的創見，絕不是那些僅能稗販些許洋玩意的留學生所能提得出來的，在更為深廣的意義上，它是由晚清以降中國學術思想發展演變的潮流孕育而成。[102]

99　《柳教授覆章太炎先生書》，載《史地學報》，第1卷，第4期，1922。

100　章太炎：《致柳翼謀書》，湯志鈞編：《章太炎政論選集》（下），764-765頁。

101　參見錢穆：《劉向歆父子年譜》，見《古史辨》，第5冊；李學勤：《〈今古學考〉與〈五經異義〉》，見《古文獻叢論》，上海，上海遠東出版社，1996；並詳本書第五章《經學的史學化〈劉向歆父子年譜〉如何結束經學爭議》。

102　胡適頗易招致批評，如謂其舊學根底過淺，故輕易為今文家言所眩惑，近日學者又因不滿其「疑古」過頭，而追究及所受今文家的影響，可謂理有固然。不過若只從經今文學到胡適等「疑古學派」的單向度的歷史連續性角度大做文章，則頗有讓人徑認諸如胡適等人為今文家之勢，以至於搞不清胡適與康有為之不同究在何處。對筆者來說，括清自今文家至「疑古」派的成見乃至謬見，與深入瞭解公

3 「西學」如何參與

　　儘管如此，筆者絲毫也不想貶低「西學」在「諸子不出於王官論」這一範式創新中所佔的分量。恰恰相反，如果我們對這一面相沒有足夠深入的認知，就根本無法徹底解除顧頡剛提過的下述疑惑：「這些問題不知從前人為什麼提不出來？」

　　首先是，對西方文化史的研究心得，使胡適獲得了創造性解釋「諸子不出於王官」問題的「比較參考的材料」。

　　一個最明顯的例子，就是前文已提到的，中古歐洲教會對「私家學術」的壓制摧殘、「文藝復興」起於對教權的反抗與反動的西方歷史經驗，使胡適產生了創造性的聯想，使他不能接受「諸子」、「出於」、「王官」之「理」。[103]這種創造性的解讀，在近代學術史上大概

允評價其歷史意義，實乃一事之兩面。經今文學派的很多見解無論在今天看來多麼站不住腳，在當時卻深有歷史的根據，胡適等人接受與借重之而又繼長增高，實是勢有必致。更何況如前文已交代過的胡適又特有自己的「問題意識」，後文就要講到的還更有「西學」的根據。最重要的不單在於需對胡適所承受不同學術思想「資源」的成分及其作用有恰當的定位，從而完整理解其工作及其歷史意義，更在於需從中國學術思想發展演變的脈絡來考察，在今天看來也許是頗不足為據的某些「學術思想」，當時如何經由一定的曲折變現出如此多姿多彩的「新文化」。後人不免會感歎怎麼竟恰恰是這樣過來的！而這就是學術思想史的歷程。

還有一點必須提及，胡適與康有為頗有相似之處，如果舊學根底過厚，對於他們要擔當的角色來說，反而會是一種障礙。與所謂沉浸過深反叛愈烈這一現象同樣普遍的是，沉浸太深則不易沖決。如果我們承認胡適提出的新見解對傳統看法造成的衝擊，對中國文化的發展來說，不但是必須的而且是有益的，那麼我們就應該更多地著眼於這類人的學養的特點，而不是過分挑剔他們的淺學了。

103 對「文藝復興」的興起與中世紀教會的關係，大體上有兩種看法，一種強調歷史的斷裂性，一種強調歷史的連續性。胡適在這裡是傾向於前一種觀點的，所以對「諸子」與「王官」的關係相應就有這樣的理解。一個值得比較的例子是，繆鳳林根據美國史學家H.O.Taylor認為「此期之文化仍為前期之繼續，並非突然爆發也」等見解，與胡適針鋒相對地認為：「以文藝復興為先例，適足證王官為諸子之前因也。」參見繆鳳林：《評胡氏諸子不出於王官論》，22-24頁。西學作為一種

只有康有為那「劉歆遍偽群經」那樣一種「大膽的假設」可以媲美。如果說康有為的解讀反映了以德國宗教改革的領袖馬丁・路德為摹擬對象的「原教旨主義」精神；[104]胡適的解讀則張揚了「以復古為解放」的「文藝復興」精神。均兼得歷史解釋中以今情度古意的妙韻與危險，亦深具借酒杯澆塊壘的苦心。

　　胡適又認為「古無名家之名也。凡一家之學無不有其為學之方術。此方術即是其『邏輯』……漢儒固陋，但知掇拾諸家之倫理政治學說，而不明諸家為學之方術。於是凡『苛察繳繞』之言，概謂之『名家』。名家之目立。而先秦學術之方法淪亡矣。」我們要問，胡適憑什麼說漢儒不明「方術」，其所謂「方法」指的是什麼呢？胡適解釋說，「名學方法」乃「邏輯方法，即是知識思考的方法」或者說：「名學便是哲學的方法。」我們可以從一例子來看清胡適所說「名學方

「支持意識」，到底是重要到足當根據還是無關緊要至只作配飾，這是需要具體問題具體分析的，不過有一點是肯定的，對西方文化的瞭解需要不斷的深入，這對我們返身自省也是有益無弊的。對胡適所瞭解的「文藝復興」的「發生」史，自可以仁者見仁智者見智，但我們瞭解這一點，對理解胡適何以如此來解讀「諸子」的「發生」史，很有必要。

「文藝復興」，還是胡適自己所致力的新文化運動的重要模仿對象，在對其精神的把握上，胡適前前後後多有變化，這在很大程度上又牽扯到在思想文化史上如何進行準確的自我定位的問題，極為複雜。從《先秦名學史》的「導論」指出「因此，真正的問題可以這樣說：我們應怎樣才能以最有效的方式吸收現代文化，使它能同我們的固有文化相一致、協調和繼續發展？」以及所謂「這個大問題的解決，就我所能看到的，唯有依靠新中國知識界領導人物的遠見和歷史連續性的意識，依靠他們的機智和技巧，能夠成功地把現代文化的精華與中國自己的文化精華聯結起來。」（《先秦名學史》，8頁）這些根本觀念來看，在不忘「歷史連續性」的前提下尋求變革，是胡適後來不斷強調自己參與其中的新文化運動是「中國的文藝復興」的根本原因（且不論具體語境為何）。

這裡是胡適較早運用西方「文藝復興」興起的歷史知識來詮釋中國文化史，很值得注意。

104 康有為：《新學偽經考》，朱維錚為該書所作《導言》，11頁。

法」的具體指謂。關於先秦顯學儒墨之不同，胡適有一大創見：「儒墨兩家根本上不同之處，在於兩家哲學的方法不同，在於兩家的『邏輯』不同。」[105]其說詳於《先秦名學史》與《中國哲學史大綱》，而萌芽於一九一六年四月的一則留學日記：「墨家與儒家（孔子）大異之點在其名學之不同。孔子正名。其名之由來，出於天之垂象，出於天尊地卑。故其言政，乃一有階級之封建制度，所謂『君君臣臣父父子子』者是也。墨子論名之由來出於人人之知覺官能，西方所謂『實驗派』（Empiricism）也。」[106]早在一九一四年八月二十六日的留學日記中，胡適將「哲學系統」分為：第一，「萬有論（Metaphysics）」；第二，「知識論（Epistemology）」；第三，「行為論（倫理學）（Ethics）」。具體各有細分，其中「知識論」（Epistemology）部分：「甲，何謂知識？（子）物觀（Realism）。（丑）心觀（Idealism）。乙，知識何由生耶？（子）『實驗派』（Empiricism）。（丑）理想派（Rationalism）。」[107]將兩則日記連繫起來看，所謂「墨家與儒家（孔子）大異之點在其名學之不同。」實際就是在「知識論（Epistemology）」之「乙、知識何由生耶？」問題上，「（子）『實驗派』（Empiricism）。」（墨家）與「（丑）理想派（Rationalism）。」（儒家）之不同，即今日通譯為「經驗主義」與「理性主義」之不同。其分析架構全本於西學。如果有人不接受此種論學標準與問題意識，自然完全可以得出其它的結論。

---

105 胡適：《中國哲學史大綱》（卷上），152頁。

106 胡適：《胡適留學日記》（下），299頁。

107 胡適：《胡適留學日記》（上），348-349頁。至《中國哲學史大綱》（卷上）將「哲學的門類」分為：一、宇宙論。二、名學及知識論。三、人生哲學。舊稱「倫理學」。四、教育哲學。五、政治哲學。六、宗教哲學。見胡適：《中國哲學史大綱》（卷上），1-2頁。從中可以看到胡適見解的進展，而大體皆本於西洋哲學分類觀念。

　　胡適還有所謂「古代本沒有什麼『法家』」的創見。他說：「中國古代只有法理學，只有法治的學說，並無所謂『法家』。中國法理學當西曆前三世紀時，最為發達，故有許多人附會古代有名的政治家如管仲、商鞅、申不害之流，造出許多講法治的書。後人沒有歷史眼光，遂把一切講法治的書統稱為『法家』，其實是錯的。但法家之名，沿用已久了，故現在也用此名。但本章所講，注重中國古代法理學說，並不限於《漢書藝文志》所謂『法家』。」又說：「管仲、子產、申不害、商君——都是實行的政治家，不是法理學家，故不該稱為『法家』。」如果有人用另一種「歷史眼光」來質問，為什麼偏要從你胡適非認「法理學家」為「法家」不可呢？胡適恐怕也是難以自解的。更不用說胡適用以著力闡發「中國古代法理學（法的哲學）的幾個基本觀念」的概念，諸如「平等主義」、「客觀主義」等，凡此之類的西學新知，的確也非古人所能夢見。[108]

　　更為細部的例子比如：「別墨猶言『新墨』。柏拉圖之後有『新柏拉圖學派』，近世有『新康德派』、『新海智爾派』。」顯然，西方哲學史上的「新 XXX 派」之類的概念，對其「別墨學派」的名目之建構，無疑起了絕大的啟發作用，天下閱《莊子·天下》篇的學子多矣，何以惟胡適作如是讀，豈不是很值得玩味嗎？

　　諸如此類，等等。至於其解讀是否牽強附會，那是另一個問題了。

　　其次，但卻決非更不為重要的是，杜威式的實用主義起了含而不露的「組織部勒」的作用。

　　從一九一七年四月十一日胡適的留學日記所謂「以九流為出於王官，則不能明周末學術思想變遷之跡」，可知，胡適心中先有了一部與以往不同的「周末學術思想變遷之跡」史，故決不能接受「九流出

─────────────

108 參見胡適：《中國哲學史大綱》，第十二篇《古代哲學之終局》，第二章《所謂法家》。

於王官論」。其說詳於《先秦名學史》而扼要匯粹於《諸子不出於王官論》末段，是為其破除舊說的正面主張。文繁恕不具引，其主旨是：「諸子之學，皆春秋戰國之時勢世變所產生」，各家彼此影響激蕩之跡間存，而決不出於王官。從劉歆以前論諸子源起的文獻來看：「《淮南・要略》[109]專論諸家學說所自出，以為諸子之學皆起於救世之弊，應時而興。故有殷周之爭，而太公之陰謀生。有周公之遺風，而儒者之學興。有儒學之敝、禮文之煩擾，而後墨者之教起。有齊國之地勢、桓公之霸業，而後管子之書作。有戰國之兵禍，而後縱橫修短之術出。有韓國之法令『新故相反，前後相繆』，而後申子刑名之書生。有秦孝公之圖治，而後商鞅之法興焉。此所論列，雖間有考之未精，然其大旨，以為學術之興，皆本於世變之所急。其說最近理。即此一說，已足推破九流出於王官之陋說矣。」[110]

柳詒徵認為胡適上述見解殊為偏至，他以《莊子・天下篇》、《淮南子・要略篇》、《七略》為據，主張「諸子之學出於古代聖哲者為正因，而激發於當日之時勢者為副因」。其中激烈批評胡適對《淮南子・要略篇》的斷章取義道：

即《淮南子・要略》亦非專主救世之弊一端也。其述儒者之學，則曰「修成康之道，述周公之訓」；其述墨子之學，則曰「學儒者之業，受孔子之術，背周道而用夏政」；其述《管子》之書，則曰「崇天子之位，廣文武之業」。夫夏及文、武、成、康、周公，皆諸子之學之前因也。胡氏削去此等文句，但曰「有周公之遺風，而儒者之學興」，是胡氏於《淮南

---

109 自「文王之時，紂為天子」以下。(此為胡適原注──引者)
110 胡適：《中國哲學史大綱》(卷上)，「附錄」3、9-10頁。

子》之言亦未仔細研究也。[111]

　　覆按《淮南子·要略篇》原文,柳詒徵並沒有冤枉胡適。的確,
「即《淮南子·要略》亦非專主救世之弊一端也」。就此而言,誠如
柳氏所批評者:「蓋合於胡氏之理想者,言之津津,不合於其理想
者,不痛詆之,則諱言之,此其著書立說之方法也。」[112]筆者想進一
步指出的是:即《漢書·藝文志》亦非專主「出於王官」之一端也。
《漢志》明文有曰:「諸子十家,其可觀者九家而已。皆起於王道既
微,諸侯力政,時君世主,好惡殊方,是以九家之(說)〔術〕蠭出
並作,[113]各引一端,崇其所善,以此馳說,取合諸侯。」[114]此說豈不
近於「起於救世之弊應時而興」之論乎?

　　但問題的關鍵在於胡適為什麼偏偏截取所謂「以為諸子之學皆起
於救世之弊,應時而興」的那一段?難道只是由於他的「未仔細研
究」嗎?我們必須再一次指出,天下讀《淮南子·要略篇》以及《漢
書·藝文志》的學子多矣,為什麼只有胡適對《淮南子·要略篇》的
此段見解情有獨鍾,還破天荒地認為「即此一說,已足推破九流出於
王官之陋說矣」(原來兩說似乎一直相安無事、井水不犯河水)?[115]
進而言之,「胡氏之理想」,即在胡適心中「其說最近理」之那個神秘
的「理」,到底是什麼呢?

111　柳詒徵:《論近人講諸子之學者之失》,見《柳詒徵史學論文續集》,524-525頁。

112　柳詒徵:《論近人講諸子之學者之失》,見《柳詒徵史學論文續集》,519頁。

113　師古曰:「蠭與鋒同。」

114　(漢)班固撰、〔唐〕顏師古注:《漢書》,1746頁。

115　一個值得比較的例子是,孫德謙的《諸子通考》一方面「賞識《淮南要略》論諸
　　家學術皆起於救世」(此點為胡適所讚賞),同時「過信劉歆、班固論九流的話」
　　(此點為胡適所指謫)。孫氏固不必以為是自相牴牾的。參見中國社會科學院近代
　　史研究所中華民國研究室編:《胡適的日記》,184頁。

　　筆者認為，正是「知識思想是人生應付環境的工具」這種「杜威的哲學基本觀念」，[116]以及「處處指出一個制度或學說所以發生的原因，指出他的歷史的背景，故能瞭解他在歷史上占的地位與價值」這種杜威哲學的基本方法——「歷史的方法——『祖孫的方法』」，[117]使胡適在「諸子」起源的問題上，選擇性地接受與強調了、或者說是創造性地重新發現與解讀了《淮南子・要略》中「以為諸子之學皆起於救世之弊應時而興」的觀念。馮友蘭在晚年評價胡適的《中國哲學史大綱》（卷上）時指出：「蔡先生所說的這部書的第四特長是『系統的研究』。所指的大概是，用發展的觀點，研究哲學流派的來龍去脈。杜威的實用主義，在研究社會現象的時候，本來是注重用發生的方法。上面已經說道，杜威曾向我提出過這個問題。胡適在當時宣傳杜威的實用主義，但是限於實用主義的真理論。至於發生法，他很少提起，不過總是受一點影響。蔡元培所看見的就是這一點影響。」[118]馮氏用「發生的方法」來概括胡適所受影響的杜威的哲學方法是很精當的，不過也許是記憶之不確，胡適對「歷史的方法」並非「很少提起」，他受「發生的方法」的影響也是至深且巨的，「諸子不出於王官論」對該方法的運用就熟練到了不易察覺的地步。正是對諸子學「發生」問題的這一番簇新的系統見解，使胡適根本不能接受從《漢書・藝文志》到章太炎對「九流出於王官論」之所謂「出於」的理解，筆者相信他對柳詒徵「諸子之學出於古代聖哲者為正因」之說法一樣也會是不以為然的。[119]一九三六年七月二十日，胡適在《藏暉室札記》

---

116 參見胡適：《實驗主義》，本文原係胡適1919年春間的演講稿，刊於《新青年》，第6卷，第4號，1919.04.15，同年7月改定，見《胡適文存》，第1集卷2，收入姜義華主編：《胡適學術文集・哲學與文化》，27頁，北京，中華書局，2001。

117 胡適：《杜威先生與中國》（1921.07.11），見《胡適學術文集・哲學與文化》，51頁。

118 馮友蘭：《三松堂自序》，205頁，北京，人民出版社，1998。

119 胡適於1921年7月31日的日記中說：「七點半到南京……演講後，有去年暑假學校

（即《留學日記》）的《自序》中指出:「其實我寫《先秦名學史》、《中國哲學史》都是受那一派思想（指『杜威先生的實驗主義的哲學』——引者）的指導。」[120]「諸子不出於王官論」就是這句話的一個很好的注腳。[121]

學生繆鳳林君等圍住我談話，繆君給我看一某君做的一篇駁我『諸子不出於王官說』的文字，某君是信太炎的，他的立腳點已錯，故不能有討論的餘地。」中國社會科學院近代史研究所中華民國研究室編:《胡適的日記》，166-167頁。柳詒徵的《論近人講諸子之學者之失》，初刊於《史地學報》，第1卷，第1期，1921年11月；繆鳳林隨後作《評胡氏諸子不出於王官論》，載《學衡》，1922（4）。繆文大體皆本柳文。胡適所謂「某君」，似暗指柳詒徵。很可能繆鳳林在柳文正式發表以前就從柳詒徵那裡拜讀過此文，並為之傾倒，適逢胡適來南京講學，特持此文以相質，所謂「圍住我談話」，實近於圍攻。從胡適的反應:「某君是信太炎的，他的立腳點已錯，故不能有討論的餘地」，可知他根本不能接受柳詒徵的批評。這裡的確有「立腳點」上的分歧，在筆者看來，可以說是「疑古」與「信古」的界限分明，其中還包括了在「發生學」意義上的見解之不可苟同。

120 胡適:《胡適留學日記》（上），8-9頁。

121 當然，胡適上述見解也有可能是受英人厄克登勳爵（Lord Acton 1834-1902）所謂「ideas have had 『an ancestry and posterity of their own』」（「思想有『祖先和後裔』」）、「ideas have a radiation and development，an ancestry and posterity of their own」（「思想有其輻射和發展，有它的先祖，也有它的後裔」）之類觀念的啟發，更有可能的是，胡適正是通過杜威式的實用主義而接受厄克登的觀念的。參見胡適1917年2月21日、1917年3月27日的留學日記。胡適:《胡適留學日記》（下），467-468、484-487頁。

近有學者力辨胡適對杜威思想的運用與「背離」決非「根據中國的情況和需要而作出的創造性回應或轉換」。參見張汝倫:《胡適與杜威——一個比較思想史的研究》，見《現代中國思想研究》，上海，上海人民出版社，2001。這是筆者不能同意的。筆者未能涉及胡適是否忠實地理解了杜威的思想，就「諸子不出於王官論」對杜威思想的運用的效果來看，堪稱「創造性回應或轉換」，而且是頗為成功的，因為他切中中國文化發展中的要害問題。張氏的中心關懷是:「應該想想怎樣批判地對待胡適給我們留下的思想遺產，怎樣超越胡適和胡適的時代，對我們所面臨的歷史任務和現代向我們提出的問題，有更為深入的思考。」這種懷抱是可敬的。但是如果不是對胡適所面臨的「中國的情況和需要」有真切的「瞭解之同情」，我們怎麼能對胡適是否「根據中國的情況和需要而作出的創造性回應或轉

　　中國學術思想的發展演變固有內在的脈絡，至近代「西學」的參與則是最為可觀的「大事因緣」（借用陳寅恪語）。「西潮」的衝擊促使中國文化在前所未有的深度與廣度上反思自身的問題，而真正創造性的文化革新必是根據自身的情境主動融會外來的文化而推陳出新。在這個過程中，「西學」參與的程度，有時竟有大大超乎我們的想像者，走筆至此，筆者不能不有這樣的觀感。

四　示範作用
──「諸子不出於王官論」的影響

　　一項創說提出來以後，如果沒有後繼者的接受、發揮或修正，甚至沒有引起反對者的批駁，就不能算是新範式。一種範式的「示範作用」是必須從它的影響來看的。就學術思想史而言，所謂「影響」，既有初始的反響，也有長遠的影響；既是指正面的積極回應，也包括針鋒相對的相反相成的激蕩。同時，我們的目光還不能停留於創說建立之初的狀態，而必須追蹤其發展壯大演化變顯的大勢與流程。筆者願意在這一較為開闊的視野之下，來討論「諸子不出於王官論」的影響。

1　初步反響

　　一九三五年五月十四日，馮友蘭在《世界日報》發表《中國近年研究史學之新趨勢》一文，同月十九日他在當時的輔仁大學作了題為

　　換」，作出「瞭解之」「批評」；我們究竟應以什麼為標準對此作出合理的評判呢？如果不是對胡適那一輩的工作有親切的瞭解與中肯的反省，後人怎麼能「超越胡適和胡適的時代」呢？那種不具備針對性的批評，又會將試圖「超越」者自身在「現代」之後的中國學術思想史上置於何地呢？

《近年史學界對於中國古史之看法》的講演，講演稿發表於《骨鯁》第六十二期。[122]文章旗幟鮮明地提出：「中國近年研究歷史之趨勢，依其研究之觀點，可分為三個派別：①信古，②疑古，③釋古。」[123]或者說是「研究史學的三個時期，或三個傾向，或是三個看法及態度」[124]。他用黑格爾「正」、「反」、「合」的歷史哲學觀念來處理這三個派別、時期、傾向、看法及態度。兩文又均以「諸子」是否「出於王官」的討論為例，來描述「中國近年研究史學之新趨勢」。毫無疑問，胡適的「諸子不出於王官論」及其系統化的《中國哲學史大綱》在其中居於中心的地位，它對馮友蘭所分辨的所有這三個派別、時期、傾向、看法及態度，甚至界限歸屬不很分明的古史學者，都產生了深刻的影響。

　　先看其對具有強烈的「疑古」取向的「古史辨運動」的影響。

　　羅根澤主編的以「諸子叢考」為主題的《古史辨》第四冊，其「卷頭語」用的就是為《諸子不出於王官論》所推崇備至的《淮南子・要略》篇的摘要，此舉極具象徵意義，其潛臺詞頗似要沿著胡適所開闢的嶄新道路繼續前進。該書所收的第一篇文章就是《諸子不出於王官論》，這當然也是不言而喻的。

　　「古史辨運動」的主將顧頡剛，在為《古史辨》第四冊所作序中，如此敘述該文對他的影響：

> 我那幾年中頗喜治子，但別人和自己的解說總覺得有些不對，雖則說不出所以然來。自讀此篇，鬃鬃（「鬃鬃」疑為「髣髴」之訛，「髣髴」同「彷彿」。——引者）把我的頭腦洗刷了

122　《三松堂學術文集》，331-337頁。

123　《三松堂學術文集》，331頁。

124　《三松堂學術文集》，333頁。

一下，使我認到了一條光明之路。從此我不信有九流，更不信九流之出於王官，而承認諸子的興起各有其背景，其立說在各求其所需要。諸子的先天的關聯既失了存在，後天的攻擊又出於其立場的不同，以前所不得消釋的糾纏和牴牾都消釋了。再與《孔子改制考》合讀，整部的諸子的歷史似乎已被我鳥瞰過了。[125]

又是說出了別人想說而「說不出所以然來」的話！確如余英時所說：「胡適的貢獻在於建立了孔恩（Thomas S.Kuhn）所說的新『典範』（paradigm）。」[126]

此不獨胡適之學生顧頡剛作如是觀，為該書作了另一序的學者錢穆，在序言之開篇亦曰：

> 嘗謂近人自胡適之先生造諸子不出王官之論，而考辨諸子學術源流者，其途轍遠異於昔。《漢志》所列九流十家，決非一源異流，同時並出，此即觀於各家立名之不同而可見。

錢氏隨後就鋪陳其「儒者乃當時社會生活一流品，正猶墨為刑徒苦役，亦當時社會生活一流品也」之說。[127]錢氏之論為民國以降學術界「考辨諸子學術源流」之學術史中影響很大的學說，其從「社會生活」之「流品」的新角度入手探討的新取徑，正是只有在胡適《諸子不出於王官論》出來之後才會有的「途轍遠異於昔」之一個成果。「古史辨運動」在「諸子叢考」方面得益於《諸子不出於王官論》者

---

125 顧頡剛：《古史辨》，第4冊《顧序》，17頁。
126 余英時：《中國近代思想史上的胡適》，19頁。
127 參見錢穆：《古史辨》，第4冊《錢序》（1933-02-27）。

不勝枚舉，以上僅述其大者而已。

　　馮友蘭自居於「釋古」派的地位，他說：

　　　　在釋古者則以為在春秋戰國之時，因貴族政治之崩壞，原來為
　　　　貴族所用之專家，流入民間。諸子之學，即由此流入民間之專
　　　　家中出。故《漢志》之說，雖未可盡信，然其大概意思，則有
　　　　歷史根據。[128]

馮友蘭晚年在《三松堂自序》中回顧總結道：

　　　　對於這個問題，在《中國哲學史》本書中，已經做了一個一般
　　　　的解答，但是還嫌籠統。那個解答，只說明了在春秋戰國時
　　　　期，出現「百家爭鳴」的社會基礎。但是還沒有說明當時的各
　　　　家為什麼有各自特殊的主張，特殊的精神，特殊的面貌。後來
　　　　我看見傅斯年的一篇稿子，其中說，「諸子不同，由於他們的
　　　　職業不同」。這個說法給了我啟發。

　　馮氏從而提出「儒家出於儒士」、「墨家出於俠士」、「道家出於隱
士」、「陰陽家出於方士」、「名家出於辯士」、「法家出於方術之士」、
「雜家的興起，是戰國末期全中國日趨統一的趨勢的反應」等一系列
「這就具體地說明了子學的起源」的系統見解。[129]
　　大大啟發了馮友蘭的傅斯年之「戰國諸子除墨子外皆出於職業」
說，是民國以降學術界「考辨諸子學術源流」之學術史中又一項影響
很大的學說。其說見於傅斯年《戰國子家敘論》，其大旨有曰：

128　馮友蘭：《中國近年研究史學之新趨勢》，見《三松堂學術文集》，331頁。
129　馮友蘭：《三松堂自序》，219-222頁。

七略漢志有九流十家皆出於王官之說……胡適之先生駁之，說
見所著中國古代哲學史附錄。其論甚公直，而或者（「者」字
疑為『有』字之訛——引者）不盡揣得其情。謂之公直者，出
於王官之說實不可通，謂之不盡揣得其情者，蓋諸子之出實有
一個物質的憑藉，以為此物質的憑藉即是王官者誤，若忽略此
憑藉，亦不能貫徹也。百家之說皆由於才智之士在一個特殊的
地域當一個特殊的時代憑藉一種特殊的職業而生。

具體來說，儒家「出於教書匠」；道家「有出於史官者，有全不
相干者，『漢世』道家本不是單元，按道家一詞，入漢始聞」；陰陽家
「出於業文史星曆卜祝者」等等。「故七略漢志此說，其辭雖非，其
意則似無謂而有謂」[130]。不用說，這正是站在乃師胡適的肩膀上，對
「諸子不出於王官論」加以修正而提出的新見解。

我們回到馮友蘭的「晚年定論」。馮氏講得很清楚，他要「解
答」的問題，首先是諸子學的「社會基礎」為何，進一步是「當時的
各家為什麼有各自特殊的主張，特殊的精神，特殊的面貌」？這是所
有關心先秦諸子起源的學者的共同的大問題，這個問題就是首先由胡
適《諸子不出於王官論》提出來討論並開闢了新的探索方向的。顧頡
剛所醒悟到的「諸子的興起各有其背景，其立說在各求其所需要」以
此，錢穆所領會到的「《漢志》所列九流十家，決非一源異流，同時
並出」亦以此，傅斯年所謂「出於王官之說實不可通」而「百家之說
皆由於才智之士在一個特殊的地域當一個特殊的時代憑藉一種特殊的

---

130 傅斯年：《戰國子家敘論》（1928），見《傅斯年全集》，第2冊，422-431頁，臺北，
聯經出版事業公司，1980。在此問題上傅斯年與胡適的交涉，參見王汎森：《思想
史與生活史有交集嗎？——讀「傅斯年檔案」》，見《中國近代思想與學術的系
譜》，323-325頁。

職業而生」還是著眼於此，馮友蘭自居於「合」的地位的見解亦無不如此。在學術思想史上，提出新問題的在一定意義上比解決問題（更何況未必解決）的還要有價值，至少其影響力絕不可小視，胡適「諸子不出於王官論」在這方面也是一個絕佳的例子。從中可以看到正如庫恩與余英時所謂新範式所起「示範」的作用，即一方面開啟了新的治學門徑；而另一方面又留下了許多待解決的問題。

　　至於馮友蘭所謂「信古」派，他以「民國四年，沈兼士先生在北京大學講授『中國哲學史』，講了一學期功夫，才講到周代」[131]以及「學校讀經」為例子。[132]就「諸子」是否「出於王官」問題而言，馮氏只說：「自信古者之觀點，以為此說出於《漢書》，其為可信，絕無問題。」[133]未確指誰持此見。筆者認為，在這個特定的問題上，自以「疑古」為基本取向的《諸子不出於王官論》、《中國哲學史大綱》（卷上）出來以後，柳詒徵的《論近人講諸子之學者之失》可以作為「信古」派的代表。關於柳文，前文已頗有涉及。這裡要指出的，他雖持與胡適針鋒相對的立場，但是他那「諸子之學出於古代聖哲者為正因，而激發於當日之時勢者為副因」的見解，仍然部分吸收了胡適的看法（不否認「激發於當日之時勢」，只收縮為「副因」而已），所論雖據古籍，實是為胡適之說（也許偏至）所引發與激蕩（才有可能嚴正全面——在柳詒徵看來）。而柳氏此說，及其堅執並發揮得比章太炎有過之而無不及的「九流出於王官論」，又被繆鳳林等後學接受並作進一步的闡發。繆鳳林認為：「學術發生之因，必含前因與當時之因。……諸子之起，除受時代之影響為當時之因外，必以王官所守

---

131 其中涉及「哲學史」觀念的「典範轉移」，可以參見羅志田：《大綱與史：民國學術觀念的典範轉移》，載《歷史研究》，2000（1）。

132 馮友蘭：《近年史學界對於中國古史之看法》，見《三松堂學術文集》，333、334頁。

133 馮友蘭：《中國近年研究史學之新趨勢》，見《三松堂學術文集》，331頁。

之學術為前因。」[134]呂思勉也認為：「先秦諸子之學，當以前此之宗教及哲學思想為其因，東周以後之社會情勢為其緣。」[135]而呂氏之發揮「九流出於王官說」，到了「以為句句都能落實」的地步。[136]此等學人誠為劉、班舊說之「辯護士」，此等學說難道不正是胡適之說的反響嗎？

2 深遠影響

通過上文的扼要介紹，我們已瞭解了在「諸子不出於王官論」面世之初所得到的熱烈的迴響，這是比較容易看清楚的。至於它在《中國哲學史大綱》（卷上）中進一步系統發展出來的取向與觀點對後世所產生的較長時段的影響就不易察覺了，然而卻是遠為重要的。

一九二六年，傅斯年在一封給胡適的信中談到他對《中國哲學史大綱》（卷上）的看法：

> 覺得先生這一部書，在一時刺動的效力上論，自是大不能比的，而在這書本身的長久價值論，反而要讓你先生的小說評（指胡適的評《水滸》等——引者）居先。何以呢？在中國古代哲學上，已經有不少漢學家的工作者在先，不為空前，先生所用的方法，不少可以損益之處，難得絕後。[137]

---

134 繆鳳林：《評胡氏諸子不出於王官論》，2、23頁。

135 呂思勉：《先秦學術概論》，5頁。

136 「以為句句都能落實」，乃李零之語，是其就呂思勉的《先秦學術概論》對「諸子出於王官說」的認知所作的概括，頗為允當。李零：《李零自選集》，42頁，桂林，廣西師範大學出版社，1998。

137 轉引自王汎森：《思想史與生活史有交集嗎？——讀「傅斯年檔案」》，見《中國近代思想與學術的系譜》，323頁。經校正。見耿雲志主編：《胡適遺稿及秘藏書信》，第37冊，357頁，合肥，黃山書社，1994。

　　傅氏在這封信裡所持的是中國沒有「哲學」只有「方術」的觀念，正如王汎森所指出：「其實等於是在說胡適《中國哲學史》的題目是錯的。」[138]在這一語境之下，傅氏對《中國哲學史大綱》（卷上）的貶抑要超過上述評語的票面意味。當然，像「已經有不少漢學家的工作者在先，不為空前，先生所用的方法，不少可以損益之處，難得絕後」這樣的品鑑，是確當的。但是，截止於一九二六年，「這書本身的長久價值」還未能充分展現出來，傅氏的評價仍然過低地估計了這本書在範式創新方面的「長久價值」。

　　首先是從「諸子不出於王官論」引申發揮出來的，具體來說是關於諸子學的「起源」、一般而言是關於所有「學說」或「思想」之「發生」問題的全新解釋模式——從「時代背景」的角度探討「思想」的起源，乃是二十世紀哲學史、學術思想史研究中非常重大而有影響力的範式更新。

　　它的基本觀念是：

> 哲學家的時代，既不分明，如何能知道他們思想的傳授沿革？最荒謬的是漢朝的劉歆、班固說諸子的學說都出於王官；又說「合其要歸，亦六經之支與流裔」[139]。諸子既出於王官與六經，還有什麼別的淵源傳授可說？[140]

　　它的系統而集中的表述是：

138　王汎森：《思想史與生活史有交集嗎？——讀「傅斯年檔案」》，見《中國近代思想與學術的系譜》，322頁。

139　胡適：《諸子不出於王官論》，載《太平洋雜誌》，第一卷，第七號。

140　胡適：《中國哲學史大綱》（卷上），11頁。

大凡一種學說，絕不是劈空從天上掉下來的。我們如果能仔細
研究，定可出那種學說有許多前因，有許多後果。譬如一篇文
章、那種學說不過是中間的一段。這一段定不是來無蹤影、去
無痕跡的，定然有個承上啟下、承前接後的關係。要不懂他的
前因，便不能懂得他的真意義。要不懂他的後果，便不能明白
他在歷史上的位置。[141]這個前因，所含不止一事。第一是那時
代政治社會的狀態。第二是那時代的思想潮流。這兩種前因，
時勢和思潮，很難分別。因為這兩事又是互相為因果的。有時
是先有那時勢，才生出那思潮來；有了那種思潮，時勢受了思
潮的影響，一定有大變動；所以時勢生思潮，思潮又生時勢，
時勢又生新思潮。所以這學術史上尋因求果的研究，是很不容
易的。我們現在要講哲學史，不可不先研究哲學發生時代的時
勢和那時勢所發生的種種思潮。[142]

　　非常清楚，其認知框架本於胡適《杜威先生與中國》（1921年7月
11日）一文以極為扼要的方式表述的杜威哲學的基本方法──「歷史
的方法──『祖孫的方法』」；所謂「我們現在要講哲學史，不可不先

---

141 將此段文字與胡適介紹乃師杜威的「歷史的方法──『祖孫的方法』」的下述文字
　　參看，就可知其思想來源：「他從來不把一個制度或學說看作一個孤立的東西，總
　　把他看作一個中段：一頭是他所以發生的原因，一頭是他自己發生的效果；上頭
　　有他的祖父，下面有他的子孫。捉住了這兩頭，他再也逃不出去了！這個方法的
　　應用，一方面是很忠厚寬恕的，因為他處處指出一個制度或學說所以發生的原
　　因，指出他的歷史的背景，故能瞭解他在歷史上占的地位與價值，故不致有過分
　　的苛責。一方面，這個方法又是最嚴厲的，最帶有革命性質的，因為他處處拿一
　　個學說或制度所發生的結果來評判他本身的價值，故最公平，又最厲害。這種方
　　法是一切帶有評判（Critical）精神的運動的一個重要武器。」胡適：《杜威先生與
　　中國》，見《胡適學術文集‧哲學與文化》，51頁。
142 胡適：《中國哲學史大綱》（卷上），35頁。

研究哲學發生時代的時勢和那時勢所發生的種種思潮」的取向，在胡適於一九一七年四月十一日標題為「九流出於王官之謬」留學日記所記：「學術無出於王官之理。①學術者，應時勢而生者也。(《淮南・要略》) ②學術者，偉人哲士之產兒也。」這其中基本觀念也已經具備了。當然，在「時勢和思潮的因果關係」這一「雞生蛋，蛋生雞」之類的歷史觀的根本問題上，自不免有見仁見智之歧，比如李季就批評那是胡適的「實驗主義的唯心論和多元論在那裡作祟」，[143]而胡適又決不願意將自己的歷史觀，如陳獨秀所期望的「百尺竿頭更進一步」，直達「唯物史觀」。[144]但是據「時代」究「思想」的取向，對此後的哲學史、學術思想史研究具有不可替代的示範作用，不管後起者在這「時代」之框中填入什麼樣的內容，不管他「所用的方法」有多少「可以損益之處」，這一劃時代的方向，毫無疑問是由胡適開闢的。

　　較早對此一取向進行回應的是梁啟超。梁氏在《評胡適之〈中國哲學史大綱〉——在北京大學為哲學社講演》一文中，批評胡適「把思想的來源抹殺得太過了」、「寫時代的背景太不對了」。他還正面提出「研究當時社會背景，推求諸子勃興的原因」，所「當注意」之「事」有十二條之多。[145]這些見解在他的初版於一九二三年八月的《先秦政治思想史》一書中得到了系統地展開。[146]錢穆有數語論及梁啟超與胡適之間之學術關聯，頗為中肯：

---

143 李季：《胡適〈中國哲學史大綱〉批判》，3頁，神州國光社，1931。

144 胡適：《附注：答陳獨秀先生》(1923-11-29)，見張君勱、丁文江等：《科學與人生觀》，27頁，濟南，山東人民出版社，1997。

145 梁啟超：《評胡適之〈中國哲學史大綱〉——在北京大學為哲學社講演》(1922)，見《飲冰室合集》5《飲冰室文集》卷38，北京，中華書局，1989。

146 詳參梁啟超：《先秦政治思想史》，上海，商務印書館，1923年8月初版，1925年4月第4版。

梁任公談諸子，尚在胡適之前，然其系統之著作，則皆出胡
後。因胡氏有《中國哲學史》，而梁氏遂有《先秦政治思想
史》。因胡氏有《墨辨新詁》（未刊）而梁氏遂有《墨經校
釋》、《墨子學案》諸書。《先秦政治思想史》敘述時代背景，
較胡書特為精密詳備，《墨經》亦時有創解。惟其指陳途徑，
開闢新蹊，則似較胡氏為遜。[147]

就學術思想史研究中的「時代」之觀念而言，胡適或許還是得
自梁啟超的《論中國學術思想變遷之大勢》一文的啟發，[148]但《先秦
政治思想史》之深受胡適《中國哲學史大綱》的影響則是無疑的。
最重要的就是，「《先秦政治思想史》敘述時代背景」已如錢穆所說
「較胡書特為精密詳備」，而「其指陳途徑，開闢新蹊」不惟「較胡
氏為遜」，其「研究當時社會背景，推求諸子勃興的原因」的路向，
乃直承胡適而來，不過後出轉精而已。又一九二〇年梁啟超在《清
代學術概論》中提出一個引人注目的分析架構「時代思潮」，不知與
胡適的初版於一九一九年二月的《中國哲學史大綱》（第二篇之第二
章的標題就是「那時代的思潮」）有無關係，無論如何，它的出現已
在胡著之後了。

---

147 錢穆：《國學概論》（下），143頁，上海，商務印書館，1931。
148 胡適在《四十自述》中強調梁啟超的《論中國學術思想變遷之大勢》對自己的影
響時，特舉「梁先生分中國學術思想為七個時代：（一）胚胎時代：春秋以前
（二）全盛時代：春秋末及戰國（三）儒學統一時代：兩漢（四）老學時代：魏
晉（五）佛學時代：南北朝，唐（六）儒佛混合時代：宋，元，明（七）衰落時
代：近二百五十年」，並評價說：「這是第一次用歷史眼光來整理中國舊學術思
想，第一次給我們一個『學術史』的見解。」胡適：《四十自述》，50頁。我們再
看《中國哲學史大綱》（卷上）「第二篇：中國哲學發生的時代」、「第一章「中國
哲學結胎的時代（請與『胚胎時代』參看，儘管內涵有所不同。——引者）」等，
就可以知道胡適所受梁氏影響的具體所在了。

一九三〇年三月，同樣具有範式創新意義的中國馬克思主義史學的開山之作——郭沫若的《中國古代社會研究》面世了。郭沫若在《序》中也不忘提一提胡適的《中國哲學史大綱》：

> 胡適的《中國哲學史大綱》，在中國的新學界上也支配了幾年，但那對於中國古代的實際情形，幾曾摩著了一些兒邊際，社會的來源既未認清，思想的發生自無從說起。所以我們對於他所「整理」過的一些過程，全部都有從新「批判」的必要。我們的「批判」有異於他們的「整理」。
>
> 「整理」的究極目標是在「實事求是」，我們的「批判」精神是要在「實事之中求其所以是」。
>
> 「整理」的方法所能做到的是「知其然」，我們的「批判」精神是要「知其所以然」。
>
> 「整理」自是「批判」過程所必經的一步，然而它不能成為我們所應該局限的一步。[149]

平心而論，胡適何嘗不「是要在『實事之中求其所以是』」、胡適何嘗不「是要『知其所以然』」，只是對於主張「沒有唯物辯證論的觀念，連『國故』都不好讓你輕談」[150]（「物辯」兩字原缺，據上下文意補——引者）的馬克思主義史學研究者來說，胡適所揭示的「所以然」夠不上「唯物辯證論的觀念」所謂的「所以然」罷了。但是，「社會的來源既未認清，思想的發生自無從說起」，「現代」意義上的「思想的發生」問題難道不是首先由胡適鄭重地提出、從「認清」

---

149 郭沫若：《中國古代社會研究》，序2-3頁，上海，上海新新書店，1930。
150 郭沫若：《中國古代社會研究》，序6頁。

「社會的來源」入手來探討「思想的發生」的取徑難道不是由胡適開闢出來的嗎？儘管由於分析架構的不同，對所謂「社會的來源」的認知已經不可同日而語了，但是，胡適所建立的新範式，不是仍然以一種特殊的方式影響著甚至要取而代之的更新的範式嗎？

有一點不能不看到，胡適在論證諸子學「發生」的「原因」時，存在著許多問題。諸如柳詒徵、梁啟超指出的（胡適後來向錢穆也承認受晚清經今文家影響而有）疑古過頭的問題；錢穆指出的敘述時代背景只及老子以前不及其餘，故無以見各家思想遞變之所以然，胡適於各家異相極為剖析而於各家共相未能會通，因而無以見此一時代學術所以與他時代特異之處；柳詒徵、梁啟超指出的只認政治腐敗社會黑暗為學問發生的主要原因，而見不及盛世對思想學術的積極作用的偏頗，以及馮友蘭指出的此種形勢在中國史中幾於無代無之、由此不足以說明古代哲學之特殊情形的問題；梁啟超指出的對學術發生的動機的理解過於狹隘的問題；郭沫若、李季指出的不解「社會」的來源或性質的問題；[151]等等。持不同觀點的學者，從不同角度可以揭出其毛病。

但是，通過嚴格考辨文獻的著述年代來確定學術思想史的脈絡，通過瞭解思想家生活的「時代」來探討思想學術發生發展的原因，與「《莊子》的《天下篇》、《漢書・藝文志》的《六藝略》、《諸子略》均是平行的紀述」[152]截然不同的是，以「時代」為綱、以人物與學派為緯的著述形式，以及貫穿於其中的本於「哲學家的時代」，窮究

---

151 參見柳詒徵：《論近人講諸子之學者之失》；梁啟超：《評胡適之〈中國哲學史大綱〉——在北京大學為哲學社講演》；錢穆：《國學概論》（下），142頁，以及《八十憶雙親・師友雜憶》，165-166頁，北京，讀書・生活・新知三聯書店，1998；馮友蘭：《中國古代哲學之政治社會的背景》，見《三松堂學術文集》，159頁；郭沫若：《中國古代社會研究》，序2-3頁；李季：《胡適〈中國哲學史大綱〉批判》等。

152 蔡元培：《中國古代哲學史大綱序》，見胡適：《中國哲學史大綱》（卷上）。

「他們思想的傳授沿革」的取向，是由胡適所確定下來的二十世紀哲學史、學術思想史的基本模式。這當然也是「諸子不出於王官論」的一個具有深遠意義地影響了。

其次，更為重要的是，由「諸子不出於王官論」引申出來的見解，在使「經學」從屬於「子學」、使「諸子學」成為中國哲學史（胡適本人後來更願意使用的、內容較廣的概念是「中國思想史」）的源頭的潮流中，作出了決定性的貢獻，這種見解大大改變了人們對中國文化格局的傳統看法，長期支配著後人在這個問題上的認知。

柳詒徵說得很對：胡適「其作《哲學史大綱》，即本此主張（指『諸子不出於王官論』——引者），從春秋時代開端，而其前則略而不論」[153]。這就是今人看得更為明白的「東周以前存而不論」的「疑古」取向。柳詒徵指出：

> 胡氏論學之大病，在誣古而武斷，一心以為儒家託古改制，舉古書一概抹殺。故於《書》則斥為沒有信史的價值……於《易》則不言其來源……於《禮》則專指為儒家所作……獨信《詩經》為信史，而於《詩經》之文，又只取《變風》、《變雅》以形容當時之黑暗腐敗，於《風》、《雅》、《頌》所言不黑暗不腐敗者，一概不述……蓋合於胡氏之理想者，言之津津，不合於其理想者，不痛詆之，則諱言之，此其著書立說之方法也。依此方法，故可斷定曰古無學術。古無學術，故王官無學術；王官無學術，故諸子之學決不出於王官。[154]

---

153 柳詒徵：《論近人講諸子之學者之失》，見《柳詒徵史學論文續集》，517頁。
154 柳詒徵：《論近人講諸子之學者之失》，見《柳詒徵史學論文續集》，518-519頁。

撇開價值判斷過於濃烈的措辭不論，柳詒徵對胡適的思路把握得非常到位。所謂「古無學術，故王官無學術；王官無學術，故諸子之學決不出於王官」，也就是顧頡剛所覺察到的「諸子的先天的關聯既失了存在」，胡適用「疑古」的剃刀將自古認定的「諸子的先天的」來源（「王官」、「六藝」）一刀剃去了。諸子學自然就上陞為中國學術思想史的源頭。

這是怎樣做到的呢？

這裡有西學的背景。胡適疑辨群籍，而「獨信《詩經》為信史」，主要是因為《詩經》所記月日以及日蝕得到「近來西洋學者」天文曆算學的應證，有「科學上的鐵證」。[155] 除此以外，就難以信據了。

這自然也是乘清代諸子學發展演變之大勢。用胡適本人的話來說就是：

> 清初的諸子學，不過是經學的一種附屬品，一種參考書。不料後來的學者，越研究子書，越覺得子書有價值。故孫星衍、王念孫、王引之、顧廣圻、俞樾諸人，對於經書與子書，檢直沒有上下輕重，和正道異端的分別了。到了最近世，如孫詒讓、章炳麟諸君，竟都用全副精力，發明諸子學。於是從前作經學附屬品的諸子學，到此時代，竟成專門學。一般普通學者，崇拜子書，也往往過於儒書。豈但是「附庸蔚為大國」，檢直是「婢作夫人」了。[156]

更重要的還是大大借助了晚清經今文家尤其是康有為的看法。即

155　胡適：《中國哲學史大綱》（卷上），24頁。胡適在《先秦名學史》中對此已作了強調，見該書第13頁。

156　胡適：《中國哲學史大綱》（卷上），8-9頁。

柳詒徵所謂「一心以為儒家託古改制」，章太炎更明確地表述為「六籍皆儒家託古，則直竊康長素之唾餘」。其中的要害，用柳詒徵的話來說就是：「以六籍歸納於儒家」。[157]從而使「經學」附屬於「子學」。對此，顧頡剛有很好的說明：

> 中國的古籍，經和子占兩大部分。普泛的說來，經是官書，子是一家之言。或者說，經是政治史的材料，子是思想史的材料。但這幾句話，在戰國以前說則可，在漢以下說則必不可。經書本不限於儒家所誦習，但現在傳下來的經書確已經過了戰國和漢的儒家的修改了；倘使不把他們所增加的刪去，又不把他們所刪去的尋出一個大概，我們便不能逕視為官書和古代的政治史料，我們只能認為儒家的經典。因此，經竟變成了子的附庸；如不明白諸子的背景及其成就，即無以明白儒家的地位，也就不能化驗這幾部經書的成分，測量這幾部經書的全體。因此，研究中國的古學和古籍，不得不從諸子入手，俾在諸子方面得到了真確的觀念之後再去治經。子書地位的重要，於此可見。[158]

「經竟變成了子的附庸」這短短一句，可以說就是晚清以降中國學術思想史之大折變的綱領。顧頡剛的這一段話，又可以看作自康有為《孔子改制考》以及胡適《諸子不出於王官論》與《中國哲學史大綱》，直到顧頡剛本人主編的《古史辨》之學術流變史的簡明提要。在「經竟變成了子的附庸」的過程中，如果說康有為起了意圖與後果背道而馳的開關作用，那麼胡適則是奠定格局的中心人物。

---

157 柳詒徵：《論近人講諸子之學者之失》，見《柳詒徵史學論文續集》，524頁。
158 顧頡剛：《古史辨》，第4冊《顧序》，15-16頁。

在胡適手裡，「諸子哲學」被系統化為一個整體，是中國「古代哲學」的全部：「古代哲學：自老子至韓非，為古代哲學。這個時代，又名『諸子哲學』。」[159]而所謂「截斷眾流，從老子、孔子講起」。世人又多注意於其破舊的方面，事實上，從胡適開始，「諸子哲學」成為中國哲學史（中國思想史）的源頭。[160]而正是有胡適將「諸子哲學」系統化定型為一個極大的源頭「時代」在前，才有另一位取《中國哲學史大綱》而代之的《中國哲學史》的作者馮友蘭，將中國哲學史劃分為「子學時代」與「經學時代」兩大段。其對「子學時代」的界定，與胡適的區別只是在於，前者是「自孔子至淮南王」，後者是「自老子至韓非」。這裡的分歧自然涉及「正統派」與「魔鬼的辯護士」的對峙；[161]但是在將子學作為中國哲學史（中國思想史）

---

159 胡適：《中國哲學史大綱》（卷上），6頁。並參見耿雲志主編：《胡適遺稿及秘藏書信》，第6冊，15、437、444頁。

160 胡適不僅反覆交代「為什麼我講中國古代哲學，單講諸子哲學，不講周秦諸子以前的哲學」的理由，而且特別強調周秦諸子對後世的「哲學思想」、「政治制度」、「宗教」、「教育學說」、「歷史觀念」、「家庭制度」、「社會習慣」等等廣泛而深遠的影響。參見耿雲志主編：《胡適遺稿及秘藏書信》，第6冊，15-17、444-445頁。

161 1955年1月24日，在寫完對卜德（Derk Bodde）所譯英文版馮友蘭《中國哲學史》的英文書評後，胡適在日記中說：「為此事重看馮書兩遍，想說幾句好話，實在看不出有什麼好處。故批評頗指出此書的根本弱點，即是他（馮）自己很得意的『正統派』觀點（見自序二）。『正統派』觀點是什麼？他自己並未明說，但此書分兩篇，上篇必須以孔子開始，力主孔子以前無私人著述，力主孔子『以能繼文王周公之業為職志，』『上繼往聖，下開來學。』下篇必須叫做『經學時代』，也是此意。（但更不通！）」《胡適的日記》手稿本，第17冊，無頁碼。轉引自周質平：《胡適與馮友蘭》，見鄭家棟、陳鵬選編：《解析馮友蘭》，122頁，北京，社會科學文獻出版社，2002。1922年3月5日，胡適在日記中，對梁啟超《評胡適之〈中國哲學史大綱〉——在北京大學為哲學社講演》的反應是：「他講孔子，完全是衛道的話，使我大失望」，「孔子的學說受了二千年的尊崇」、「莊子的書，受了兩千年的盲從」，胡適自己所做的就是「代表反對的論調」的「魔鬼的辯護士（advocatus diaboli）」的工作。中國社會科學院近代史研究所中華民國史研究室編：《胡適的日記》，276-278頁。連繫這兩則日記，還可連繫胡適對英文版馮友蘭

的開闢時代的這一更大更根本的問題的看法上，馮友蘭是胡適最為忠實的學生。[162]

　　胡適對「中國哲學史」或「中國思想史」之源頭時代的處理方式，一般來說是基於「疑古」、「辯偽」的立場，更為內在是要解決什麼樣的素材可以成為「中國」的「哲學史」學科的史料的問題，這自然關係到怎樣才是「中國哲學史」、「中國思想史」等更重要的問題。[163]蔡元培對此是有所意識的，讓我們來重溫一遍八十多年前的那一段名批吧：

　　　　第二是扼要的手段。中國民族的哲學思想遠在老子、孔子之前，是無可疑的。但要從此等一半神話、一半政史的記載中，抽出純粹的哲學思想，編成系統，不是窮年累月，不能成功

《中國哲學史》的英文書評（周質平在文中將其做了「摘要翻譯」）以及《中國古代哲學史臺北版自記》來看，可見，無論是與前輩（梁）也好，還是與後進（馮）也好，胡適與他們的分歧，首先而且一慣的是：「魔鬼的辯護士」與「正統派」的對峙。言語之中即使有個人名氣上爭執的意味，也在其次。

[162] 胡適認為「下篇必須叫做『經學時代』，也是此意。（但更不通！）」，不過「上篇必須以孔子開始」，尤其是將「子學時代」作為中國哲學史開闢時代的見解，實是接受了胡適的新範式，是「截斷眾流」以後才順理成章的事。所以馮友蘭晚年在《三松堂自序》中，鄭重地強調了胡適在這些方面的開山作用。關於馮友蘭的《中國哲學史》將中國哲學史分為「子學時代」與「經學時代」這一學術觀點，前不久，中國哲學史家任繼愈尚認為：「這兩大段落的劃分，今天看來，還是經得起考驗的。」任繼愈：《馮友蘭先生在中國哲學史領域裡的貢獻》，原見《馮友蘭先生紀念文集》，又見鄭家棟、陳鵬選編：《解析馮友蘭》，222頁。

[163] 參見胡適撰：《中國哲學史大綱》（耿雲志等導讀），上海，上海古籍出版社，1997；耿雲志：《胡適與五四後中國學術的幾個新趨向》，載《浙江學刊》，1999（2）；陳啟云：《「思想文化史學」論析》，見《中國古代思想文化的歷史論析》，3-5頁，北京，北京大學出版社，2001；王汎森：《傅斯年對胡適文史觀點的影響》以及《思想史與生活史有交集嗎？——讀「傅斯年檔案」》，見《中國近代思想與學術的系譜》。

的。適之先生認定所講的是中國古代哲學家的思想發達史，不
是中國民族的哲學思想發達史，所以截斷眾流，從老子孔子講
起。這是何等手段！[164]

以胡適對史料考訂的疑辯態度，所謂「中國民族的哲學思想遠在
老子、孔子之前，是無可疑的」這一論斷是否能為其接受，實未可
知。不過，蔡氏看到：「適之先生認定所講的是中國古代哲學家的思
想發達史」，對其取徑確有相當的瞭解。這種哲學史的寫法，就是今
人頗欲突破之的所謂「精英」的思想史。而今人所謂「精英」，在胡
適眼裡主要還是民間之「私學」。若要書寫蔡氏所謂「中國民族的哲
學思想發達史」，或中國的學術思想史、思想文化史，則胡適早年的
處理方式就會陷入困局，其中一個重要的問題就是如何安置被胡適用
「疑古」的剃刀如此勇決地剃掉的「王官」之學？

最近，古史學家李學勤《清代學術的幾個問題》一文為我們進一
步深入探討這一問題提供了很有啟發性的新思路。他指出：

不少人討論「經」和「經學」問題，認為，「經」的形成較
晚，在孔子之後；「經學」更晚，晚到漢代才出現。我認為這
是不正確的……中國「經」的產生很早，大約商代已萌芽，西
周基本成型，春秋則已很普及。晚清學者認為「經」出現在戰
國孔子以後的說法，顯然與事實不符。[165]

從這樣一個基本的認知出發，既然「中國的『經』的產生很早，

---

164 蔡元培：《中國古代哲學史大綱序》，2-3頁，見胡適：《中國哲學史大綱》（卷上）。

165 李學勤：《清代學術的幾個問題》，見劉東主編：《中國學術》，第6輯，234-235頁，
   北京，商務印書館，2001。

大約商代已萌芽，西周基本成型，春秋則已很普及。晚清學者認為
『經』出現在戰國孔子以後的說法，顯然與事實不符。」那麼，胡適
那接受了晚清經今文家尤其是康有為見解的論斷：使「經學」從屬於
「子學」，把「諸子學」作為中國哲學史、思想史的源頭的看法，就
要重新檢討了；馮友蘭將中國哲學史劃分為「子學時代」與「經學時
代」兩大段的說法也要重加清理。梁啟超等人敏銳觀察到的至晚清以
降愈演愈烈的「以復古為解放」的「文藝復興」運動，也確如錢穆所
說：「然復先秦之古，猶未已也。繼此而往，則將窮源拔本，復商周
之古，更上而復皇古之古。則一切崇古之見，皆得其解放，而學術思
想，乃有新機。」[166] 時至今日，也許應該補充一句：一切疑古、蔑古
之見，亦得解放！在這樣的時代，我們來回顧胡適的「諸子不出於王
官論」引申出來的見解的意義及其存在的問題，不是可以看得更清楚
嗎？由此，對我們自身的處境不是也可以多一點歷史的瞭解嗎？從
而，對於我們生於斯長於斯的故國文化自晚清以降轉進翻騰日新又新
之命運不是也可以增一份親切的體會嗎？

---

166 錢穆：《國學概論》（下），149頁。錢氏此意，先發於此，再闡於《評顧頡剛〈五
　　德終始說下的政治和歷史〉》（原刊於《大公報・文學副刊》，第170期，1931.04.
　　13，見《古史辨》，第5冊，618頁，上海，上海古籍出版社，1982）。在錢穆對梁
　　啟超的看法所下轉語之後，或可再下轉語：近日學界「走出疑古時代」的努力，
　　不正是錢氏所謂「譬如高山下石，不達不止」的「以復古為解放」的「文藝復
　　興」大潮之新進境嗎？

近現代中華文化思想叢刊　A0102015

中國學術之近代命運　上冊

作　　　者	劉　巍
責任編輯	楊家瑜
發 行 人	陳滿銘
總 經 理	梁錦興
總 編 輯	陳滿銘
副總編輯	張晏瑞
編 輯 所	萬卷樓圖書股份有限公司
排　　　版	菩薩蠻數位文化有限公司
印　　　刷	維中科技有限公司
封面設計	菩薩蠻數位文化有限公司

出　　　版　昌明文化有限公司

桃園市龜山區中原街 32 號

電話 (02)23216565

發　　　行　萬卷樓圖書股份有限公司

臺北市羅斯福路二段 41 號 6 樓之 3

電話 (02)23216565

傳真 (02)23218698

電郵 SERVICE@WANJUAN.COM.TW

大陸經銷　廈門外圖臺灣書店有限公司

　　電郵 JKB188@188.COM

ISBN 978-986-496-085-9

2019 年 5 月初版二刷

2018 年 1 月初版一刷

定價：新臺幣 360 元

如何購買本書：

1. 轉帳購書，請透過以下帳戶

　合作金庫銀行　古亭分行

　戶名：萬卷樓圖書股份有限公司

　帳號：0877717092596

2. 網路購書，請透過萬卷樓網站

　網址 WWW.WANJUAN.COM.TW

大量購書，請直接聯繫我們，將有專人為您

服務。客服：(02)23216565 分機 610

如有缺頁、破損或裝訂錯誤，請寄回更換

版權所有·翻印必究

Copyright©2016 by WanJuanLou Books CO., Ltd.

All Right Reserved　　　Printed in Taiwan

國家圖書館出版品預行編目資料

中國學術之近代命運 / 劉巍著. -- 初版. -- 桃

園市 ： 昌明文化出版 ； 臺北市 ： 萬卷樓發

行, 2018.01

　冊 ；　公分. --

ISBN 978-986-496-085-9(上冊 ： 平裝). --

1.學術思想　2.近代哲學　3.思想史　4.中國

112.7　　　　　　　　　　　　107001045

本著作物經廈門墨客知識產權代理有限公司代理，由北京師範大學出版社（集團）有
限公司授權萬卷樓圖書股份有限公司出版、發行中文繁體字版版權。